高等院校人文素质教育课程规划教材

校园文化教程

王新庆　主　编

康　勇　柴瑞帅　夏维华　副主编

清華大學出版社

北　京

内 容 简 介

立身以立学为先，立学以读书为本。每年的金秋九月，我们都会迎来一批新生踏入大学校门。寒窗苦读十余载，对于新生而言，未来充满着新奇与诱惑。作为教育工作者，我们时刻提醒自己，要为新生少走弯路做点什么。

最好的教育方式是引领。我们需要在新生入学时就给予积极引导，帮助学生顺利适应大学生活。古人云："非学无以广才，非志无以成学。"莘莘学子笃志好学，创新求是；大师学者辛勤耕耘，传道授业。而入学教育，恰是新生开启人生征途的起点，也是高校思想政治教育的焦点。

编撰本书的目的是帮助大学新生尽快了解并适应大学生活，较快地实现从中学生活向大学生活的转变，教育他们树立坚定而正确的政治方向和远大的理想，引导他们热爱学校和所学专业，自觉遵守校纪校规，争做合格大学生，提高成才起点。

本书直面高职院校新生，以河南经贸职业学院校园文化和学生生活、学习基本脉络为依托，以大一新生即将面临的常见问题为主线，内容覆盖学院文化、大学生军训、奖助学金、学生社团、学业规划、校园文化活动、网络学习和安全教育等板块，以帮助学生解决实际问题为重点，用深入浅出的理论分析，用现身说法的案例讲述，给予新生科学的学习指导、生活辅导、职业引导，帮助学生完成角色转变，适应大学环境，走向学业成功。

图书在版编目(CIP)数据

校园文化教程/王新庆主编. 一北京：清华大学出版社，2019(2022.8 重印)

(高等院校人文素质教育课程规划教材)

ISBN 978-7-302-53472-3

Ⅰ. ①校… Ⅱ. ①王… Ⅲ. ①校园文化—高等学校—教材 Ⅳ. ①G647

中国版本图书馆 CIP 数据核字(2019)第 168044 号

责任编辑： 陈冬梅
装帧设计： 杨玉兰
责任校对： 王明明
责任印制： 朱雨萌
出版发行： 清华大学出版社
网　　址： http://www.tup.com.cn, http://www.wqbook.com
地　　址： 北京清华大学学研大厦 A 座　　**邮　　编：** 100084
社 总 机： 010-83470000　　**邮　　购：** 010-62786544
投稿与读者服务： 010-62776969, c-service@tup.tsinghua.edu.cn
质量反馈： 010-62772015, zhiliang@tup.tsinghua.edu.cn
课件下载： http://www.tup.com.cn, 010-62791865

印 装 者： 大厂回族自治县彩虹印刷有限公司
经　　销： 全国新华书店
开　　本： 185mm×260mm　　**印　　张：** 14.75　　**字　　数：** 360 千字
版　　次： 2019 年 9 月第 1 版　　**印　　次：** 2022 年 8 月第 4 次印刷
定　　价： 39.80 元

产品编号：085118-03

前　言

大学是一个人塑造自己的世界观、人生观、价值观的关键时期，是学习知识技能、丰富人生经历、成熟个人心智的重要阶段，是每个人一生中最宝贵的时期。我们编写这本书，主要是为了让同学们对我们学校有一个全面深入的了解，并在此基础上过好大学生活，提升职业素养，打造将来的出彩职业人生。

首先，谈谈对同学们的希望，也就是我们学校的育人目标。国家提倡大学要培养有理想、有道德、有文化、有纪律的“四有”新人，让学生成为社会主义事业的可靠接班人与合格建设者。接下来就围绕这样的要求，分四个方面介绍一下我们学校的育人目标。

第一是有理想。我们要培养有理想的人，什么是理想？理想和幻想有什么区别？理想和幻想是不一样的，理想是有理论依据的思想。首先理想是崇高的，孔子说崇高，莫大乎富贵，也就是说每个人都想让自己有一个富贵的人生，这可能也是同学们现在的理想，大家应该对理想有个正确的认识。我们的中国梦是全社会的理想，要国家富强、民族振兴、人民幸福，这个理想具有崇高性，我们青年就是要树立崇高的理想。其次，理想还应该有可行性，不然那就不叫理想了。我们的教育方针是为人民服务，为中国共产党治国理政服务，为改革开放和社会主义现代化建设、为巩固和发展中国特色社会主义制度服务，我们的教育要培养社会主义事业的合格建设者和可靠接班人。只有沿着这些要求去做，我们的理想才有可行性。

我们学校的校训是“砺志、敬业、致能、乐群”，第一个词叫“砺志”，立志成才，奉献社会，我们的理想才有可行性。我们学校的精神是“脚踏实地，追求卓越”。追求卓越是我们的理想，我们如何去践行？只有脚踏实地，一步一个脚印，理想要可行，我们才去做。理想的味道是甜的，理想是一种奢侈品，不是每个人都拥有的。理想的力量也是巨大的，中国共产党人经历了长征、抗日战争、解放战争、改革开放，如果没有理想的支撑，那会是多么的艰难。人活着总要有点价值，为了实现自己的理想去奋斗，那么每一天都是充实的、幸福的。在理想的旗帜下，凝聚力是很强的，我们中国共产党人靠的是什么？一靠理想，二靠纪律，我们团结一致克服了一个又一个困难。

第二是有道德。南怀瑾老师曾讲，人有三个基本错误不能犯，第一个错误是德薄而位尊，第二个是智小而谋大，第三个是力小而任重。德薄而位尊，就是一个人没有品德，却坐比较高的位置，这样会出问题。我们一定要有好的德行，要注重在精神层面上提升自己的道德品行，然后才能够去获取一些利益，其实也就是厚德载物的意思，你只有德行厚，才能够承载你所收到的利益。社会主义核心价值观就是一种德，我们应该提高、践行这种德。“大学之道，在明明德”，意思就是把美好的品德发扬光大，大学的首要职能就是要宣传、教育、培养学生美好的品德，那么我们宣传、培育、践行社会主义核心价值观，就是大学之道。我们学校的校风是“明德日新，知行合一”，第一个词就是明德，就是要让同学们都去把美好的品德养成，并且践行，要注重在精神层面每天进步一点点。我们的校训第二个词是“敬业”。敬业是职业道德的基本要求，靠敬业来获利，这是市场经济的基本法则。每个人都要发展，靠敬业来发展是现代社会职业精神的基石。

立德树人是教育的根本任务。这句话有两个词应该重点思考，一个是立，另一个是树。道德情操的黄金律令就是“己之所欲，乐施于人”，意思是你要想让别人怎么对待你，你先去怎么对待别人，我们要善待身边的人，这样才能得到善待。白银律令是“己所不欲，勿施于人”，意思是你不想做的你也不要让别人做，这就是说，在日常生活中你不要妨碍别人。青铜律令是“人施于己，亦施于人”，就是说别人怎么对待你，你也怎么对待别人。黑铁律令是“己所不欲，先施于人”，就是你不想受到的，你先对别人去做。从道德律令来讲，希望我们都能按黄金律令去行事。要知艰难成人，每个人都要知道，生活不易、他人不易、父母不易、亲朋不易，还要知道社会发展不易、国家进步不易，要珍惜现在的物质财富和生活环境，要珍惜身边的亲人朋友。

第三是有文化。文化与知识有什么区别？文化重在化，内化于心，外化于行，这就是化。有文化就是要行动，要让自己的内心丰盈，并且让自己的行动符合一定的道德标准，这就是有文化。什么是有知识？要多读书，同时要有自己的见识，形成自己的观点和看法，希望我们都成为既学富五车又身体力行的人。一个人如果真有文化，要去帮助弱者，而不是以强凌弱。有一句话叫真正的文明是强者，强者有责任保护弱者。作为一个人应该奉献社会，应该在自己的人生中有所作为，这才是真正有文化的人。我们学校在培养人的时候也注重两个方面，我们有学业积分和荣誉积分，学业积分是学知识，荣誉积分注重日常表现。希望大家在各方面都有所作为、有所表现，既把专业知识学好，又把日常生活过好，做一个合格的大学生，把生活过得有意义。

我们学校的学风是“求是力行”。“求是”就是认真地去探求，去学习知识、探究规律；“力行”是去做，知道就要去做。大学之道里讲了八个条目：格物致知，诚意正心，修身齐家，治国平天下。前段“格物致知，诚意正心”为求是，后面“修身齐家，治国平天下”为力行。我们校训的第三个词叫“致能”，就是要求大家提高学习知识、运用知识的能力，不仅要学习，还要会运用知识。我们的校风是“知行合一”，知道了就要去做，这叫知行合一，才是真正的有知识。我们学校要求干净、安静、有序、健康，这是一个文明校园的标准，希望每个人都能努力为争创文明校园出一份力，做一个文明的大学生。

第四是有纪律。我们培养的是有纪律的人，纪律就是规则意识。我们现在提倡依法治国，对学校来说是依法治校。讲道德是自律，守纪律是他律。每个人在制度面前都要去遵守，规则自然有人制定，制定规则的人，他在能制定规则之前也是规则的遵守者。有一个这样的说法，按规则办事的员工，是企业最好的员工；按规则生产的产品，是企业最大的财富。一个企业如果不按规矩生产，生产出来的都是废品；如果一个员工不按规矩办事，就有可能造成工伤事故，影响企业的声誉。同学们以后将成为职业人，到了企业里，就要成为按规矩办事的员工，要按规则去生产产品，提供符合规则的服务，在学校期间，我们就要养成守规矩、守规则、守纪律的习惯。

我们学校的学生工作和教学工作有一个理念是“严管厚爱”，严管和厚爱这两个词有没有矛盾？其实一点都没有。我们学校的老师不会有意去害同学们，学校所做的事情都是为了同学们好，我们严格体现的就是厚爱这种理念。我们的教师对学生有仁爱之心，为什么是仁爱而不是溺爱呢？溺爱是没有原则的爱，所有的动物都会溺爱自己的孩子。我们学校严管厚爱，正是有仁爱之心的体现。希望同学们在以后的工作中理解，在规矩面前，我

们都要有敬畏之心。我们的校训里面有一个词是“乐群”，意思就是在群体中快乐地生活。如何才能够在群体生活中感到快乐？要守纪律，尊重他人，让规则管理的地方成为天堂。

编写这本书的另一个目的，就是希望能够引导同学们做一个合格的大学生。我们把大学生这个词分解一下，**首先是大学**。应该怎么理解大学呢？学校有小学、中学和大学之分，大学学什么？大学学大人之学，什么是大人？《易经》里面这样说：“与天地合其德，与日月合其明，与四时合其序，与鬼神合其吉凶。”大人就分这四个方面，那“与天地合其德”里的天地指的是什么？天地之道，德曰生，生命的生，意思是说，我们大家在以后的日常生活中要成为一个充满生机和活力的人。学做大人就要让自己充满生机和活力，与天地合其德。

与日月合其明，意思就是与太阳和月亮一样明。我们要做到规律地作息，要做到日积月累，白天太阳出来，晚上月亮出来，这是多么有规律的事情，我们应该按规律做事。还有，月亮上面有阴影，大家都能看见，太阳上面有黑点，我们也能看见。与日月合其明，就是应该明白每个人身上的缺点，别人是能看见的，我们要力争去克服，尽量改正错误、修正缺点。

与四时合其序，就是说凡事都有其顺序，人要在不同的时间做应该做的事。人生是分阶段的，我们每个人都有童年、少年、青年、成年这些人生阶段，在不同的阶段，你的使命是不同的，不要在上学的阶段去玩，也不要在上学的阶段去工作。有同学会选择在上学期间打工挣钱，我们提倡勤工俭学，但还是应该以学为主。不同的阶段，要完成不同的使命，顺序、秩序非常重要，与四时合其序，就是什么时候干什么事情，哪个阶段履行哪个阶段的使命。

与鬼神合其吉凶，就是要慎独，不要以为一个人做了错事没人知道，谁知道？天知地知，慎独就是这意思，每个人都要提高自我修养能力，这是大人之学。我们学校里面在各个方面的规矩都是围绕着大人之学来制定的，希望同学们在执行的时候，细细去体会。

其次是学生。学生是什么？是对应“学死”来说的。“学死”就是等到年老退休之后，人都要慢慢学着如何正确地去面对死亡。希望大家在大学期间能够学生存技能、学生活常识、学生命价值。生存技能就包括专业技能，先生存下去才能发展起来。生活常识就是扣好第一粒扣子，第一粒扣子扣错了，往下的扣子全都会错，所以第一步要起好、迈好、走好。还有学生命的价值，每个人都要想一想，我们到这个世界上走这一圈做了什么？应该体现出自身的价值，那什么是自身的价值？是奉献，是赞天地之化育，天地的化育不足，才有我们人生价值的体现。人生下来，怕热怕冷，需要穿衣服，做衣服的人就有了价值。我们的人生价值如何体现呢？抽象一点说就是要奉献社会，对于每个人来说，都有体现自己人生价值的途径和渠道，希望大家在以后的人生中越来越有价值。

最后是大学生。如果你按照前文说的去做，就是一名合格的大学生。总结起来就是三句话，第一是下大力气，学生活常识，学生存技能，学生命价值；第二是学做大人，让自己的生命充满活力，为自己所处的环境带来生机，为社会创造财富和价值；第三是要做有理想、有道德、有文化、有纪律的“四有”青年。希望同学们可以在我们的大学里秉承“砺志、敬业、致能、乐群”的校训，牢记“明德日新，知行合一”的校风，展现“脚踏实地，追求卓越”的学校精神，践行社会主义核心价值观，力争使自己成为一名合格的大学生。

本书共分为十一章，从什么是大学、怎样读大学、我是一个兵、我们不一样、感恩的心、青春修炼手册、学生社团与社团联合会、学业规划、我的活动我做主、网络有可为、平安是福十一个部分详细展开阐述，相信能够为同学们开启全新的大学生活奠定良好的基础，也希望本书能使刚入学的新生不再迷茫，对同学们的学习、生活、职业规划等方面起到指导和启发作用。

本书编写分工为：柴瑞帅(第一章)、杨晓艳(第二章)、陈晓刚(第三章)、谢冰(第四章)、夏维华(第五章)、康勇(第六章)、郭志星(第七章)、樊红燕(第八章)、陈晨(第九章)、王琛(第十章)、史永进(第十一章)。本书由王新庆教授任主编，康勇、柴瑞帅、夏维华任副主编。王新庆教授修改了部分章节内容，并负责统稿和最终定稿工作。

本书在编写过程中，参考和借鉴了相关的论文、著作，吸收了一些专家学者的研究成果，得到了有关部门和同志的大力支持，在此一并表示衷心的感谢！但本书难免存在疏漏与不足，恳请使用本书的广大读者提出宝贵意见和建议。

编　者

目　录

第一章　大学之我见

同学们，你们进入大学已经有几天了吧，在这几天的了解中，你们对大学也有了一个初步的印象，大家心目中的大学是一个什么样的概念呢？或者说什么是大学呢？也许有的同学会说大学是一个进行专业性学习的学校，有的同学会说大学是一个让人学会自主、自由、自立的地方。那么你的心里是否有一个答案来解答什么是大学呢？你的答案是不是仍处于模糊阶段，需要进一步去明确呢？那就让我们先来看看一些名人是如何理解大学的吧。

约翰·亨利·纽曼(John Henry Newman)(1801—1890，19 世纪英国著名的思想家、教育家、神学家)是这样理解大学的：大学是传授普遍知识的场所，是一切知识和科学、事实和原理、探索和发现、实验和思索的高级保护力量。它描绘出理智的疆域，在那里对任何一切既不侵犯也不屈服。阿弗烈·诺夫·怀海德(Alfred North Whitehead)(1861—1947，英国数学家、哲学家、教育理论家)说，大学的存在就是为结合老成与少壮以从事创造性之学习，而谋求知识与生命热情的融合。读了他们对大学的看法，你对大学的理解是不是也更进一步了呢？当然，这并不能完全说明白“什么是大学”，那就让我们走进第一章的学习吧，一起探究什么是大学。

第一节　什么是大学

一、大学印象

在高三那些艰苦却又充满希望的日子里，大学一直是一个灿烂而又美好的字眼，是同学们的信念，大学这一美妙的词汇既是大家的压力，也是鼓舞大家前进的动力，它汇集了太多让大家心醉的词汇——青春、自由、梦想……同学们会清楚地记得高三的那些日子，那是大家想逃离的地狱，而大学则是大家想去追寻的天堂，这些字眼一直激励并且引领着同学们。

当同学们踏入了自己梦寐以求的大学，或许发现学校没有那么理想，或许与大家的期待背道而驰，但最终还是使大家踏入了梦寐以求的“学府天堂”。现在回想起来，高三的日子虽然每天很疲惫，但却过得很充实；虽然每天有做不完的习题，永远睡不够的觉，但却笑得真、哭得真；虽然每天被老师、家长管束，但却收获了一群最真的朋友。高三，爱过恨过后悔过，哭过笑过奋斗过。值得回味的高中生活，值得怀念的高三岁月。那个同学们曾经以为的地狱，却是大家再也回不去的天堂。同学们怀念高中生活，喜欢高中，不仅仅是因为很喜欢那种一直领跑的感觉，它让大家看到了努力与付出换回来的结果，更是因为高中是充实的、简单的，每天只有一个目标，不用选择，也从不迷茫。

步入大学，同学们可能会兴奋地去报名参加各种社团，像一只只自由快乐的小鸟，为

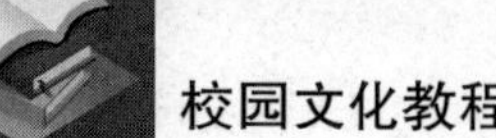

终于可以做自己喜欢的事而感到高兴；为可以独立生活、自己做主，终于摆脱父母、老师的束缚而兴奋；为即将开启的新旅程而充满期待。可是当同学们的热情退却，大家又会变得茫然，变得不知所措，当同学们真正置身于那个曾经让大家魂牵梦绕的大学校园时，曾经的美好词汇却变得有些陌生——生活突然变了，自己好像瞬间被抛上了一个舞台，却没有预先准备好台词，也没有人告诉我们下一个表情、下一句台词——那个同学们追了12年的再熟悉不过的形象，如今却异常陌生。其实，大家都明白，自己并不喜欢这样的生活。大家不喜欢浑浑噩噩、一事无成，也不喜欢庸庸碌碌、漫无目的。一连串简单却从未被同学们认真思考过的问题此刻强烈地占据着大家的脑海：一种真正的大学生活到底是怎样的？大学的作用与目的究竟是什么？同学们为什么要上大学？

同学们的成长是一个不断被教育、被规划的过程，不断地接受外界赋予的标准。父母的期望、社会的习俗和同龄人的压力，将大家牢牢束缚在了牢笼里。可是当你们一旦踏入大学校门，没有了这些条条框框的束缚，你们中的一部分人便开始迷茫、不知所措。想要克服迷茫，要从了解自己开始：你们要清楚地、明确地知道自己想要什么、适合什么、爱好什么、想做什么、能做什么、想要成为什么样的人、目标是什么等诸如此类的问题，给自己一个明确的定位，你才能在迷茫的时候不至于迷失自我，才能更好地规划好三年的大学时光，脚踏实地地实现自己的目标。这时你们才会意识到，大学不是想象中的世外桃源，它是人生中真实而又重要的三年——一个从无知迈向成熟的三年，一个在年轻的时候拥有自由时间最多的三年，一个大家起点相近、毕业时却千差万别的三年。

大学是人一生中最为关键的阶段。从入学的第一天起，你就应当对大学三年有一个正确的认识和规划。为了在学习中享受到最大的快乐，为了在毕业时找到自己最喜爱的工作，每一个刚进入大学校园的人都应当掌握七项学习内容：学习自修之道、基础知识、实践贯通、兴趣培养、积极主动、掌控时间、为人处世。只要做好了这七点，大学生临到毕业时的最大收获就绝不会是“对什么都没有忍耐和适应”，而应当是“对什么都可以有自信和渴望”。只要做好了这七点，你就能成为一个有潜力、有思想、有价值、有前途的快乐的大学生。

二、大学的概念

大学(University/College)，学名为普通高等学校，是一种功能独特的文化机构，是与社会的经济和政治机构既相互关联又鼎足而立的传承、研究、融合和创新高深学术的高等学府。它不仅是人类文化发展到一定阶段的产物，它还在长期办学实践的基础上，经过历史的积淀、自身的努力和外部环境的影响，逐步形成了一种独特的大学文化。

(一)理念发展

中国现代大学起源于西方，现代的西方大学又是从欧洲中世纪大学、英国大学、德国大学到美国大学这样逐渐演化过来的。欧洲中世纪大学的产生与当时的宗教教育有着密切的联系，它的理念是追求一种超国界的精神世界，以教化人的心灵为目的。英国大学的理

念也主要是以培养有教养的绅士为目的。在 19 世纪中叶的英国教育家约翰·亨利·纽曼的眼中，大学的目的在于“传授”学问而不在于“发展”知识，即大学是一个“教学机构”，而这种学问传授的目的在于培养绅士，主要培养人的价值观。在英国发展大学的同时，德国也开始发展大学教育，以德国著名学者威廉·冯·洪堡(Wilhelm Von Humboldt，1767—1835，柏林洪堡大学的创始人，著名教育改革家，语言学者及外交官)等人为代表的学者认为，大学不仅是传授知识，即培养人的价值观，而且还应该“发展”知识，也就是说教师的首要任务是自由地从事“创造性的学问”。这就是德国大学的教育理念，相比起英国大学的理念更具有先进性。到 20 世纪 30 年代，在美国大学的先驱者亚伯拉罕·弗莱克斯纳(Abraham Flexner，1866—1959，美国著名教育批评家和改革者)的努力下，英国大学和德国大学的传统在美国得到了发扬，而美国大学的理念则发展为人才培养、科学研究和社会服务。

(二)学者论述

威廉·冯·洪堡把大学界定为“以纯知识为对象的学术研究机构。而纯学术的研究活动正是大学孤寂和自由的存在形式的内在依据。据此，大学应有一种精神贵族的气质和对纯粹学术的强烈追求，而不考虑社会经济、职业等种种实际需要。”而弗莱克斯纳说：“我一向主张大学与现实世界保持接触，同时继续保持不承担责任，工业界已经发展了利用纯科学研究的方式，因此它不需要大学的实用性，如果社会科学要作为科学来发展，它们就必须脱离商业行为、政治行为以及这样那样的改革。”英国教育家纽曼认为：“大学教育应提供普遍性的知识(具有普遍意义的真理)和完整的知识，而不是狭隘的专业知识。”他所说的知识既包括具体的科学真理，也包括经过抽象、被科学化了的哲学知识。

三、大学的使命

在大学理念支配下的大学使命要求大学培养的学生首先是有高尚品格的、有教养的人，这完全符合大学的本质。这个使命是指培养学生完整的人格、净化学生的心灵、修养学生的品行、锻炼学生对事物进行批判的能力，而不是仅仅对学生进行专业教育。

正如英国著名教育理论家约翰·亨利·纽曼所认识到的：“从功利派的论点中看到了真正教育的死敌。新大学在功利派理论的指导下，更看重的是专业培训而不是文化要求，是考试及结果而不是心理过程，是对事实的被动获取而不是心智的一般活动。”约翰·亨利·纽曼所指的“新大学”，是违背了大学的逻辑而按市场经济的逻辑和政治的逻辑来当作它的使命而运行的大学。近代大学在 900 多年前无声无息地出现，如今已经走过近千年的历史，大学已经成为科学技术发展的引擎、社会文明进步的象征、国家实力增强的根基。千年沧桑，几乎所有的社会机构、社会组织都发生了革命性变化，存亡兴替，此消彼长，唯有大学的组织形态基本保持稳定，这充分反映了大学的社会意义和不可动摇的

历史地位。据统计，全世界总共有各类大学约3万所，在校的大学生约1.7亿人。

19世纪80年代英国著名的教育家约翰·亨利·纽曼在《大学的理念》一书中，对大学的功能下了这样一个定义：大学“是一个传授普遍知识的场所”，大学是学者、教师和学生共同追求真理的社区。约翰·亨利·纽曼甚至指出，所有的大学都是教学机构，强调的是“知识的传播与延伸而非发展”。在他看来，“在教学与研究之间”没有必然的联系。约翰·亨利·纽曼对大学功能的概括，成为大学的箴言甚至信仰，所以后来不管大学怎么变化，培养人才始终是大学基本的和最重要的功能。19、20世纪是大学在世界各国蓬勃发展的时期，同时对于大学本质研究的著作也越来越多。其中，比较有代表性的有德国哲学家卡尔·雅斯贝尔斯(1883—1969，德国存在主义哲学家、神学家、精神病学家)于1945年出版的《大学的理念》一书，他说：“大学是一个由学者与学生组成的、致力于寻求真理之事业的共同体。”“学术自由是一项特权，它使得传授真理成为一种义不容辞的职责，它使得大学可以横眉冷对大学内外一切试图剥夺这项自由的人。”阿弗烈·怀特海是英国数学家和哲学家，他对教育问题有深刻的洞察。英国伦敦恩斯特·本有限公司根据怀特海生前关于教育的演讲，于1950年出版了《教育的目的》一书。怀特海认为：“在古代学园中，哲学家们渴望传授智慧，而在今天的大学里，我们卑微的目的却是教授各门科目。从古人向往追求神圣的智慧降低到现代人获得各个科目的书本知识，这标志着在漫长的时间里教育的失败。”

伊曼努尔·康德(1724—1804，德国古典哲学创始人)不仅是近现代哲学家第一人，而且也是第一个回答大学是什么的人。他说：“大学是一个学术共同体，它的品行是独立追求真理和学术自由。”关于这一点基本上获得了教育界的共识，也是由“大学之母”博洛尼亚大学关于“大学是学生和教师共同体”演变而来的。这个定义从形式与内容上统一起来了，共同体是教师与学生组成的形式，而联结两者之间的纽带是学术，追求真理则是他们共同的目的。

19世纪末，欧洲现代意义上的大学开始传播到我国，于1898年创办的京师大学堂，应当是无可争议的中国第一所大学。蔡元培于1916年12月就任北京大学第14任校长，他受命于危难之际，先后任职10年，无论是在他个人人生中还是在北大校史上，都是最为辉煌的时期。他在就职典礼上说：“诸君来此求学，必有一定宗旨，欲求宗旨之正大与否，必先知大学之性质。今人肄业专门学校，学成任事，此固势所必然。而在大学则不然，大学者，研究高深学问也。”在民国时期的清华大学和抗战时期的西南联大，梅贻琦校长亦秉承这一办学宗旨，所以造就了我国高教史上的奇迹。在当代，我国教育界的学者亦有不少人论述大学的性质，例如，香港科技大学丁学良的《什么是世界一流大学》，北京大学张维迎的《大学之道》，中山大学黄达人等的《大学的根本》和辽宁大学徐平的《大学的真谛》等。概括起来关于大学的本质或性质的各种观点有：“大学是教授全面知识的机构”“大学者，智识之府也”“大学是学术共同体”“大学是学术之公器”“大学者，研究高深学问也”“大学是一个知识社会”等。

四、教育的目的

大学教育的目的是什么？是获得知识？是掌握技能？是取得成功？是赢得尊重？还是享受乐趣？关于教育的目的许多教育大师都有比较权威的解释。

柏拉图(前 427—前 347，古希腊伟大的哲学家)说："什么是教育？教育是为了以后的生活所进行的训练，它能使人变善，从而高尚的行动。"我们可以断言教育不是像有些人所说的，他们可以把知识装进空无所有的心灵里，仿佛他们可以把视觉装进盲者的眼里。"教育是心灵的转向"。杜威(1859—1952，实用主义哲学家，教育家和心理学家)说："教育即生活""教育即生长""教育即经验的改造""从做中学"。理查德·查尔斯·莱文(Richard Charles Levin)是享誉全球的教育家，曾在 1993—2013 年任耶鲁大学校长，他说："教育不教知识和技能，却能让人胜任任何学科和职业。"哈佛大学风靡全球的《幸福课》教授泰勒·本·沙哈尔(Tal Ben Shahar)认为："教育能让你幸福，幸福取决于有意识的思维方式。"英国著名教育家、数学家、哲学家怀特海在《教育的目的》一书中写道："教育是激发和引导他们的自我发展之路。"马克思主张教育是培养人的活动，教育的目的要考虑人的身心发展的各个要素，给予个体自由的充分发展，并予以高度重视；把个体的发展放在一定的历史范围之内，放在各种社会关系中考察。

在中国，关于教育的目的也有许多著名的论述，《孟子》记载："夏曰校""殷曰学""周曰痒""学则三代共知之，皆所以明人伦也"。《大学》中有语："在明明德，在亲民，在止于至善。"《中庸》提出："格物、致知、诚意、正心、修身、齐家、治国、平天下。"唐朝文学家、教育家韩愈认为学者必有师，师之任务为"传道、授业、解惑""道之所存，师之所存"。宋代理学之集大成者朱熹提出了"知先于行""行重于知""知行相须"的知行观，并以"博学之，审问之，慎思之，明辨之，笃行之"作为教育之次序。中国近代民主革命家、教育家蔡元培提出了著名的自由主义和谐发展的教育方针，认为要培养"健全的人格"，强调发展个性，崇尚自然，主张"思想自由、学术自由、兼容并包"的办学思想。中国近代教育家陶行知系统地提出了生活教育理论的基本观点："生活即教育，社会即学校""教学做合一"等。我国现代有名的民主主义战士、职业教育的积极倡导者、教育家黄炎培，在《实施实业教学要览》一书中给职业教育下的定义是："凡用教育方法，使人人获得生活的供给及乐趣，一面尽其对群众之义务，此教育名曰职业教育。"黄炎培把"尊重劳动"作为职业教育所奉行的重要信条，把"劳工神圣、敬业乐群"作为中华职业学校的校训，注意学和用的联系。

这些国内外历代教育家们的教育思想从不同的角度阐述了教育的目的。其实，教育归根到底是人学，教育是对人的研究，"人"是教育的根本目的。教育使人认识自我、认识生命、认识生活、认识生长。只有认识了自我，才能够真正认识他人、认识社会。我们接受教育，就是为了更好地认识自己，发现未知的自己，成为理想中的自己。而教育不是单向的输送过程，是双向互动的过程，更是受教育者积极参与的过程。

第二节　大 学 文 化

一、主要特点

(一)大学文化是大学在长期办学实践的基础上逐步形成的

人类最早的大学可以追溯到中国的先秦时期和西方的古希腊、古罗马，距今已有 2500 多年。中国先秦时期《大学》倡导的“大学之道”与西方柏拉图倡导的“哲人治国”理念、亚里士多德倡导的“自由教育”思想，共同开创了人类探索大学理念及其办学规律的先河。西方最早的近现代大学是 1088 年建立于意大利的波隆尼亚大学，西方近现代大学从英国纽曼“崇尚人文，注重理性”的大学理想，到德国洪堡“教学与研究相统一”的崭新理念，到美国“融入社会，多元开放”的理念创新，再到联合国教科文组织“着眼未来，引领社会”的新理念，经历了一个文化不断地觉醒和理念不断地创新的过程。

(二)大学文化是以大学人为主体积淀和创造的

大学文化的形成是人类文化的历史积淀和外部环境深刻影响的结果，但大学文化主要是以大学领导、教师、学生和管理人员为主体的大学人在长期的办学实践中经过不懈的努力积淀和创造的。其中，最主要的是由具有人格魅力、学术造诣深厚、善于治学育人的学术大师和具有远见卓识、独到办学理念、善于科学管理的优秀校长创造的。无数实践已经证明，学术大师和优秀的校长是大学文化人格化的象征。谢和平教授指出：“学文化是由一个特殊的社会群体‘大学人’在对知识进行传承、整理、交流和创新的过程中形成的一种与大众文化或其他社会文化既相联系又相区别的文化系统。”

(三)大学文化以知识及其学科(专业)为基础

知识及其学科(专业)是大学存在的组织基础，这是大学区别于其他社会组织的一个根本特征，也是大学文化区别于其他社会组织文化的一个根本特征。以知识及其学科(专业)为存在的组织基础这一根本特征，决定了大学办学的两个重要特征：第一，从内部来说，要求大学以着眼未来和探究真理为己任，成为高度分权的有机体，以文化(学术)机制作为自己运行的主导机制，以理性和学术价值作为自身追求的基本价值；第二，从外部来说，要求大学以学术自由作为维持其活力的源泉，应当比社会上的其他部门享有更高的自治权力，而大学组织内部比较松散的结合正是其生存和发展的重要条件。

(四)大学文化是本土文化与国际文化相互交融的结果

大学(University)这个词从其本义来说就是“普遍”“整个”“世界”“宇宙”，大学从它诞生之日起其精神气质就是海纳百川和多元文化的交融，大学正是在这种多元文化的相互交融中不断地向前发展着。当今世界，文化与经济、政治的相互融合，促使文化的力量越来越深地熔铸于民族的生命力、创造力和凝聚力之中，文化在综合国力中的地位和作

用越来越突出。因此，在当代，大学文化必然是本土文化与国际文化相互交融的结果，是本土性与国际性的辩证统一。

二、核心作用

国家的兴衰与大学的兴衰是紧密相关的。一个国家的实力有两个方面，一方面是“硬实力”，另一方面是“软实力”，“软实力”的核心和重点就是大学的兴衰。在当代，没有众多高水平的大学就不可能成为世界级大国，没有一批世界级大学就不可能成为世界级强国。历史还反复证明另一个真理，世界级大学是在竞争中拼搏出来的。尤其是 20 世纪 90 年代中期以来，人类社会正在逐步进入以政治多极化、经济全球化、文化多元化和信息网络化为主要特征的崭新时代。

在这个新的时代背景下，世界范围内掀起了新一轮高等教育国际化的浪潮，要求各国大学进一步走向世界，在本土化的基础上通过竞争加速实现国际化的进程，普遍提高众多大学的文化品位、办学水平和教育质量，创建一批世界级大学。这种状况表明，当今世界各国大学正处于激烈竞争的环境之中，这场竞争是在世界范围里进行的。

作为一所大学，它的竞争力可以分解为众多因素，如办学理念、课程和学科(专业)设置、教师素质、学生来源、硬件设施、管理制度、校园环境、资金投入、贡献大小、社会声誉等。如果对这些因素做进一步的分析，主要凝聚在大学拥有的深厚的文化底蕴之中的大学文化是大学核心竞争力之所在，是大学赖以生存、发展、办学和承担重大社会责任的根本。具体地说，大学文化核心作用力主要包括以下几方面。

(一)凝聚力

由于知识及其学科(专业)是大学存在的组织基础，大学的这一根本特征决定了大学是一个高度分权的有机体，它是“高度分权”的，以学术权力为基础，是一个“有机体”，在“高度分权”的基础上形成一个有机的整体。因此，作为人类文明的精神家园，大学办学需要一种崇高的精神境界，有一个共同信奉并付诸实践的价值理念，它集中地体现在大学的办学理念和价值追求之中。这是一种巨大的精神力量，是大学发展的灵魂，它必将把学生、教职员工凝聚成为一个坚强有力的整体，为实现大学的崇高理想而顽强奋斗。

(二)教育力

大学从它诞生之日起就把教育责任作为自己必须承担的、永恒的第一社会责任，教育的本质是通过人学文化的科学内涵使个体社会化的活动，“以人为本”是一种教育哲学观，使个体社会化，在个性得到充分发展的基础上使作为个体的人实现社会化，成为社会所需要的人是教育活动的基本要求，文化的传承、内化和创新是教育使个体社会化的基础，文化育人是教育本质的核心和一个复杂的心理发展过程，教育活动的崇高目标是促使作为个体的人和作为整体的社会得到全面、和谐、可持续的发展。由此可见，大学的教育力主要来自“以人为本”的教育哲学观、“文化育人”的科学理念、大学拥有的深厚的文

化底蕴和通过文化内化实现文化的传承、创新过程之中。

(三)创造力

作为思想最活跃、最富有创造力的学术殿堂和新思想、新知识、新文化的策源地，在传承文化的基础上创新文化是大学的本质要求。大学创造力的主体是教师和学生，大学的创造力主要来自一种超凡脱俗的文化品位、独立品格和价值追求、求真务实的科学精神、以学术自由和文化机制为主导的运行机制，以及在多元文化相互交融的基础上进行的文化传承和创新活动。在当代，大学的创造力不仅应当表现在大学培养的具有全球意识、较高文化品位和较强国际竞争能力的创造型人才上，还应当表现在把大学建设成为为人类社会解决面临的重大课题提供科学依据、将科学技术成果转化为现实生产力和国际多元文化相互交融的重要基地上。

(四)影响力

作为一种功能独特的文化机构，大学与社会的经济和政治机构既相互关联又鼎足而立。在当代，大学不仅应当走出“象牙塔”，走多元化的发展道路，积极主动地满足文明社会众多领域不同层次的广泛需求，服务于社会，更应当超越“象牙塔”，发扬着眼未来和探究真理的批判精神，以自己创造的新思想、新知识和新文化代表“社会的良心”，给予社会发展以正确的价值导向，引领社会前进。大学要求生存，求发展，办好学，承担重大的社会责任，要创建一批世界级大学，最根本的是必须全面加强以大学人为主体和以知识及其学科(专业)为基础的大学文化建设，努力提升大学拥有的深厚的文化底蕴的水平和品位，不断提高大学的核心竞争力。

综上所述，大学文化是大学在长期办学实践的基础上，经过历史的积淀、自身的努力和外部环境的影响，逐步形成的一种独特的社会文化形态。它以大学人为主体和以知识及其学科(专业)为基础，主要凝聚在大学拥有的深厚的文化底蕴之中，是大学精神文化、物质文化、制度文化和环境文化的总和，是大学作为人类社会知识权威的文化基础，是人类先进文化的重要组成部分。

第三节　为什么要读大学

一、人生的意义

在解析为什么要读大学之前，我们先来说说人生的意义。

著名作家毕淑敏在一次演讲中提到关于人生意义的话题，毕淑敏说：“我相信，一个人在他年轻的时候，是会无数次地叩问自己——我的一生，到底要追寻怎样的意义？我想了无数个夜晚和白天，终于得到了一个答案。我非常负责地告诉大家，我思索的结果就是：人生是没有任何意义的！”当毕淑敏说出这段话的时候，演讲会的现场出现了短暂的寂静，如同旷野一般。但是，接着就响起了暴风雨般的掌声。毕淑敏说，那是她在演讲中

获得最激烈的掌声。她赶快用手做了一个“暂停”的手势，接着说：“人生是没有意义的，这不错，但我们每个人都要为自己确立一个意义。”是的，每个人要为自己确立一个人生意义，这是我们形成正确的人生价值观的核心。

我们每个人从幼儿园、小学、初中、高中到大学，甚至到研究生，在学校度过了将近20 年的时间，那么有一些问题，我们都需要去思考：我们为什么要上学？为什么要好好学习？是为了光耀门楣？是为了家长的期望？是为了自己的人生志向？是为了将来有份好工作？是为了“中华之崛起”？还是因为其他？我想先来引用两位名人的话来回答这些问题。英国文艺复兴时期散文家、哲学家弗朗西斯·培根说：书是人类进步的阶梯。是的，读史使人明智，读诗使人灵秀，数学使人周密，科学使人深刻，伦理学使人庄重，逻辑修辞学使人善辩，凡有所学，皆成性格。现代作家龙应台曾写给儿子安德烈这样一段话：“孩子，我要求你用功读书，不是因为我要你跟别人比成绩，而是我希望你将来会拥有选择的权利，选择有意义、有时间的工作，而不是被迫谋生。当你的工作在你心中有意义，你就有成就感。当你的工作给你时间，不剥夺你的生活，你就有尊严。成就感和尊严，给你快乐。”

二、读大学的意义

培根和龙应台这两位名人的话能否让你明白为什么要上学、为什么要好好学习这两个问题呢？大家应该能够从中得到一些启示，接下来让我们来看个故事。

【案例故事】

前段时间，微信中流行着这样一段父子对话：

“爸爸，我为什么要上学呢？”上学不久的儿子问爸爸。

爸爸说：“儿子，你知道吧？一棵小树苗长 1 年的话，只能用来做篱笆，或者当柴烧。长 10 年的话可以做檩条。长 20 年的话用处就大了，可以盖房子，可以做家具，还可以做玩具……一个小孩子如果不上学，他 7 岁的时候就可以放羊了，长大了能放一大群羊，可是他除了放羊，其他的事情基本干不了。如果上 6 年小学，毕业了，在农村他可以用新的技术来种地，在城里可以去打工，做保安，也可以当个小商贩，小学的知识就够用了。如果上 9 年，初中毕业后，他就可以学习一些机械的操作了。如果上 12 年，高中毕业后，他就可以学习很多机械的修理技术了。如果大学毕业，他就可以设计高楼、铁路、桥梁。如果他硕士、博士毕业，他就可能发明出许多我们原来没有的东西。知道了吗？”

儿子：“知道了。”

爸爸问：“那放羊、种地、当保安，丢人不？”

儿子：“丢人。”

爸爸说：“儿子，不丢人。他们不偷不抢，凭本事赚钱，养活自己的家，一点也不丢人。不是说不上学，或上学少就没用。就像一年的小树一样，有用，但用处不如大树多。对社会的贡献少，他们赚的钱就少。读书多，花的钱也多，用的时间也多，但是贡献大。”

看完了培根和龙应台的话，再读过了上面这段父子对话的故事，我们可以基本得出这样的结论，上学并努力学习是为了尊严、为了生活、为了未来。这三个方面既是对上学的理解，也是对同学们树立正确的人生价值观的理解。下面我们就从上学的这三层意义来聊聊为什么要读大学这件事。

(一)为了尊严

先说说为了尊严。什么是尊严？尊严是我们精神需要的一种底色。为了这份尊严，我们来到了学校。为了尊严，我们在学校要学会这三种能力：第一，要有选择的能力。要学会选择，就要懂得是与非，懂得正与误；要懂得你所需要的，懂得你所拒绝的。只有拥有选择的能力，你才会拥有选择的机会，有选择的机会，你才真正拥有选择的权利。人生，与其说是成功，倒不如说是你会选择，你能选择，你能做出正确的选择。第二，要有在社会上得到公正对待的能力。为了你在社会上得到公正对待，你首先要学会公正地对待别人，公正地对待社会，公正地对待生活，公正地对待自己，公正地对待成功，公正地对待失误，公正地对待进步，公正地对待落后。要有一颗人本性的、善良的、通融的、同理的心来公正地对待别人。第三，要学会优雅地生活。假如只有一碗水，要用半碗水来洗脸，另外半碗水来喝。什么是优雅？优雅就是一种对美好的向往和追求，当你向往美好，你的举止言行就一定是优雅的。做到了以上三点，你也就拥有了尊严。

(二)为了生活

接着说说为了生活。教育的最终目的是提高人的生命境界，提高人的生活质量。人类追求的终极目标和教育的终极目标是一致的，那就是为了幸福，为了拥有一生幸福的能力。第一，树立明确的目标。当你们初中毕业、高中毕业、大学毕业、10 年之后、15 年之后，你在做什么？20 年后你拥有什么？30 年之后你能否达到人生巅峰？当你迟暮之年，你生命的能量有没有被你最大限度地激发？你的思维创造有没有达到力所能及的最高点？做任何事情必须有目标，只有目标明确，你的努力才会有方向，生活才会有意义，时间才会有价值，前进才会充满动力。第二，养成良好的习惯。生活的好习惯会让你享受生活、享受生命。讲卫生，不吃垃圾食品，不喝碳酸饮料，按时午休，早睡早起。有效控制管理自己的欲望和时间，少玩手机，事前计划，事后总结，珍惜每一分钟，锁定目标，不断前进。还要有勤于思考的习惯，只有勤于动脑，才能善于动脑。每天晚上、午休入睡之前，想想自己做了什么，还有哪些事情没有完成。通过这些习惯搞好自我管理。第三，内心善良。善良是一个人的立命之本，善良是一个人在社会上立足的基石。古人云：“仁者不忧，仁者无敌。”只要内心善良，你的天是蓝的，你的地是平的，你的心是静的，你的胸怀是宽的。你有了这些生活的能力，你的生活一定幸福，你的人生一定多彩。

(三)为了未来

最后同样重要的是，为了未来。同学们，未来有着巨大的不确定性，我们来到学校就

是为未来的不确定性做好我们能力范围之内的准备。第一，要有强大的思维能力、学习能力。今天所学的知识学完考完就基本没有显性用处了，但是我们还必须把知识学好，因为通过学习知识可以让你认知过去和今天的世界，通过学习知识可以培养思维能力、学习能力，用这个能力来面对未知的世界，学习的真谛是为了培养终生学习、自我教育的能力。学习的目的不是知识本身，而是为了学会思考、学会学习，来应对明天未知的世界。第二，要有强大的内心。今天所有的学习都是为明天做准备，在未来的生活中，你会遇到很多挑战、很多困难，只要有了强大的内心，你就能够正确面对所遇到的一切困难，就能够发现希望，就能够应对突变，就能够坚定信念，调整自己，管理自己，实现自我超越。第三，要有强健的体魄。一个伟大的灵魂需要强健的体魄来支撑。只有灵魂高贵，肢体强健，你才会成为一个幸福的人。无论是在学校还是将来步入职场，你们每天要保证运动1～2 小时，每个人都要掌握 2～3 项终身锻炼身体的体育项目，只有这样才能保持一个好的身材、好的情绪、好的身体。

同学们，尊重、真诚、责任、秩序、公正、宽容、友爱、合作，这些都是正确的人生价值观的主要内容，都是可以通过接受教育去培养的。趁青春还在，把握当下，因为将来的你一定会感激现在拼命的自己！

读书，不是为了拿文凭或发财，而是为了成为一个有温度、懂情趣、会思考的人。大学将赋予你足够的时间和实践去认真思考怎样的人生才是有意义的人生；将重新树立你的价值观、人生观、世界观，让你有机会释放自己的能力，用实践去检验你大胆、新奇甚至疯狂的猜想；要知道做个任何人都不得罪的人并非好事，有人反对，有人支持，然后自己做出决定才是精彩的人生；需要能够集中解决很多困惑，从而形成自己的原则，开始学会拒绝；明白世界上有很多优秀的人，你开始有靠近的动力；懂得再好的大学也有渣子，再烂的大学也能出人才。不是大学决定你的未来，而是无论在什么样的大学，什么样的环境，你都知道你要成为哪种人。面对不公平的东西，开始明白抱怨无用，努力奋斗找到自己最合适的公平才是真的。所以全力以赴去读大学吧，通过这个过程你能够离你的目标、你想要的生活、你梦想的人生更近一点。

第四节 我们的大学

一、学校简介

河南经贸职业学院是由河南省政府批准、国家教育部备案、直属于河南省教育厅的一所高等职业院校，具有 69 年的办学历史。学校坐落在河南省省会郑州市龙子湖高校园区，占地 843 亩，建筑面积 54 万平方米。现设有财税金融学院、会计学院、商务学院、工商管理学院、外语旅游学院、电子信息学院、计算机工程学院、工程经济学院、艺术设计学院、国际(继续)教育学院 10 个二级学院和社科、体育 2 个教学部。另设有河南省示范性软件职业技术学院 1 个，中外国际合作办学项目 5 个，与华北水利水电大学联合举办应用型本科专业 4 个。目前有在校生 23000 余人，位居河南省同类院校第一，图书馆藏书达 114.9 万册。

学校开设专业以商科类为主，实行经、管、工、文、艺多科类协调发展，形成了“突出商科、非商融商”的办学特色。学校开设有财经商贸大类、电子信息大类、文化艺术大类、交通运输大类、土木建筑与水利大类、旅游大类、教育与体育大类、公共管理与服务大类、新闻传播大类等共 51 个专业。其中，环境艺术设计专业(软装陶艺)为全国职业教育民族文化传承与创新示范专业，计算机应用专业、艺术设计专业为中央财政支持的实训基地；会计电算化、计算机应用技术、装潢艺术设计、电子商务、应用电子技术、国际经贸与贸易、投资与理财 7 个专业为河南省专业综合改革试点专业；会计电算化、计算机应用技术、电子商务、装潢艺术设计、物流管理、财务管理 6 个专业为河南省特色专业建设点；“管理学原理”“实用英语”“图形图像应用技术”“思想道德修养与法律基础”“会计综合实训”“实用酒店英语”6 门课程为河南省精品资源共享课程，“大学生心理健康教育”课程被教育部认定为 2018 年国家精品在线开放课程；国际贸易教学团队、会计电算化教学团队、电子商务教学团队、计算应用教学团队、商务英语教学团队 5 个教学团队为省级教学团队，管理学(会计学)教师团队被教育部授予“全国高校黄大年式教师团队”，是全国首批创建的 200 个教师团队之一，河南省仅有 6 个团队入选。

学校硬件设施完备、教学实训条件优越。拥有功能齐全的综合教学楼、多媒体楼、实验楼、图书馆、学术报告厅、阶梯教室等；建有计算机校园网、多媒体教学网、电子阅览室和计算机中心等现代化设施等；学校按照专业集群发展的整体规划，先后成立创新创业仿真综合实训中心、河南省电子商务虚拟产业园河南经贸职业学院分园、计算机公共实训中心、陶艺研究所、数字语音实训中心、信息技术校企合作专业实训中心、财经校企共享实训中心、物联网技术实训中心、多模态外语实训中心、空中乘务实训中心、文化创意实训中心、BIM 校企协同创新中心、学前教育实训中心 13 个实训中心，建设了涵盖学校所有专业的实训室共计 98 间。其中，电子应用技术实训基地、物流管理实训基地为省级示范性实训基地；电子商务专业为河南省中职师资培训基地。2018 年，学校建成河南产品直采体验中心，吸纳知名电商企业入驻，搭建线上线下综合平台，为河南产品提供“销全国、卖全球、誉天下”的服务，推进实施电商扶贫，开展校地结对帮扶；2019 年，学校投入使用 13 间智慧教室，使用面积 1800 平方米，规模位居全省高校第一。此外，学校高度重视智慧校园建设，智慧校园建设成为我校办学核心特色之一。目前教学楼、学生宿舍已实现空调、无线网全覆盖，教职工考勤使用人脸无感知技术，同时开发了 OA 办公系统，实现了无纸化文件运转。

学校注重强化学生技能提升，形成了特色竞赛机制，2018 年全国高职国家三大奖项排行中，学校以 13 个奖项、60 分总成绩综合排名位居全国高职第 31 位、全省第 2 位，在全国职业技能大赛中，学校进入国赛的 11 个赛项全部获奖，排名位居全国第十、全省第一。在全国职业院校教学能力比赛中获奖数位列全省第二名。

学校坚持把“以生为本，立德树人”作为学生工作的出发点和落脚点，秉承“砺志、

敬业、致能、乐群”的校训精神，坚决贯彻严管厚爱的管理理念，突出养成教育的工作重点，以安全稳定为基础，以规章制度为抓手，以文化育人为目标，不断创新学生工作机制，全面提高学生的道德素质、文化素质和职业素养，着力构建平安和谐文明美丽校园，形成了“学习型、服务型、务实性、创新型、安全型”五型智慧学生工作新模式，荣获了河南省首届“大美学工”先进集体、河南省工人先锋号、河南省优秀校园文化建设成果一等奖等多项荣誉称号。

学校近年来积极推动国际合作与交流，大力开展与“一带一路”沿线国家合作办学，从 2015 年起，学校先后与加拿大北方应用理工学院合办会计专业、市场营销专业；与澳大利亚精英高等教育学院合办会计专业；与马来西亚世纪大学合办人力资源管理专业、工商企业管理专业；2017 年，我校承办了国家商务部援南苏丹 IT 培训班，为刚经历战火的南苏丹重建培养紧缺人才；2018 年，学校成功获批国际留学生招生资格并实现招生，从巴基斯坦等“一带一路”沿线国家招收国际留学生 29 人；选派 20 余名教师赴英国、德国、澳大利亚、马来西亚等国家学习交流。

学校以就业为导向，以改革为动力，强化技能培养，突出职教特色，先后推行了“竞争上岗、动态聘任、末位淘汰、以绩计酬”“百分制考核”等人事分配制度改革，在全省教育系统首家引入了 ISO 国际质量管理体系。学校按照“校企合作、工学结合”的人才培养模式，注重学校对接地方产业、专业对接行业企业、教师对接职业岗位，通过“订单培养”“分层次教学”“三级技能竞赛”和“双证书培养”等为企事业单位输送了大量“用得上、留得住”高端技能型人才，通过“学历提升工程”“双师素质工程”“职称晋升工程”构建了一支理论水平高、实践能力强的优秀教学团队，通过建立“学生评教”“教师评学”“第三方评教”等独具特色的教学质量监控体系，保证了人才培养质量稳步提升。学校特别注重加强学生就业安置工作，专门成立了就业指导办公室，通过开设就业指导课、举办就业讲座、开展“订单教育”等切实可行的措施，为学生就业出谋划策，搭桥铺路，学校毕业生就业率高达 98%。

近年来，学校的办学成绩得到社会广泛认同。学校先后被评为全国职业教育先进集体、全国模范职工之家、全国商业培训先进单位、河南省示范学校、河南省文明单位标兵、河南省五一劳动奖状、河南省最具影响力的十佳职业学校等荣誉称号百余项。学校先后被批准为国家优质高等职业院校建设单位、国家级语言文字规范化示范校、河南省首批示范性高职院校、河南省首批品牌化示范院校、河南省示范性数字化校园单位、河南省示范性软件职业技术学院试点单位和河南省大学生创业教育示范校。在 2019 年全国 1418 所高职高专院校综合竞争力排行榜中，学校位居第 96 名，在全国商科类高职院校中位居第 9 位，河南省第 1 位。2019 年 4 月，学校被河南省教育厅推荐为国家级优质高等职业院校。全国政协副主席王文元、河南省人大、河南省政协、河南省教育厅的领导先后多次到我校视察工作，对学校的办学理念、规范管理给予了高度评价。《新华社内参》《中国教育报》《光明日报》《河南日报》《河南电视台》《郑州日报》《郑州电视台》《郑州教育台》《河南商报》《大河报》《河南教育》等新闻媒体对学院事迹多次给予报道。

二、经贸文化

(一)经贸文化精髓

校训：砺志 敬业 致能 乐群

学风：求是 力行

教风：笃学 至善

校风：明德日新 知行合一

学校精神：脚踏实地　追求卓越

办学理念：以人为本　质量为先　就业导向 技能立身

办学定位：以商科类专业为主，实行经、管、工、文、艺多科类协调发展，培养动手能力强、具有良好职业道德的高素质技能型人才。

办学特色：智力技能与动作技能并重，培养适应能力强、综合素质高的商科类人才。

(二)学院道路、景观等命名释义(见表 1-1)

表 1-1　学院道路、景观等命名释义

<table>
<tr><th>命名内容</th><th>序号</th><th>拟命名</th><th>位　置</th><th colspan="2">释　义</th></tr>
<tr><td rowspan="6">道路</td><td>1</td><td>环南路</td><td>办公楼北侧东西方向道路，东起“奋飞”雕塑，西至校园西围墙</td><td colspan="2">校园内最显著、最便捷的道路是一个环绕教学区、图书馆、食堂、景观湖的环路，此段位于该路南侧，为便于辨识、指示，故取名环南路</td></tr>
<tr><td>2</td><td>环西路</td><td>教学区西侧南北方向道路，南起办公楼北侧东西路西端，北至学院西门</td><td colspan="2">校园内最显著、最便捷的道路是一个环绕教学区、图书馆、食堂、景观湖的环路，此段位于该路西侧，为便于辨识、指示，故取名环西路</td></tr>
<tr><td>3</td><td>环北路</td><td>教学区及图书馆的北侧东西方向 S 形道路，西起学院西门，东至商业街北端西侧</td><td colspan="2">校园内最显著、最便捷的道路是一个环绕教学区、图书馆、食堂、景观湖的环路，此段位于该路北侧，为便于辨识、指示，故取名环北路</td></tr>
<tr><td>4</td><td>环东路</td><td>商业街裙楼西侧的南北方向 S 形道路，北起商业街北端西侧，南至商业街南端西侧</td><td colspan="2">校园内最显著、最便捷的道路是一个环绕教学区、图书馆、食堂、景观湖的环路，此段位于该路东侧，为便于辨识、指示，故取名环东路</td></tr>
<tr><td>5</td><td>经贯路</td><td>南门进门向东到“奋飞”雕像南侧的半环办公楼东南的道路</td><td>经，有南北的意思，也是经济的简称。贯：穿，通，连的意思。经贯，贯通南北，经济发达、贯容天下之意</td><td rowspan="2">经贯、贸达，代表经贯天下、贸达四方，寓意经贸人必将为社会发展和经济建设做出卓越贡献</td></tr>
<tr><td>6</td><td>贸达路</td><td>南门进门向西到一号教学楼东南侧的半环办公楼西南的道路</td><td>达的本义是在大路上行走，有通达、畅通、显贵之意。贸达，意思是贸通天下、贸易发达之意</td></tr>
</table>

续表

<table>
<tr><th>命名内容</th><th>序号</th><th>拟命名</th><th>位　置</th><th colspan="2">释　义</th></tr>
<tr><td rowspan="6">道路</td><td>7</td><td>商圣路</td><td>学院北门南北方向道路，北起北门校训碑，南至图书馆北门</td><td colspan="2">学院前身为河南省商业学校，商业教育和培训是学院的传统和优势，商贸也是学校的特色，所以学院打造商圣范蠡像于商苑内，为纪念商圣范蠡取名“商圣路”，同时从北门进入也可看到范蠡像，也有沿路朝圣的寓意</td></tr>
<tr><td>8</td><td>宁静路</td><td>7 号学生公寓北侧的东西方向道路，西起商业街北端东侧，东至校园东围墙</td><td colspan="2">将学生 1～7 号公寓南北的两条路取名“宁静”“致远”。宁静致远指的是只有心境平稳沉着、专心致志，才能厚积薄发、有所作为。希望学习、生活在这里的经贸学生能够淡泊明志、宁静致远。此路因与颐贤园毗邻，两侧栾树环绕，环境秀美雅静，故命名“宁静路”</td></tr>
<tr><td>9</td><td>致远路</td><td>1 号学生公寓南侧的东西方向道路，西起“奋飞”雕塑，东至校园东围墙</td><td colspan="2">将学生 1～7 号公寓南北的两条路取名“宁静”“致远”。宁静致远指的是只有心境平稳沉着、专心致志，才能厚积薄发、有所作为。希望学习、生活在这里的经贸学生能够淡泊明志、宁静致远。同时，此路为学院水脉设计的出口，朝向东方，古人云“滚滚长江东逝水”，寓意河南经贸迎着朝阳、向着东方，必将迈向更加广阔的未来，故命名“致远路”</td></tr>
<tr><td>10</td><td>畔河路</td><td>1～7 号学生公寓东侧的南北方向道路</td><td colspan="2">因毗邻连接魏河与龙子湖的河道，故命名“畔河路”</td></tr>
<tr><td>11</td><td>天健路</td><td>体育场看台西侧</td><td>此路依运动场而建，寓意为尊重自然规律、健康锻炼生活</td><td rowspan="2">《易经》云：天行健，君子以自强不息；地势坤，君子以厚德载物。天在强健的运行，君子应该像天那样努力奋斗不停止；大地宽大，君子应该像大地一样宽厚，承载万物</td></tr>
<tr><td>12</td><td>地坤路</td><td>体育馆(待建)东侧</td><td>此路依体育馆而建，与天健路东西呼应对称</td></tr>
<tr><td rowspan="2">广场</td><td>1</td><td>文博广场</td><td>图书馆前面的大广场</td><td colspan="2">文指知识、文化；博是渊博之意。文博指知识渊博、满腹经纶之意。该广场位于学院图书馆前，且为学生去图书馆、去教室的必经之地，故命名“文博广场”</td></tr>
<tr><td>2</td><td>文博北广场</td><td>食堂前面的广场(食堂与图书馆之间)</td><td colspan="2">因位于图书馆北侧，故命名“文博北广场”</td></tr>
<tr><td rowspan="2">水域方案</td><td>1</td><td>惟志湖</td><td>图书馆前广场东南侧的湖</td><td colspan="2" rowspan="2">《尚书・周书》中有云：功崇惟志，业广惟勤。崇：崇高；惟：由于，因为；广：广大。意思是：要想取得伟大的功业，就必须有伟大的志向；要完成伟大的功业，就必须辛勤不懈地工作。故将两湖取名为“惟志湖”“惟勤湖”</td></tr>
<tr><td>2</td><td>惟勤湖</td><td>图书馆前广场西南侧的湖</td></tr>
</table>

续表

<table>
<tr><th>命名内容</th><th>序号</th><th>拟命名</th><th>位置</th><th colspan="2">释义</th></tr>
<tr><td rowspan="4">桥</td><td>1</td><td>浩德桥</td><td>图书馆广场前连接两个湖的桥，花岗岩材质</td><td>“浩”原意为水大，引申为“大”和“多”，“浩德”意思为大而多的德行，象征经贸人崇尚浩然正气、德高身正、虚怀若谷的人生追求 (此为道德观要求)</td><td rowspan="4">桥是架于水上的建筑物，必高于水。而水是有灵性的，能与水的灵性相媲美的是人孜孜以求的“道德”和“真善美”。“浩”“涵”“泓”“汇”全部是水字旁，极具灵性，并与人的“德”“真”“善”“美”相结合，相映成趣，相得益彰</td></tr>
<tr><td>2</td><td>涵真桥</td><td>图书馆西侧水系南边第一座桥，花岗岩材质，5 米宽</td><td>“涵”为包容、包含的意思，“涵真”意为蓄积并保持本真，涵养并塑造完美的自我，勉励经贸人要有自己的精神追求、人生价值取向(此为人生观要求)</td></tr>
<tr><td>3</td><td>泓善桥</td><td>图书馆西侧水系中间的拱桥，木材质，3 米宽</td><td>“泓”为水深而广的意思，古语有云“君子不以恶小而为之，不以善小而不为”“上善若水”，因此“泓善”就是要多做善事，弘扬善举，人多行善事，才能心胸广阔坦荡 (此为价值观要求)</td></tr>
<tr><td>4</td><td>汇美桥</td><td>图书馆西侧水系北边的桥，花岗岩材质，7 米宽</td><td>“汇”原意为河流汇合在一起，聚合的意思。站于此桥，早迎朝阳，晚观落霞，南有河水、草木之秀美，图书馆教学楼之雄伟，北由商苑花木之葳蕤，运动场的广阔大气，校园美景尽收眼底，寓意人生必将经历很多风景，经贸人会把最美的留在记忆里(此为世界观要求)</td></tr>
<tr><td rowspan="2">花园</td><td>1</td><td>商苑</td><td>图书馆西北侧的花园</td><td colspan="2">学院有商业教育的传统和历史，商贸文化为学院办学之特色，学院在这里建设商业文化主题园，集中展示商业文化传统和知识，故命名为“商苑”</td></tr>
<tr><td>2</td><td>颐贤园</td><td>周转房前面的园子</td><td colspan="2">颐，休养，保养的意思；贤，贤者，圣贤。颐贤园，养育圣贤之人的地方，寓指家属院是教师生活休息的地方</td></tr>
</table>

续表

命名内容	序号	拟命名	位　置	释　义
亭廊	1	九思亭	图书馆东南侧湖中的亭子	安坐于亭中，湖水风光坐拥脚下，校园美景尽收眼底。学校是育人之地，智慧之上，唯有思想。孔子《论语》有云，君子有九思：视思明，听思聪，色思温，貌思恭，言思忠，事思敬，疑思问，忿思难，见得思义。意思是说人的一言一行都要认真思考和自我反省，九思包括了温、良、恭、俭、让、忠、孝、仁、义、礼、智等个人道德修养的各种规范。凭栏拂风，不仅要观赏风景，更应认真地思考人生，故命名为“九思亭”
	2	静楙亭	图书馆西北侧花园中西北角的亭子(离运动场较近)	“静”为安静、平静之意。“楙”同“茂”，有茂盛、勤勉、努力的意思。该亭依河而建，视野开阔，东有水、西有路，繁茂之地。“静”“楙”呼应，一静一闹，相映成趣，同时“静”“楙”为“经贸”的谐音，特色突出，易于辨识
	3	晟商亭	图书馆西北侧花园中东南角的亭子(离图书馆较近)	“晟”旺盛、兴盛、光明的意思，此亭位于商苑之内，晟商，即为兴盛商业、繁荣商业之意，正好符合该园“经世济民、厚德崇商”的主旨
公寓花园	1	娴园	1、2 号学生公寓之间	“娴”为文雅美好之意
	2	雅园	2、3 号学生公寓之间	“雅”古义为正也，高雅、规范的意思
	3	静园	3、4 号学生公寓之间	“静”是不受外在滋扰而坚守初生本色、秉持初心的意思
	4	慧园	4、5 号学生公寓之间	“慧”为聪明、有才智之意
	5	恬园	5、6 号学生公寓之间	“恬”有安静、安然、坦然之意
	6	逸园	6、7 号学生公寓之间	“逸”为超凡脱俗、卓尔不群之意
	7	芳园	7 号学生公寓与宁静路之间	“芳”为花草的香味，寓意美好的德行和名声

(三)校训内涵与主题教育(见表 1-2)

表 1-2　校训内涵与教育主题

校训	砺志	敬业	致能	乐群
校训要释	砺：磨炼、勉励；志：志向、意志。勉励心志，坚定理想，锻炼意志	敬：端肃、勤勉；业：事业、学业。专心致志于学业、事业。朱熹：“敬业者，专心致志以事其业也。”	致：集中于、精细；能：能力、才干。集中力量，精心于能力和才干的培养	乐：乐于、喜欢；群：群众、大家。乐群：乐于与大家和谐相处，共同进步。朱熹：“乐群者，乐于取其益以辅其仁也。”

续表

社会主义核心价值观	国家层面	富强	民主	文明	和谐
	社会层面	自由	平等	公正	法治
	公民层面	爱国	敬业	诚信	友善
联合国教科文组织对大学生主要任务的界定		学会做人 (learn to be)	学会做事 (learn to do)	学会学习 (learn to how to learn)	学会共处 (learn to be with others)
处理四种关系		处理好自己与自己的关系	处理好自己与工作的关系	处理好自己与社会的关系	处理好自己与他人的关系
校训内涵关键词		阳光健康	勤奋爱岗	诚信担当	正向分享
校训教育载体		思政政治教育、心理健康教育	学生干部队伍建设	学业规划与职业生涯规划	文明习惯养成教育、宿舍文明创建
校训活动载体		“思想引领”系列讲座、班级素质拓展训练	“双百”制度	技能竞赛、大学生科技文化艺术节	迎新晚会、毕业晚会、两操一舞大赛、学生团体文化节
校训专题教育		聆听一场校训教育报告	履行一次值日班长职责	培养一项核心职业能力	参加一个感兴趣的学生社团

【知识拓展】

斯坦福大学的由来

在美国一对老夫妇，女的穿着一套褪色的条纹棉布衣服，而她的丈夫则穿着布制的便宜西装，也没有事先约好，就直接去拜访哈佛的校长。校长的秘书在片刻间就断定这两个乡下土老帽根本不可能与哈佛有业务来往。

老先生轻声地说：“我们要见校长。”秘书很礼貌地说：“他整天都很忙！”老太太回答说：“没关系，我们可以等。”过了几个小时，秘书一直不理他们，希望他们知难而退，自己走开。他们却一直等在那里。

秘书终于决定通知校长：“也许他们跟您讲几句话就会走开。”校长不耐烦地同意了。校长很有尊严而且心不甘情不愿地面对这对夫妇。老太太告诉他：“我们有一个儿子曾经在哈佛读过一年，他很喜欢哈佛，他在哈佛的生活很快乐。但是去年，他出了意外而死亡。我丈夫和我想在校园里为他留一纪念物。”校长并没有被感动，反而觉得很可笑，粗声地说：“夫人，我们不能为每一位曾读过哈佛而后死亡的人建立雕像的。如果我们这样做，我们的校园看起来像墓园一样。” 老太太说：“不是，我们不是要竖立一座雕像，我们想要捐一栋大楼给哈佛。”

校长仔细地看了一下他们身上的条纹棉布衣服及粗布便宜西装，然后吐一口气说：“你们知不知道建一栋大楼要花多少钱？我们学校的建筑物超过 750 万美元。”这时，这

位老太太沉默不讲话了。校长很高兴，总算可以把他们打发了。这位老太太转向她丈夫说：“只要 750 万美元就可以建一座大楼？**那我们为什么不建一座大学来纪念我们的儿子？**”

就这样，斯坦福夫妇离开了哈佛。到了加州，成立了斯坦福大学来纪念他们的儿子。**这就是斯坦福大学的由来。**

点题成金

1. 请结合本章内容思考雨果的这句话：“建一所大学，等于毁掉十所监狱。”并和同学讨论自己的看法。

2. 和你周围的几个同学分为两组作为辩论双方，以“判断一所学校，我看人，不看大学”这句话为对象进行辩论。

3. 说说你对大学的理解和你对你的大学的看法，并和同学交流你们看法的异同。

第二章　怎样读大学

在哈佛大学的名言警句中有这样一句话：此刻打盹，你将做梦；而此刻学习，你将圆梦。当我们拿到烫金的大学录取通知书时，仿佛是打开了人生崭新的一页。从此，我们把生命中最美好的三年时光都安置在了这所校园里，我们把青春最壮丽的诗篇都刻画在岁月的轨迹上。来到这里，不是睡觉、打游戏、看剧，不是虚度年华。我们应该清醒地意识到自己真的长大了，需要担起肩上该有的责任了，需要明白：我来到这里该干什么？我怎么度过这三年？我想从这所校园获得什么？我的未来在哪里？

大学是培养高等优秀人才的摇篮，是创造新知识、新思想和新技术的净土，是开发智力、引领创新、拓展思维的殿堂。我们通过对科学知识的学习、探索能力的提升和文化思想的交流，发展友谊和人际关系，培养思想的独立性，形成对社会发展和多元文化的分析力、鉴赏力和判断力，成为未来的行业领军人才。尽管最终我们毕业的去向不尽相同，有些同学会直接参加工作走向社会，而有些同学可能会选择继续深造从事科学研究，但无论我们在毕业的那一刻选择的是哪一个方向，它都不会是我们这一辈子唯一的和最后的方向。我们依然要不断地学习，不断地给自己充电以适应以后生活的变化。我们要把大学作为人生的新起点，既要明确自身学习目的，又要掌握得当的学习方式，还要培养高效的学习方法。

第一节　解读当代大学生

中国的复兴之路，也是民族先进分子寻找真理之路、爱国奋进之路、青春励志之路。正如习近平总书记对广大青年的殷切寄语："中国梦是历史的、现实的，也是未来的""中国梦是国家的、民族的，也是每一个中国人的""中国梦是我们的，更是你们青年一代的"。这是历史的启迪，也是时代的召唤。我们应当树立一种自觉，感悟历史、鉴古知今，掌握马克思主义唯物史观，以强烈的历史使命感和社会责任感，自觉融入民族复兴的伟大进程。作为一名大学生，我们应该具备"大学生"这个角色赋予我们应有的基本素质，在日常生活中自觉遵守学校的行为准则。

一、大学生应该具备的基本素质

大学生素质教育是一项系统工程，更是一种养成教育，涉及大学生的思想道德素质、文化素质、专业素质和身心素质。目前，大学生的人生观、价值观、世界观的主流是积极向上的，能够积极思考国家的命运与自身的角色，使命感与危机感明显增强。大学生的素质如何，直接影响和决定着中国现代化建设的进程和参与国际竞争的能力，直接影响和决定着历史使命的完成和成才目标的实现。

(一)思想政治素质

培养和提高大学生思想政治素质，加强和改进大学生思想教育工作，是我国教育面临的重大任务，是大学生健康成才以适应社会发展和进步的必然要求。

1. 大学是培养社会主义建设者和接班人的摇篮

一些大学生之所以出现散漫、晨昏颠倒的状况，就是对进大学的学习目的不明确。党中央教育方针明确规定要培养德智体美全面发展的人才，德是人才素质的灵魂，智是人才素质的基本内容，体是人才素质的基础，美是人才素质的综合体现。立志为中国特色社会主义奋斗的大学生应端正学习目的和动机，珍惜大学三年的宝贵时间，按照教育方针的要求，把德育放在首位，努力提高自己的思想政治素质。提高思想政治素质对于培养社会主义建设者和接班人，对于全面实施科教兴国和人才战略，确保我们在激烈的国际竞争中始终立于不败之地，确保实现全面建设小康社会，加快推进社会主义现代化的宏伟目标，确保中国特色社会主义事业兴旺发达、后继有人，具有重大而深远的战略意义。

2. 树立正确的世界观、人生观、价值观

世界观是人们对整个世界的总的看法和根本观点，要树立辩证唯物主义和历史唯物主义的基本观点。人生观是人们对人生目的和意义的根本看法和态度。大学生要树立共产主义理想，树立全心全意为人民服务的思想，培养真善美与假恶丑的识别能力和爱憎观念，形成对幸福、荣辱、生死、苦乐等的正确认识。价值观是人们对人生价值的根本看法和态度。大学生应该明白衡量人生价值的重要尺度在于个人对社会的贡献大小以及个人自我发展、自我完善的程度，正确认识贡献与索取、个人利益与集体利益的关系，自觉抵制社会上存在的个人主义、利己主义和拜金主义等思想的侵蚀，我们应当通过投身于社会主义现代化建设这一宏伟事业来实现自身的价值。

3. 加强现代科学知识的学习

崇高的思想行为和精神境界，往往与人的知识有密切关系。列宁曾经说过：“只有用人类创造的全部知识财富来丰富自己的头脑，才能成为共产主义者。”大学生应该抓紧时间，努力学习和掌握现代经济、科技、金融、法律，以及人文社会科学等各方面的知识，丰富头脑，拓宽视野，开启心扉，陶冶情操，丰富精神世界，这有助于正确的世界观、人生观、价值观的形成和思想政治素质的提高。

(二)道德素质

俗话说，细节决定结果，不论是做人还是做事，我们的素质和能力常常就是通过道德行为细节表现出来的，而很多时候这些道德行为细节确实可以决定结果。因为我们可以发现这些所谓的细节往往是一个人长期内在的道德素质修养的结果。事实说明了作为一个全面发展的高素质人才，其具有的人格品质和道德素质尤为重要。

1. 职业道德

职业道德是大学生职业发展的根本，也是大学生职业素质的根基。在大学生职业发展的不同阶段，职业道德发挥着不同的重要规范作用。现代社会与职业市场的迅速变化对大学生提出了更高的职业道德要求，所以加强职业道德基本知识和规范的学习与修养，可以帮助我们进一步树立正确的职业观，培养优良的职业素质，更好地适应工作岗位。因此，职业道德的培养对我们迈进社会、走上工作岗位有着重要的作用。我们大学生要从未来事业的需要出发，自觉地养成良好的职业道德，最基本的要求是要树立正确的专业观念，端正职业态度，提高职业技能，遵守职业纪律，培养优良的职业作风。

2. 社会道德

遵守社会公德是大学履行社会职责的需要。我国《宪法》明确规定，“遵守社会公德是每个公民应尽的义务。”当代大学生，是具有较高文化层次的公民群体，更应该知道自觉遵守社会公德的必要性。

(1) 文明礼貌。在日常社会交往和公共生活中，要注意讲文明、懂礼貌，态度和气、举止端庄，以礼待人；在公共场所，应注意仪表大方，衣着大方，谈吐文雅，待人热情；尊重他人的风俗习惯和隐私等。

(2) 助人为乐。它表现为对别人的关怀、体贴和照顾。别人有难处，乐于相助；人际间有纠纷，要热心地出面调解；他人有过错，要真诚地进行规劝。

(3) 爱护公物。公共场所的公共设施是社会公共财产，是保证公共生活正常进行的物质基础。爱护公物是法律和道德的共同要求，是每个公民应尽的义务，也是最起码的社会公德准则。

(4) 保护环境。一个良好的公共场所，有利于人们的工作、学习和生活，所以我们大学生应从自身做起，爱护环境，养成良好的公共卫生习惯。

(5) 遵纪守法。自觉遵守纪律及法律法规，这是社会公德最基本的要求。它体现了一个人最起码的道德水准，反映了人们的共同利益，所以每个大学生都应该把遵守和维护纪律及法律法规当作自己的道德责任，同一切破坏纪律以及法律法规的行为做坚决的斗争。

(三)专业素质

大学生的专业素质，是指大学生在从事专业劳动过程中形成的比较稳定的道德观念、行为规范和道德品质的总和，它是调节大学生与他人、与集体及社会相互关系的行为准则，是一定社会或阶级对大学生行为的基本要求。专业素质教育不应只是专业知识、技能的传授，而是培养大学生对专业各方面的把握程度、熟练程度，以及可以从事专业工作的潜力及能力等。

1. 合理的知识结构

合理的知识结构是就业岗位的必要条件和职业发展的基础。现代社会职业岗位所需要的不仅仅是合理的知识结构，而是要求适时地拓展自己的知识视野，达到终身教育、终身学习的境界。只有这样，才能根据社会发展和职业的具体要求发展自己、完善自己，有所创造，适应新情况，解决新问题。因此，大学生在校期间不仅要努力学习本专业知识，还要拓展相关专业知识。

2. 掌握一技之长

掌握一技之长等于获取竞争特殊专业岗位的入场券。大学生毕业后将从事专业方面工作，专业知识是大学生知识结构的特色所在。有专业特长的毕业生要根据社会对人才评价的资格化倾向要求，不断地充实和完善自己，使自己的资质也逐步融于社会化、客观化、公平化、国际化评价标准之中。

3. 丰富的社会知识

现代社会，需要大学生具有一定的社会知识、经济管理知识和人文知识，为适应社会岗位的全方位要求奠定基础。因此，大学生应利用专业学习的空余时间多读一些社会科学管理方面的书籍，拓宽知识面，开阔视野，从而提高竞争力。大学生在宝贵的在校时间里应在知识的宽度和深度上下功夫，关注现代科技发展前沿信息、关注新行业发展动态、涉猎现代科学书籍，使自己具有专业眼光，具有前瞻性和先进性思维方法，紧跟国际科技发展的步伐，为自己的择业拓展广阔的空间。

(四)心理素质和身体素质

大学生要培养自己良好的心理和身体素质，保持身心健康。大学生在学好专业知识、提高学习能力和知识水平的同时，还要培养和提高自己的心理素质和身体素质，保持心理健康。大学生应该能和社会保持良好的接触，其思想和行动都应跟上时代的发展步伐，提高适应能力。

当心理受到刺激时，应沉着冷静，调节自我，同时要学会控制自己，学会在一定的场合说适当的话，做适当的事。和谐的人际关系是大学生心理健康不可缺少的条件，也是大学生获得心理健康的重要途径。良好的身体素质主要是指强健的体魄，较强的耐力、反应能力和环境适应能力。掌握体育运动、卫生保障基本知识，养成经常锻炼身体和讲究个人卫生的良好习惯，培养健康而丰富多样的个人爱好。

二、在日常生活中必须自觉遵守以下行为准则

(1) 志存高远，坚定信念。认真思考立志、立身、立业的问题，志存高远，胸怀宽广，把报效祖国作为最大的追求，把服务人民作为最大的责任，把奉献社会作为最大的价值，做有理想、有抱负、有作为的青年。

(2) 热爱祖国，服务人民。弘扬民族精神，维护国家利益和民族团结。培养同人民群众的深厚感情，正确处理国家、集体和个人三者之间的利益关系，增强社会责任感，甘愿为祖国、为人民做出贡献。

(3) 勤奋学习，自强不息。刻苦学习知识，珍惜宝贵年华，只争朝夕地学习，如饥似

渴地学习，持之以恒地学习，用好每一天，学好每一课，努力用优秀文明成果武装自己，真正成为有用之才和栋梁之材。

(4) 遵纪守法，弘扬正气。遵守宪法、法律法规，遵守校纪校规；正确行使权利，依法履行义务；敬廉崇洁，公道正派；敢于并善于同各种违法违纪行为做斗争。

(5) 诚实守信，严于律己。履约践诺，知行统一；遵从学术规范，恪守学术道德，不作弊，不剽窃；自尊自爱，自省自律；文明使用互联网；自觉抵制黄、赌、毒等不良诱惑。

(6) 明礼修身，团结友爱。弘扬传统美德，遵守社会公德，男女交往文明；关心集体，爱护公物，热心公益；尊敬师长，友爱同学，团结合作；仪表整洁，待人礼貌；豁达宽容，积极向上。

(7) 勤俭节约，艰苦奋斗。热爱劳动，珍惜他人和社会劳动成果；生活俭朴，杜绝浪费；不追求超越自身和家庭实际的物质享受。

(8) 强健体魄，热爱生活。积极参加文体活动，提高身体素质，保持心理健康；磨砺意志，不怕挫折，提高适应能力；增强安全意识，防止意外事故；关爱自然，爱护环境，珍惜资源。

第二节　当代大学生成才的目标是什么

长风破浪会有时，直挂云帆济沧海。学业是我们大学生立身之本，是应当集中精力努力掌握的知识、能力、素质体系。一方面，具备和拥有好的学业，才会有好的就业、好的职业发展。另一方面，学习是自己的事不是别人的事，学习也是现在的事不是将来的事。作为新时代的大学生，我们要为自己的理想和信念以及未来而奋斗，合理地利用大学时光，制定正确的成才目标。

一、我们的成长计划

大学生在大学的不同阶段会面临不同的任务和压力，从而显现出明显的年级特点，结合大学生目标管理的现状和对成长目标的现实需求，构建当今大学生成长目标管理体系可以分成三个方面。

(一)根据年级特点，确立阶段性成长总目标

学生在不同年级有不同的特点及其心理发展规律，大学的成长目标各有侧重，由浅入深、循序渐进、相互衔接，自始至终地贯穿于大学生的教育过程中。

大学一年级的成长目标为适应性成长，刚进入大学校门的新生无论生活环境还是学习方式，无论个人目标还是社会期望都发生了很大变化，大学能否成功在很大程度上取决于新生第一年的适应情况。大学二年级的成长目标为学业和能力成长，面对专业课的增多和深入，学生应对专业学习有全面了解。确立学习目标，掌握学习方法，培养学习的积极性

和主动性尤为重要。在这个阶段，学生不仅要学习怎样读书，还要学习怎样做事，怎样与人相处，怎样把学到的知识付诸实践。大学三年级的成长目标为职业成长，主要围绕学生未来的职业选择展开，引导学生认清当前的就业形势，全面客观地认识自己，确定自己未来深造和就业的方向。

(二)通过任务设立，确立每阶段的成长目标

在设立了每个阶段的总体目标之后，围绕阶段总目标需分解成若干个具体的小目标，通过设定不同的任务、作业以及活动来进行。比如在大一阶段围绕适应性成长目标可以参加朋辈互助教育、参加心理健康课程、举办增进班级凝聚力的文娱活动等；大二阶段围绕学业成长目标可以多参加学术讲座、建立学习小组、优秀学生交流会、模拟招聘等；大三阶段主要是职业、就业实践，个别学生开始做创业准备。在完成小目标的同时，也要将所完成目标的实际情况进行反馈，根据目标完成的质量对其进行修正。

(三)根据个体特点，确立差异性个体成长子目标

个体特点不同，学生的目标计划内容就会存在一定的差异性。如果学习成绩不好，就要重点关注学习子目标的设立，并适当延长这个阶段。学习成绩突出但其他方面能力有欠缺的学生，要侧重专项能力的提高。这样才能切实提高成长目标管理的针对性和实效性。

大学生成长目标管理体系的构建自始至终地贯穿于大学的整个教育过程。只有坚持以学生自我教育、自我管理、自我反思为核心，才能真正提高学生的综合素质。

二、大学生应该考哪些证书

刚进入学校的大学生总有些许的迷茫，除了完成专业课上的知识，大把时间还能学些什么来充实自己呢？老师和家长循循善诱地叮嘱：“不要荒废了，多考点证书对将来好。”毕业后找工作，我的胜算究竟有多少？如果大一、大二的专业课程比较少，空余时间比较多的话，可以根据时间安排考取一些综合类的证书。

一般情况下，证书代表了一个人的学习能力，代表了一个人在大学期间没荒废偷懒，体现了追求上进、不甘平凡的生活态度。下面列举了一些需要考的证书。

1. 英语四六级证书

英语四六级考试是教育部设立的一项全国性的英语考试，其目的是对大学生的实际英语能力进行客观、准确的测量，为大学英语教学提供测评服务。大学英语考试是一项大规模标准化考试，是一个“标准关联的常模参照测验”。

2. 会计相关证书

如果你想进入比较大型的公司或者专门的会计岗，需要考初级会计资格证、中级会计师、注册会计师考试(CPA)等。

3. 普通话测试等级证书

普通话水平测试等级证书是证明应试人普通话水平的有效凭证，证书由国家语言文字工作委员会统一印制。现阶段各类人员的普通话水平应达到的等级标准如下：播音员、节目主持人、影视话剧演员为一级以上水平；教师和大学生为二级以上水平；公务员和社会公共服务行业从业人员为三级以上水平。

4. 教师资格证书

教师资格证是你从事教师所必须持有的证书。持有教师资格证，在你毕业求职的时候可以多一种选择。如果你没有从事教师的打算，教师资格证对大家求职没有很大的作用。

5. 计算机等级证书

全国计算机等级考试分为四个级别，非计算机专业的学生一般过二级就可以了。在求职时，如果不是计算机专业相关岗位，对计算机证书不做硬性要求，但要会使用 Office 办公软件，一般的公司都会比较注重这个技能。

6. 人力资源类证书

一般的公司对人力资源证是不做要求的，招聘时更注重看你实际与人交际的能力和处理事情的能力。如果竞聘国企、事业单位、大型企业、外资企业的时候，人力资源证会给你增加一些资本，同时这些公司会以人力资源证作为晋升考评的依据之一。

7. 证券从业资格证书

证券从业资格证书是进入证券行业的必备证书，如果你对证券感兴趣，想在金融相关行业如银行或非银行金融机构、上市公司、投资公司、大型企业集团、财经媒体、政府经济部门等地方工作，这张证书将成为重要参考。

8. 银行从业资格证书

建立银行业从业人员资格认证制度是依法从事银行业专业岗位的学识、技术和能力的基本要求。对于想进银行工作的人来说，早日取得资格认证对个人的职业发展会有很大的裨益和帮助。

9. 驾驶证书

驾驶证可能是唯一一个与课堂学习无关但同样重要的证书了。众所周知，考驾照是相当耗费时间的，而等到毕业工作了，几乎就没有时间再去考了。另外，驾驶证还可以加学分呢。所以，在大学能考驾照就考了吧。

10. 学校相关证书

奖学金证书、三好学生、优秀学生干部及各类竞赛获奖证书等被很多企业列为筛选简历的必要条件。

第三节　怎样度过大学时光

大学是人生中最美好与最宝贵的时光，也是最容易虚度的时光，有的人充实、有的人迷惘、有的人后悔或留下了太多遗憾，同时也有人因起步不好导致后来发展之路越来越窄或无路可走，有许多同学就是大学毕业了还不知该如何度过大学生活，稀里糊涂、浑浑噩噩地度过了三年。如何度过短暂而美好的大学时光呢？以梦为马，不负韶华。书香浓郁的图书馆、中西餐应有尽有的食堂、宽阔明亮的体育馆，以及相处时间最长的宿舍和教学楼……都将是我们未来三年最宝贵的经历，以及更久以后的生活中最深刻的记忆。

一、习近平寄语大学生

金秋九月，收获的时节，又一批莘莘学子走进大学校园。大学是学生由象牙塔步入社会的转型阶段，是锤炼专业技能、塑造价值观的黄金时期，如何有意义地度过大学时光，是学生、家长及老师都关心的问题。

习总书记指出，青年是国家的希望、民族的未来，衷心希望每一个青年都成为社会主义的建设者和接班人，成为实现中华民族伟大复兴的生力军。当代青年要忠于祖国、忠于人民，要立鸿鹄志、做奋斗者，要求真学问、练真本领，要知行合一，做实干家。青年时代是学习知识、陶冶情操、增长本领的黄金时期。

近几年，习近平在多次会议和参观国内外各大学时，都谈到了对大学生培养的重点性和方向，对大学生有以下几点期盼。

1. 心怀梦想，树立正确价值观

“先成人，后成才。”习近平多次强调大学生要用理想和社会主义核心价值观武装自己，用正确的思维方式和价值取向去引领学习、生活和实践。

有信念、有梦想、有奋斗、有奉献的人生，才是有意义的人生。当代青年建功立业的舞台空前广阔、梦想成真的前景空前光明，希望大家努力在实现中国梦的伟大实践中创造自己的精彩人生。

2. 好读书，读好书——保持读书的好习惯

真正把读书学习当成一种生活态度、一种工作责任、一种精神追求，自觉养成读书学习的习惯，真正使读书学习成为工作、生活的重要组成部分，使一切有益的知识和文化入脑入心。

对大学生提出了几点阅读的建议：一是发扬“挤”劲。争取每天挤出一定的时间读书，特别要善于把各种零碎时间利用起来。二是要发扬“钻”劲。书读百遍，其义自现。功夫下到一定程度，就能达到出神入化的境界。三是要发扬“韧”劲。读书最可贵的是终身坚持，无论处于哪个年龄段都要孜孜不倦地读书。

3. 注重实践，在平凡的岗位上做出不平凡的业绩

当代大学生要志存高远、脚踏实地，转变择业观念，坚持从实际出发，勇于到基层一线和艰苦的地方去，把人生的路一步步走稳走实，善于在平凡岗位上创造不平凡的业绩。

青年有着大好机遇，关键是要迈稳步子、夯实根基、久久为功。心浮气躁，朝三暮四，学一门丢一门，干一行弃一行，无论是学习还是创业，都是最忌讳的。

4. 走出去，结交良师益友

大学时光可谓是人生中的黄金时期，从学术界泰斗到实业家，几乎所有的优秀人才都度过了充实而丰富的大学生活，为自己的人生搭建好了坚实的阶梯，他们的亲身经历和总结出的人生谏言启发并激励着每一位大学生。

二、经贸的清晨那么美，只为等你

经贸的清晨那么美，正值青春的你那么美。漫步在经贸的校园里，挺一挺青春的身躯，露一露青春的微笑，跃动每一枚深深浅浅的足迹。每一天的清晨，经贸都在等你……

晨光绚丽的经贸生机勃勃
阳光透过清新的雾气
温柔地洒落在经贸的每一寸土地
快跟随青春的步伐
去发现藏在经贸清晨的精彩故事吧……

6:45 AM

当新一周的太阳射出第一道金色的光芒
当雄壮的国歌奏起第一个音符
鲜艳的五星红旗在晨曦的沐浴下冉冉升起
经贸的清晨，恬静与活力巧妙地相融
一群群身穿正装的同学们目视着国旗
爱国之情溢于言表

7:00 AM

晨曦之下
不仅有升国旗的热血沸腾
还有操场上跃动奔跑的青春
这是经贸学子们昂扬的精神面貌

7:05 AM

黄叶枝头爬满柔和的阳光
钟铃清脆，书声琅琅
操场上晨起读书的身影
是学子们精彩的未来
是他们不负年华的最好阐释

7:10 AM

艺术团的早功练习
也成了清晨的一道亮丽风景线
洪亮婉转的嗓音充斥着经贸的各个角落
似乎在叫醒睡眼惺忪的经贸

7:15 AM

在晨读的低吟浅诵之下
在早功的悠扬婉转之后
新一天的经贸再次散发出她特有的魅力
经贸学子们仿佛感受了经贸的暖意
开始了新一天的准备

7:20 AM

清晨的空气中氤氲着安静舒适
偌大校园也渐露喧嚣
尽心尽责的后勤人员
谢谢你们的温柔细致和努力勤勉
新的一天，愿你们顺心遂意

7:30 AM

从外皮松脆、内馅软糯的芝麻团
到馅嫩汁甜、软嫩鲜香的包子
再到温热适宜、勾人食欲的粥与面
美食，带来清晨的第一缕欢喜

7:40 AM

图书馆也用它渊博的知识
驱散了早起的倦意
怀有目标的经贸青年们
在灯火通明的图书馆中日益蓬勃
孜孜诠释着梦想的爱与拼搏
他们投以满腔的严谨与执着

7:45 AM

去往教室学习的路上
映入眼帘的不仅是蕴含着温柔的苍翠林木
还有笑盈盈的脸颊
金黄色的落叶吸引了经贸学子驻足拍照
沐浴在美景中的经贸青年们
也做好了汲取新知识的准备

7:50 AM

教室里早已经有了一道忙碌的身影
在耐心地准备着课件
等待着莘莘学子的到来
正是这样一群人用他们诚挚的眼神
带领我们步入学习的荒漠
丰沛我们的心河

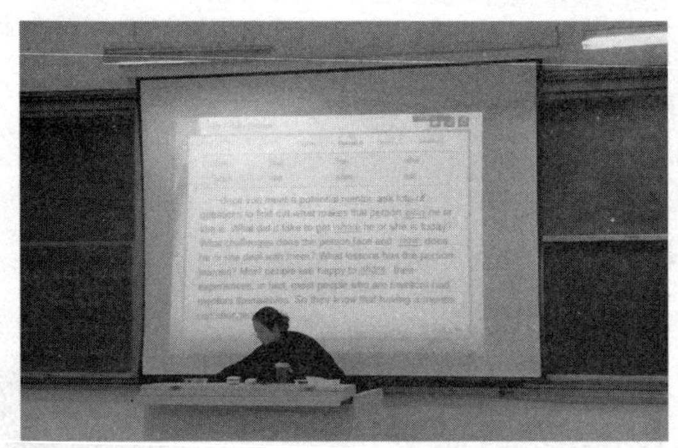

8:00 AM

上课铃声准时响起
经贸校园生机盎然
树荫下光斑随风跳转
经贸青年们在明亮宽敞的教室里
接受新的知识，迎接更美好的一天

8:05 AM

在被知识包裹的经贸里
小动物们也渐入佳境
小猫在秋意渐浓的晨色里折返
羽翼斑驳的小蛾一闪而过
幸福的饱腹感让它们安稳地小憩

新的一天拉开了帷幕
天光澄澈，云卷疏朗
慵懒的阳光轻抚过树梢
细碎地洒落在角落里
一切都明媚灿烂
经贸的怀抱让人沉醉
加油哦！每天都是元气满满的一天呢

第四节　青年人生导师的大学时代

在人的一生中，如果没有导师的指引，要想成为杰出的人，概率是非常小的。人生犹如复杂的迷宫，要想走到成功的顶峰，光靠自己盲目闯荡几乎不可能到达。在成长的过程中，参考那些值得信任的成功者是有价值的，例如阅读名人传记或听演讲。但是，每个人应该走自己的路，千万避免盲目崇拜、模仿偶像，或不经思考而全盘接受任何人的话。所以，参考他人的路，但是保持客观自觉，听从自己的心，走出自己的路，做最好的自己。

一、他们的大学时光

1. 季羡林——保持勤奋 坚持运动

季羡林先生毕业于清华大学，季先生在回忆大学生活时，讲到清华学生都非常用功，同时又勤于锻炼身体。每天下午四点以后，图书馆中几乎空无一人，而体育馆内则是人山人海，操场上也挤满了跑步、踢球、打球的人。晚饭以后，图书馆里又是灯火通明，人人又开始伏案苦读了。

刚刚逃离了高三“炼狱”般的学习生活，许多大一新生都是抱着“大学就轻松了”的心态进入大学的，实际上，大学里的学业也同样繁重。“业精于勤而荒于嬉，行成于思而毁于随”，每年都有许多准毕业生们面对着一片空白的简历和“惨不忍睹”的成绩单“仰天长叹”。

大学期间的课业是为今后工作打下坚实基础的任务，必须学好基础知识，勤勤恳恳，脚踏实地，认真做好每一堂课的笔记，不厌其烦地温习知识、举一反三，勤于学，勤于思，“才能的火花，常常在勤奋的磨石上迸发。”只有圆满地完成大学期间的知识储备，今后才能取得更大的成就。俞敏洪曾经说过：“人生走的是无穷无尽的马拉松，马拉松不需要去计较你的起点是落后了还是站在第一名，马拉松计较的是你到底能够走多远，到底能够坚持走多久。”如果还能保持着奋战高考的学习态度，保持勤奋，就能保持优秀。

但毕竟大学不同于压力笼罩的高中生活，大学更讲究“劳逸结合”，俗话说“身体是革命的本钱”，所以在背井离乡、远离亲人而来到大学的第一课中，应该学会如何将身体锻炼和脑力劳动相结合。慢跑、游泳、健身、球类运动等都是适合校园的运动方式，运动不但能帮助人消除压力和缓解紧张情绪，还有助于改善体型，拥有更好的身材。

2. 梁实秋——手不释卷 与书为友

著名学者、翻译家梁实秋曾经表示大学期间是他最自由、最美好的时光，因为那是他整日沉浸阅读的岁月。梁先生曾说：“一天当中如果抽出一小时来读书，一年就有三百六十五小时，十年就有三千六百五十小时，积少成多，无论研究什么都会有惊人的成绩。一个人在学校读书的时间是最可羡慕的一段时间，因为他没有生活的负担，时间完全是他自己的。”

在电子产品飞速发展的时代，纸质阅读似乎早已被现代人所摒弃，取而代之的是低头族的“碎片化”阅读时代。作为当代大学生，踏入大学校门后应该自觉养成阅读的好习惯，正所谓“一日不读书，胸臆无佳想”，书本是激发人类一切灵感的源头，没有书本承载和传递千百年来人类的智慧，现代人就无法站在巨人的肩膀上瞭望远方。

有人这样说，“一个爱书的人，他必定不会缺少一个忠实的朋友，一个良好的老师，一个可爱的伴侣，一个悠婉的安慰者。”阅读不但能开阔眼界，更能帮助我们不断认识自己，发现自己的内心，与自己的灵魂对话，从而养成一种沉静的气质和内涵。

3. 钱学森——培养有益爱好 广泛涉猎

我国著名爱国科学家钱学森在大学时期除了表现出非凡的科研探索精神以及突出的创造力以外，还在兴趣爱好方面做出了耀眼的成绩。钱学森年轻时就“迷”上了音乐，并显露出非凡的音乐才华。他特别喜欢贝多芬的乐曲，学过钢琴和管弦乐，还加入了大学的铜管乐队，成为铜管乐队出色的成员。钱学森还广泛涉猎音乐理论书籍，发表过专门讨论音乐的文章。他对于画画和摄影也有浓厚的兴趣，在大学期间担任 1934 级级刊委员会美术部干事。

有益的爱好就像是清晨照进窗户的第一缕阳光，让我们感受到生活带来的温暖和美好，让我们发现平淡生活中的美好之处，让我们汲取细小事物中蕴含的活力。有益的爱好

能够给我们带来最纯粹的快乐，让我们感受到最纯净的美好，如果生命中没有让我们沉醉其中、帮助我们变得更好的爱好，那么生命花园将永远不会与彩虹邂逅，从而凋谢枯萎。

在大学生活课余时间里，应该有意识地培养自己的兴趣，通过有益的爱好来提高自身的素质与修养，丰富精神世界。大学期间，可以通过音乐、戏剧、体育、美术、雕塑等艺术形式来培养自身的美学素养、不轻言放弃的精神以及专注力和探索力。

4. 李开复——夯实基础 不耻下问

李开复刚刚上大一时曾多次红着脸向师兄请教最基本的知识内容，开会讨论时也曾问过不少肤浅的问题，课余时间还经常主动找同学探讨、切磋。“不耻下问”的优良传统在李开复身上体现得淋漓尽致。

在日渐浮躁的时代，不少大学生觉得大学课程“太枯燥”“没意思”“没啥实际用处”，对于作业也是敷衍了事，得过且过。殊不知，理论是一切实践的基础，没有坚实的地基何来耸入蓝天的高楼大厦，珍惜每一次汲取知识的机会，为今后的实践打下坚实的基础，才能在真正上手时游刃有余，不慌不忙。

“三人行必有我师”，大学校园到处是良师益友。要充分珍惜和利用好这些难得的机会，经常自省，见贤思齐，大胆发问，经常切磋，交换技能，不断给自己“充电”，在互帮互助的氛围中学真本领。

5. 周国平——大学是养成热爱智力生活的时期

周国平是中国社会科学院哲学研究所研究员。周先生曾经说过：“大学生不应该是跟着老师走的人，要具备自己安排自己的学习的能力。所以，我觉得大学期间的学习有两个目标，一个是爱上学习，另一个是学会自学。有了这两条，你就获得了一笔终身的财富。”

如果说中学的学习是“被逼无奈”，那么大学就应该学会享受智力活动带来的乐趣，只有爱上智力活动带来的快乐，养成智力活动的习惯，才能真正拥有属于自己的志向和目标，并且能够为此坚持不懈地努力。

许多成功人士在分享成功经验时频繁出现的一个词叫作“自律”，而自律的前提必须是热爱，只有学会了享受才能做到“自主”“自学”，才能在浮躁中拨开迷雾看清远方，在三年后的毕业典礼上做到“胸有成竹”。

6. 白岩松——锻炼独立思考的能力 学会辩证性思考

著名主持人白岩松曾经说过：“一个有学习和变化能力的人会更强，一个人云亦云只能做跟随者的人不会强。”

大一新生还处于懵懂的青春期，不知不觉已经闯入成人世界的大门，大学三年对于每一位新生来说都是锤炼心智的关键时期。刚刚进入大学的你可能会受到前所未有的冲击，进而产生退却心理，事实上，在大学里非常重要的一课是学会如何用“理性”战胜“感性”，你要知道你所在的并不是“你以为的世界”，思维方式的培养不只是大学的必修课，而是一辈子的终身课题。

面对瞬息万变的社会与日渐紧密的国际化趋势，拥有广阔的视野、学会多元化思考问

题是对每一位现代大学生提出的时代要求。只有在大量的阅读和学习实践中不断摸索才能养成良好的心理素质，在时光洪流中泰然自若。

7. 李彦宏——披荆斩棘 不断发掘自己的潜能

百度公司董事长李彦宏曾经说过：“我们需要从自己真正的心里面去作选择，并不是你认为社会期望你这样做，父母期望你这样做，朋友期望你这样做。”

也许你身上一直背负着父母的期望、朋友的赞许，也许刚满十八岁的你身上却已经被贴上了你并不乐意接受的标签，但实际上只有你能定义你自己。热血沸腾的青春应该天马行空、毫不畏惧、所向披靡。正是春暖花开的好时节，围栏上的爬山虎早已探出头缠绕围墙，青春年少的你又有什么资格对未来说“不可能”呢？

大学三年是为未来创造无限可能的宝贵机会，敢说敢做是当代大学生独有的炫酷作风，“成功是一把梯子，没有双手的人是爬不上去的”，在最热血的时代不逼自己一次永远不知道自己的潜能有多大，自己能走多远。所有的条条框框都不能禁锢住跳动的心，就让胸口熊熊燃烧的青春之火引领你走向迷茫大海中央的灯塔吧！

二、来自学长学姐的十五条经典寄语

刚进大学，一切都那么新奇，一切都那么令人兴奋，而当一切都平静下来之后，你会发现大学生活并不总是兴奋与激情，更多的是平淡与按部就班。没有学习上的压力了，没有父母的唠叨了，没有老师盯着你上自习了，反而感觉无所适从了，很多同学感到生活没有了目标，陷入了迷茫和困惑。从此，自主学习时间增加，由中学的要我学转变成了我要学，生活上也变得独立了，由有人管的他律变成了无人管的自律，每天的学习和生活都得靠自己安排。作为新生，要对自己有个全面的认知，掌握自己的兴趣爱好特长，对自己的职业和学习生涯作个科学的规划，制定三年的总目标和阶段性目标。

在懵懂的青春，未免要多走一些弯路，那么请记住学长学姐的寄语，下面是一些关于学长学姐给大一新生的寄语，一起来看看吧！

(1) 不论男生还是女生，如果在大学里还把容貌当作重要的东西而过分重视的话，可能不会吃亏，但是早晚会吃亏。可能，很可能，也可以说是一定有可能。

(2) 一般人的一生平均有十分之三的时间处于不佳状态，那是我们把问题扩大化了，所以，要多看美好的一面，不去苛求，换个角度去想。着手解决你能解决的问题，忘掉你无法解决的问题。

(3) 进入大学，就是一个新的环境，接触新的人，你所有的过去对于他们来说是一张白纸，这是你重新塑造自己形象的最好的时候，改掉以前的缺点，每进入一个新的环境，都应该以全新的形象出现。

(4) 人生的成功，不在于等待拿到一副好牌，而是怎样将手中的牌打好。把手头上的事做好，坚持下去。

(5) 面对不公平的东西，不要抱怨，你的不公平可能恰恰是别人的公平。所以，你不如去努力地奋斗，争取你自己最合适的公平。

(6) 看本学科的一些杂志，掌握本学科前沿的动态。

(7) 一定要学好电脑。对以后的继续学习很重要，千万别不当回事。如果有电脑，不要用它来看碟、玩游戏、聊天；学点办公软件、平面设计、编程软件、系统操作等实用的东西，那对你以后绝对有用！

(8) 朋友，你大学的朋友很可能就是你将来事业的一部分，他们会帮助你。但是你也应该让自己有帮助他们的实力，所以，你要努力，你和你的朋友会一起在将来打造一个可能很辉煌的事业。很好听是吗？但是记住，你们都要努力。

(9) 大学可能有真实的爱情，但是记住只是可能。很多时候他们是因为别人都在谈恋爱而羡慕或者别的原因而在一起。所以，不必为任何分手而受太大的伤，记住，这里我所说的是太大的伤，真爱，还是值得追求的。

(10) 如果你发现自己已经被惰性这只蚊子不痛不痒地叮上了，千万不要觉得“无所谓”“不是什么大事”，拖沓是万恶之源，是最常见的失败原因。

(11) 军训是新生们入学的第一课，至于苦与乐，只有经历过的人才知道其中的感受。“态度决定一切。”永远不要为考试而学习。在大学里，成绩固然重要，但是我们应该在策略上重视它，在战略上藐视它。

(12) 优秀是一种习惯。从现在开始，让琅琅的书声回荡在美丽的校园，让矫健的英姿出现在运动的赛场，让多彩的画笔描绘绚丽的未来，让敲击的键盘连接五湖四海，让天使的翅膀直挂云帆，让激昂的青春迎风飞扬。天道酬勤，一分耕耘孕育一分收获，一分汗水浇灌一分成功。让我们共同播撒希望的种子，辛勤耕耘，翘首以待下一个丰收的秋天！

(13) “我来做什么”“该怎么做”，这是个主题定位和态度问题。大学的主题是什么？是单纯求学，两耳不闻窗外事；还是修身求学，一心追求真善美？是做单一型人才，还是当复合型人才？是被动求学，还是主动奋斗？选择不同，最后文凭的含金量也截然不同。

(14) 安全始终是做任何事情的第一要素，上大学同样也不例外。爱护自己，珍惜自己，是很重要的！因为没有什么比失去健康、失去生命更重要！无论何时都不要自暴自弃！

(15) 假期多回家看看，也许外面的世界很精彩，但是别忘了，家里的人都在惦记着你，祖国的大好河山很壮丽，可是家里温暖的亲情很美丽，多利用假期回家看看，不是看父母，而是给父母看，你永远都是他们的骄傲！

【知识拓展】

MBTI 职业性格测试

以荣格的《人格分类》理论为基础，美国的心理学家 Katherine Cook Briggs (1875—1968)和她的心理学家女儿 Isabel Briggs Myers 根据她们对于人类性格差异的长期观察和研究，提出了影响大脑做出决定的第四因素：生活方式。综合荣格的人格分类学说形成迈尔斯布里格斯类型指标(Myers-Briggs Type Indicator，MBTI)。MBTI 是一种迫选型、自我报

告式的性格评估理论模型，用以衡量和描述人们在获取信息、做出决策、对待生活等方面的心理活动规律和性格类型。

受测者必须正确实施每一个步骤，以便准确理解 MBTI 的测试结果。MBTI 量表的分值代表了受测者对自身性格类型的清楚程度，而非其具有某种性格特征的完全程度或者表现强度；MBTI 提供的性格类型描述仅供受测者确定自己的性格类型之用，MBTI 的有效性取决于施测中规范、有序地执行每一个环节。

一、轻松测试

性格没有好与坏之分，测试的目的是反映最真实的自己，而不是别人所期待的你。以下选择了 MBTI 的 28 题版本，大家可以自行在网上对其他版本进行在线测试。现在，让我们最大限度地放松下来，选择当你面临下述这些情况时不由自主、自然和不假思索的决定或倾向。每 7 题为一部分，找出你选择最多的那个字母，按顺序进行排列。

1. 你倾向从何处得到力量：(　　)

(E)别人。

(I)自己的想法。

2. 当你参加一次社交聚会时，你会：(　　)

(E)在夜色很深时，一旦你开始投入，也许就是最晚离开的那一个。

(I)在夜晚刚开始的时候，我就疲倦了并且想回家。

3. 下列哪一件事听起来比较吸引你？(　　)

(E)与情人到有很多人且社交活动频繁的地方。

(I)待在家中与情人做一些特别的事情，例如一起做饭。

4. 在约会中，你通常：(　　)

(E)整体来说很健谈。

(I)较安静并保留，直到你觉得舒服。

5. 过去，你遇见你大部分的异性朋友是：(　　)

(E)在宴会中、夜总会、工作上、休闲活动中、会议上或当朋友介绍我给他们的朋友时。

(I)通过私人的方式，例如个人广告、录影约会，或是由亲密的朋友和家人介绍。

6. 你倾向拥有：(　　)

(E)很多认识的人和很亲密的朋友。

(I)一些很亲密的朋友和一些认识的人。

7. 过去，你的朋友和同事倾向对你说：(　　)

(E)你难道不可以安静一会儿吗？

(I)可以请你从你的世界中出来一下吗？

8. 你倾向通过以下哪种方式收集信息？(　　)

(N)你对有可能发生之事的想象和期望。

(S)你对目前状况的实际认知。

9. 你倾向相信：(　　)

(N)你的直觉。

(S)你直接的观察和现成的经验。

10. 当你置身于一种关系中时，你倾向相信：(　　)

(N)永远有进步的空间。

(S)若它没有被破坏，不予修补。

11. 当你对一个约会觉得放心时，你偏向谈论：(　　)

(N)未来，关于改进或发明事物和生活的种种可能性。例如，你也许会谈论一个新的科学发明，或用一个更好的方法来表达你的感受。

(S)实际的、具体的、关于“此时此地”的事物。例如，你也许会谈论品酒的好方法，或你即将要参加的新奇旅程。

12. 你是这种人：(　　)

(N)喜欢先纵观全局。

(S)喜欢先掌握细节。

13. 你是这类型的人：(　　)

(N)与其活在现实中，不如活在想象里。

(S)与其活在想象里，不如活在现实中。

14. 你通常：(　　)

(N)偏向于去想象一大堆关于即将来临的约会的事情。

(S)偏向于拘谨地想象即将来临的约会，只期待让它自然地发生。

15. 你倾向如此作决定：(　　)

(F)首先依你的心意，然后依你的逻辑。

(T)首先依你的逻辑，然后依你的心意。

16. 你倾向比较能够察觉到：(　　)

(F)当人们需要情感上的支持时。

(T)当人们不合逻辑时。

17. 当和某人分手时：(　　)

(F)你通常会让自己的情绪深陷其中，很难抽身出来。

(T)虽然你觉得受伤，一旦下定决心，你会直截了当地将过去恋人的影子甩开。

18. 当与一个人交往时，你倾向于看重：(　　)

(F)情感上的相容性：表达爱意和对另一半的需求很敏感。

(T)智慧上的相容性：沟通重要的想法；客观地讨论和辩论事情。

19. 当你不同意情人的想法时：(　　)

(F)你尽可能地避免伤害对方的感情；若是会对对方造成伤害的话，你就不会说。

(T)你通常毫无保留地说话，并且对情人直言不讳，因为对的就是对的。

20. 认识你的人倾向于形容你为：(　　)

(F)热情和敏感。

(T)逻辑和明确。

21. 你把大部分和别人的相遇视为：(　　)

(F)友善及重要的。

(T)另有目的。

22. 若你有时间和金钱，你的朋友邀请你到国外度假，并且在前一天才通知，你会：(　　)

(J)必须先检查你的时间表。

(P)立刻收拾行装。

23. 在第一次约会中：(　　)

(J)若你所约的人来迟了，你会很不高兴。

(P)一点儿都不在乎，因为你自己常常迟到。

24. 你偏好：(　　)

(J)事先知道约会的行程：要去哪里、有谁参加、你会在那里待多久、该如何打扮。

(P)让约会自然地发生，不做太多事先的计划。

25. 你选择的生活充满着：(　　)

(J)日程表和组织。

(P)自然发生和弹性。

26. 哪一项较常见：(　　)

(J)你准时出席而其他人都迟到。

(P)其他人都准时出席而你迟到。

27. 你是这种喜欢……的人：(　　)

(J)下定决心并且做出最后肯定的结论。

(P)放宽你的选择面并且持续收集信息。

28. 你是此类型的人：(　　)

(J)喜欢在一段时间里专心于一件事情直到完成。

(P)享受同时进行好几件事情。

二、职业与性格的四个维度框架

1. 精力来源：　E-Extrovert 外向　&　I-Introvert 内向
2. 收集信息：　S-Sensing 实感　&　N-iNtuitive 直觉
3. 分析决策：　T-Thinking 思考　&　F-Feeling 情感
4. 时间安排：　J-Judging 计划　&　P-Perceptive 随性

(E)外向型-|-内向型(I)

我们留意到的信息种类

(S)感知型-|-直觉型(N)

我们的决策方式

(T)思考型-|-感觉型(F)

三、四大类型的人

1. 体验型 SP(如猪八戒)。
2. 责任型 SJ(如沙僧)。
3. 理想型 NF(如唐僧)。
4. 能力型 NT(如孙悟空)。

四、性格测试结果具体性格分析

(一)十六种类型

四个维度上特定偏好的组合就构成一种特定的性格，共有 16 种不同的类型。

ISTJ	ISFJ	INFJ	INTJ
ISTP	ISFP	INFP	INTP
ESTP	ESFP	ENFP	ENTP
ESTJ	ESFJ	ENFJ	ENTJ

1. ISTJ：内向、感知、思考、判断型

这类人一丝不苟、认真负责，而且明智豁达，是坚定不移的社会维护者。他们讲求实际、非常务实，总是孜孜以求精确性和条理性，而且有极大的专注力。不论做什么事情，他们都能有条不紊、四平八稳地去完成。

对这类人而言，满意的工作是技术性的工作，能生产一种实实在在的产品或有条理地提供一种周详的服务。他们需要一种独立的工作环境，有充裕的时间让自己独立工作，并能运用自己卓越的专注力来完成工作。

2. ISFJ：内向、感知、感觉、判断型

这种人忠心耿耿、一心一意、富有同情心，喜欢助人为乐。由于这种人有很强的职业道德，一旦觉得自己的行动确有帮助，他们便会担起重担。

最令他们满意的工作是需要细心观察和精确性要求极高的工作。他们需要通过不声不响地在背后工作以表达自己的感情投入，但个人贡献要能得到承认。

3. INFJ：内向、直觉、感觉、判断型

这种人极富创意。他们感情强烈、原则性强且具有良好的个人品德，善于独立进行创造性思考。即使面对怀疑，他们对自己的观点仍坚信不疑。他们看问题常常更能入木三分。

对他们来说，称心如意的事业就是能从事创新型的工作，主要是能帮助别人成长。他们喜欢生产或提供一种自己能感到自豪的产品或服务。工作必须符合个人的价值观。

4. INTJ：内向、直觉、思考、判断型

这类人是完美主义者。他们强烈要求自主、看重个人能力、对自己的创新思想坚定不移，并受其驱使去实现自己的目标。这种人逻辑性强，有判断力，才华横溢，对人对己要求严格。在所有类型的人中，这种人独立性最强，喜欢我行我素。面对反对意见，他们通常多疑、霸道、毫不退让。对权威本身，他们毫不在乎，但只要规章制度有利于他们的长远目标他们就能遵守。

最适合的工作是：能创造和开发新颖的解决方案来解决问题或改进现有系统；他们愿意与责任心强，在专业知识、智慧和能力方面能赢得自己尊敬的人合作；他们喜欢独立工作，但需要定期与少量智囊人物切磋交流。

5. ISTP：内向、感知、思考、认知型

这种人奉行实用主义，喜欢行动，不爱空谈。他们长于分析、敏于观察、好奇心强，

只相信可靠确凿的事实。由于非常务实，他们能很好地利用一切可供利用的资源，而且很会瞧准时机。

对于 ISTP 这类人而言，事业满意就是做尽可能有效利用资源的工作。他们精通机械技能或愿意使用工具来工作。工作必须有乐趣、有活力、独立性强，且常有机会走出工作室去户外。

6. ISFP：内向、感知、感觉、认知型

这种类型的人温柔、体贴、敏感，从不轻言非常个人化的理想及价值观。他们常通过行动，而非语言来表达炽烈的情感。这类人有耐心，能屈能伸且十分随和，无意控制他人。他们从不妄加判断或寻求动机和意义。

最适合的工作是做非常符合自己内心价值观的工作。在做有益于他人的工作时，他们希望注重细节。他们希望有独立工作的自由，但又不远离其他与自己合得来的人。他们不喜欢受繁文缛节或一些僵化程序的约束。

7. INFP：内向、直觉、感觉、认知型

INFP 类型的人珍惜内在和谐胜过一切。他们敏感、理想化、忠心耿耿，在个人价值观方面有强烈的荣誉感。如果能献身自己认为值得的事业，他们便情绪高涨。在日常生活中，他们通常很灵活、有包容心，但对内心忠诚的事业义无反顾。这类人很少表露强烈的情感，常显得镇定自若、寡言少语。不过，一旦相熟，他们也会变得十分热情。

对 INFP 类型的人而言，最适合做合乎个人价值观、可以陈述自己远见的工作；工作环境需要有灵活的架构，在自己激情高昂时可以从事各种项目；能发挥个人的独创性。

8. INTP：内向、直觉、思考、认知型

这种类型的人善于解决抽象问题。他们满腹经纶，时常能闪现出创造的睿智火花。他们外表恬静，内心专注，总忙于分析问题。目光挑剔，独立性极高。

对于这类人，事业满意源自这样的工作：能酝酿新观念；专心负责某一创造性流程，而不是最终产品。在解决复杂问题时，能让他们跳出常规的框框，冒一定的风险去寻求最佳解决方案。

9. ESTP：外向、感知、思考、认知型

这类人无忧无虑，属乐天派。他们活泼、随和、率性，喜欢安于现状，不愿从长计议。由于他们能够接受现实，一般心胸豁达、包容心强。这类人喜欢研究实实在在的东西，善于拆拆装装。

对这类人来说，事业满意度来自这种工作：能随意与许多人交流；工作中充满冒险和乐趣，能冒险和随时抓住新的机遇；工作中当自己觉得有必要时希望自我组织，而不是听从别人的安排。

10. ESFP：外向、感知、感觉、认知型

ESFP 这一类人生性爱玩、充满活力，用自己的活力来为别人增添乐趣。他们适应性强，平易随和，可以热情饱满地同时参加几项活动。他们不喜欢把自己的意志强加于人。

对于这类人来说，适合的工作是能在实践中学习，利用常识搜集各种事实来寻找问题的解决方案；他们喜欢直接与客户打交道；能同时在几个项目或活动中周旋。尤其爱从事

能发挥自己审美观的项目或活动。

11. ENFP：外向、直觉、感觉、认知型

ENFP 这种类型的人热情奔放，满脑子新观念。他们乐观、率性、充满自信和创造性，能深刻认识到哪些事可为。他们对灵感推崇备至，是天生的发明家。他们不墨守成规，善于闯新路子。

这类人适合的工作是在创造性灵感的推动下，与不同的人群合作从事各种项目；他们不喜欢从事需要自己亲自处理日常琐碎杂务的工作，喜欢按自己的工作节奏行事。

12. ENTP：外向、直觉、思考、认知型

这种类型的人好激动、健谈、聪明，是个多面手。他们总是孜孜以求地提高自己的能力。这类人天生有创业心、爱钻研、机敏善变、适应能力强。

令这类人满意的工作是：有机会从事创造性解决问题的工作。工作有一定的逻辑顺序和公正的标准。希望通过工作能提高个人能力并常与权力人物交流。

13. ESTJ：外向、感知、思考、判断型

这种类型的人办事能力强，喜欢出风头，办事风风火火。他们责任心强、诚心诚意、忠于职守。他们喜欢框架，能组织各种细节工作，能如期实现目标并力求高效。

ESTJ 类型的人适合做理顺事实和政策以及人员组织的工作，能够有效利用时间和资源以找出合乎逻辑的解决方案，在目标明确的工作中能运用娴熟的技能。他们希望工作测评标准公正。

14. ESFJ：外向、感知、感觉、判断型

ESFJ 类型的人喜欢通过直接合作以切实帮助别人。由于他们尤其注重人际关系，因而通常很受人欢迎，也喜欢迎合别人。他们的态度认真、遇事果断，通常表达意见坚决。

这种类型的人最满意的事业是整天与人交往，密切参与整个决策流程。工作的目标明确，有明确的业绩标准。他们希望能组织安排自己及周围人的工作，以确保一切进展得尽可能顺利。

15. ENFJ：外向、直觉、感觉、判断型

这种类型的人有爱心，对生活充满热情。他们往往对自己很挑剔。不过，由于他们自认为要为别人的感受负责，所以很少在公众场合发表批评意见。他们对行为的是非曲直明察秋毫，是社交高手。

这种类型的人最适合的工作是工作中能建立温馨的人际关系，能使自己置身于自己信赖且富有创意的人群中工作。他们希望工作多姿多彩，但又能有条不紊地进行。

16. ENTJ：外向、直觉、思考、判断型

这类人是极为有力的领导人和决策者，能明察一切事物中的各种可能性，喜欢发号施令。他们是天生的思想家，做事深谋远虑、策划周全。这类人事事力求做好，生就一双锐眼，能够一针见血地发现问题并迅速找到改进的方法。

最令 ENTJ 这类人满意的事业是做领导、发号施令，完善企业的运作系统，使系统高效运行并如期达到目标。他们喜欢从事长远战略规划，寻求创造性地解决问题的方式。

(二)对号入座

1. ISTJ：审计员、后勤经理、信息总监、预算分析员、工程师、技术作者、电脑编程员、证券经纪人、地质学者、医学研究者、会计、文字处理专业人士。

2. ISTP：证券分析员、银行职员、管理顾问、电子专业人士、技术培训人员、信息服务开发人员、软件开发商、海洋生物学者、后勤与供应经理、经济学者。

3. ESTP：企业家、业务运作顾问、个人理财专家、证券经纪人、银行职员、预算分析者、技术培训人员、综合网络专业人士、旅游代理、促销商、手工艺人、新闻记者、土木/工业/机械工程师。

4. ESTJ：银行官员、项目经理、数据库经理、信息总监、后勤与供应经理、业务运作顾问、证券经纪人、电脑分析人员、保险代理、普通承包商、工厂主管。

5. ISFJ：人事管理人员、簿记员、电脑操作员、顾客服务代表、信贷顾问、零售业主、房地产代理或经纪人、艺术人员、室内装潢师、商品规划师、语言病理学者。

6. ISFP：优先顾客销售代表、行政人员、商品规划师、测量师、海洋生物学者、厨师、室内/风景设计师、旅游销售经理、职业病理专业人员。

7. ESFP：公关专业人士、劳工关系调解人、零售经理、商品规划师、团队培训人员、旅游项目经营者、表演人员、特别事件的协调人、社会工作者、旅游销售经理、融资者、保险代理/经纪人。

8. ESFJ：公关客户经理、个人银行业务员、销售代表、人力资源顾问、零售业主、餐饮业者、房地产经纪人、营销经理、电话营销员、办公室经理、接待员、信贷顾问、簿记员、口笔译人员。

9. INFJ：人力资源经理、事业发展顾问、营销人员、企业组织发展顾问、职位分析人员、企业培训人员、媒体特约规划师、编辑/艺术指导(杂志)、口译人员、社会科学工作者。

10. INFP：人力资源开发专业人员、社会科学工作者、团队建设顾问、编辑、艺术指导、记者、口笔译人员、娱乐业人士、建筑师、研究工作者、顾问、心理学专家。

11. ENFP：人力资源经理、变革管理顾问、营销经理、企业/团队培训人员、广告客户经理、战略规划人员、宣传人员、事业发展顾问、环保律师、研究助理、广告撰稿员、播音员、开发总裁。

12. ENFJ：人力资源开发培训人员、销售经理、小企业经理、程序设计员、生态旅游业专家、广告客户经理、公关专业人士、协调人、交流总裁、作家/记者、非营利机构总裁。

13. INTJ：管理顾问、经济学者、国际银行业务职员、金融规划师、设计工程师、运作研究分析人员、信息系统开发商、综合网络专业人员。

14. INTP：电脑软件设计师、系统分析人员、研究开发专业人员、战略规划师、金融规划师、信息服务开发商、变革管理顾问、企业金融律师。

15. ENTP：人事系统开发人员、投资经纪人、工业设计经理、后勤顾问、金融规划师、投资银行业职员、营销策划人员、广告创意指导、国际营销商。

16. ENTJ：(人事、销售、营销)经理、技术培训人员、(后勤、电脑信息服务和组织重建)顾问、国际销售经理、特许经营业主、程序设计员、环保工程师。

点题成金

1. 请大家按照要求测一测自己的职业性格。
2. 有兴趣的同学可以课下在网上进行其他版本的MBTI职业性格测试。
3. 结合测试的结果与自我评价，谈谈自己对未来职业的规划。

第三章 大学军训

“国无防不立，有国才有家”，国防建设直接关乎着国家安全和社会稳定。国防教育是国防建设的重要内容，《中华人民共和国国防教育法》明确规定：“国防教育是建设和巩固国防的基础，是增强民族凝聚力、提高全民素质的重要途径”“依法普及和加强国防教育是每个公民的权利和义务”。军训作为新生入学后的第一课，对学生良好习惯的养成、意志品质的磨炼和思想意识的提高具有重要的教育意义和实践意义。

百年大计，教育为本。《教育规划纲要》明确指出，要促进德育、智育、体育、美育有机融合，提高学生综合素质，使学生成为德智体美全面发展的社会主义建设者和接班人。大学生军训是为国家培养受过高等教育的合格人才而服务的，无论是从教育观上还是从人才观上，坚持育人为本、德育为先，坚持能力为重、学生的全面发展都离不开大学生军训。军训融合了国防教育、体育、纪律教育、集体主义教育，能够依托这样一种重要的载体实现育人的目标，十分难得和重要。在我国，对高校大学生集中开展军训，不仅仅是一次军事技能的掌握和运用过程，更是一次自我教育与社会教育相结合的过程。

第一节 国防概述

改革开放的发展使我国积累了40余年的经济、军事力量，同时也为党和国家追求民众幸福、谋求构建人类命运共同体提供了保障。不过，当今世界格局并未完全实现稳定与全面和平，部分国家和地区依旧存在极端主义、恐怖主义与霸权主义的威胁，我国周边局势也存在一定程度上的不稳定因素，这意味着建设一支强大的军队，对掌握高技术、高科研水平以及先进指挥、管理理念的人才需求迅速发展，对提升国家安全、国防意识，强化爱国主义为核心的高校教育发展需求将越发迫切，而高校国防教育发展与改革过程中所存在的结构性、体系性路径矛盾也日趋明显。

一、国防的含义

“国防”一词最早出现于《后汉书孔融传》。孔融在给皇帝上书时说：“臣愚以为宜隐郊祀之事，以崇国防。”这里的“国防”是指为维护国体，严明礼义而采取的防禁措施。当然，我们现在所说的国防已与古代所说的国防有了根本的变化。也就是说，国防是国家防务的简称，是为捍卫国家主权统一、领土完整和安全，防备、抵御外来侵略和颠覆，而在军事、政治、经济、外交、科技、文化、教育等方面的活动。

国家的生存与发展，历来与国防息息相关。生存与发展构成国家的两大基本利益，二者互为条件，互相依存。生存是人类繁衍延续的第一需要，是发展的前提，发展是国家繁荣富强的根本途径，是生存的条件，国不可一日无防，国无防不立，国离不开防，防是为

国，防是保持国家的生存和发展的重要安全保障。

作为教学德育的重要组成部分，高校国防教育在高等教育中始终处于重要地位却无法得到全面重视，急需结合自身特质改单一方式为多元模式路径以改变现状。高校国防教育多元化路径的发展是增强国防教育与公民爱国意识，强化课堂思想政治教育的重要手段，对有效促进公民国家安全与国防意识提升具有重要作用。现代国防主要包括国防体制、国防战略、国防政策、国防力量、国防科技、国防工业、国防工程、国防经济、国防教育、国防动员、国防交通、国防法规以及与国防有关的其他方面的建设和斗争，国防的根本目的是维护国家利益。

二、国防的基本类型

目前，世界的国防类型大致有四种：扩张型、自卫型、联盟型和中立型。

(一)扩张型

该类国家奉行霸权主义政策，它们以国家安全和防务需要为幌子，将其疆域以外的国家和地区纳入本国的势力范围，对别国进行侵略、颠覆和渗透。

(二)自卫型

该类国家以防止外敌侵略为目的，在国防建设上主要依靠本国力量，广泛争取国际上的同情和支持，以维护本国的安全以及周边地区和世界的和平与稳定。

(三)联盟型

该类国家为弥补自身力量的不足，以结盟的形式联合相关国家进行防卫。联盟型国防又可分为两种：一是一元体联盟，二是多元体联盟。二者的不同之处在于前者通常有一个大国做盟主，如北约组织及原来的华约组织。其成员有大国，也有中小国家。联盟型国防要以条约形式结盟，明确各自的责任义务。其优点是成员可以有效借助他国力量进行防卫；不足之处在于对方也可以对其内部各成员国进行“合纵连横”加以瓦解，其联盟内部有时也难以统一。

(四)中立型

该类国家为保障本国的安全、发展和繁荣，实行和平中立的国防政策，实施总体防御战略和寓兵于民的防御体系，如瑞士和圣马力诺。

我国是社会主义国家，在对外关系方面一贯奉行“和平共处”五项原则，公开向世界承诺，永远不称霸，不做超级大国，不侵略别国。在战略上采取防御态势。我国国防建设的宗旨是反对侵略战争，维护世界和平，保卫国家的安全与发展。在国防力量的运用上，坚持自卫立场，实施积极防御的战略方针。因此，我国的国防属于自卫型国防。

三、国防的基本要素

(一)国防的主体

国防的主体是国防活动的实行者，通常认为，国家是国防的主体，而国防也是一个国家的固有职能。从广义上说，国家是指拥有共同的语言、文化、种族、血统、领土、政府或者历史的社会群体；从狭义上讲，国家是一定范围内的人群所形成的共同体形式。对国家的形成有各类学说。

一是由亚里士多德所提出的自然学说。自然学说认为人类出于向往美好生活的天性，在家庭、自然村落的基础上自发地形成一个利益共同体，进而顺理成章地产生了国家。

二是以卢梭为代表的契约派。该派认为每个自然人一经成年脱离家庭的依附关系后，为了维护个人与生俱来的自由和平等，确保自身生存的利益，理智地在社会生活中发生一种互相约束，而在这种结合行为产生的过程中，势必形成了一定的道德与集体的共同体，进而演化成为城邦，再由城邦演变为国家。

三是神权论。神权论认为国家是神的意志的体现，国家的权力来源于神(天、上帝)。中国古代社会中的帝王把自己说成是神龙天子，在欧洲中世纪的基督教思想中也普遍宣扬“一切权力来自神”“除上帝外，别无权力”的观点。

四是以德国哲学家杜林为代表的暴力学说。他们认为国家的产生不是社会内部发展的结果，而是起源于相互间的掠夺和征服，强调暴力是国家形成的决定性因素。

五是以我国历史学家梁启超为代表的氏族学说。认为凡是国家都起源于氏族，族长作为一族的主祭者，自然而然地成为一个氏族转变成的国家的首领。

六是马克思主义者的阶级学说。认为国家的出现是人类社会发展的必然结果。其主要思路是物质生产力的提高，使阶级得以出现，并出现了阶级统治，人们在物质资料生产过程中结成的生产关系逐渐代替了血缘关系，使社会结构发生了根本变化。新的社会制度取代了由血缘关系决定的氏族制度，这就是具有公共权力的国家制度。

国家一旦形成，就必然有治理社会的国家权力机构，在一定的领土内拥有外部和内部的利益，而为了维护这种利益的稳定，必须采取一定的方法去解决其他途径无法调和的矛盾，而准备和实施这些方法的所有活动总和，我们就可以称为国防。这些活动并不能靠国家内部某些人自发组织实施，而必然以国家为主体进行，只有这样才能整合全国的力量来完成这一工作。

(二)国防的对象

国防的对象，就是国防所要针对的“行为”分类。从逻辑上讲，在大的方面，国防主要分为对外和对内两部分：对外是指国防要防备和抵抗的是“外敌侵略”行为，值得注意的是，外敌侵略也包括武装侵略和非武装侵略；而对内是防止“武装颠覆”行为。

1. 防备、抵抗和制止“外敌侵略”

自 1953 年联合国大会先后七次会议审议，到 1974 年 12 月 14 日，联大才通过了特别

委员会提出的《侵略定义》草案。定义规定，“任何下列行为，不论是否经过宣战都构成侵略行为：

(1) 一个国家的武装部队侵入或攻击另一个国家的领土，或因此种侵入或攻击而造成的任何军事占领，不论时间如何短暂，或使用武力吞并另一国家的领土或其一部分；

(2) 一个国家的武装部队轰炸另一个国家的领土，或一个国家对另一个国家的领土使用任何武器；

(3) 一个国家的武装部队封锁另一个国家的港口或海岸；

(4) 一个国家的武装部队攻击另一个国家的陆、海、空军，或商船和民航机；

(5) 一个国家违反其与另一个国家订立的协定所规定的条件，使用其根据协定在接受国领土内驻扎的武装部队，或在协定终止后，延长该项武装部队在该国领土内的驻扎期间；

(6) 一个国家以其领土供另一个国家使用，让该国用来对第三国进行侵略行为；

(7) 一个国家或以其名义派遣武装小队、武装团体、非正规军或雇佣兵对另一个国家进行武力行为，其严重性相当于上述所列各项行为，或该国实际卷入了这些行为。”

同时定义指出，以上列举的行为并非详尽无遗，安理会可以断定其他行为也构成侵略，而且定义绝对不得解释为扩大或缩小《联合国宪章》的适用范围，包括《联合国宪章》中关于合法使用武力的各种情况的规定在内；也绝不妨碍在殖民政权、种族主义政权或其他形式外国统治下的人民为自决、自由和独立而斗争的权利。定义还指出：“不得以任何性质的理由，不论是政治性、经济性、军事性或其他性质的理由，为侵略行为作辩护”“侵略战争是破坏国际和平的罪行”“因侵略行为而取得的任何领土或特殊利益均不得亦不应承认为合法”。

2. 制止“武装颠覆”

颠覆是指用某种手段发动政变或武装叛乱，推翻现政府。而反颠覆虽然不完全属于国防的范畴，但又与国防密切相关。颠覆活动不同于一般的犯罪活动，它危害到国家的国体和政体，对国家的主权、统一、领土完整和安全构成严重的威胁。从一般意义上讲，如果这类活动未采取武装暴力形式，则属于国家安全部门职责范畴；如果采取了武装暴力的性质，并需要动用国防力量时，则属国防范畴。因此，在《中华人民共和国国防法》中将“制止武装颠覆”作为国防的一项重要职能写入其中。

(三)国防的手段

国防的手段是指为达到国防目的而采取的方法和措施。根据《中华人民共和国国防法》第二条规定：“国家为防备和抵抗侵略，制止武装颠覆，保卫国家的主权、统一、领土完整和安全所进行的军事活动，以及与军事有关的政治、经济、外交、科技、教育等方面的活动，适用本法。”

1. 军事手段

军事手段是国防的主要手段，尤其是对付武装入侵和武装暴乱时，也是最为有效的手段。通常情况下，国与国之间的交往如果出现矛盾或冲突，都会率先采取其他途径解决，先“有话好好说”，也就是对话、谈判，接下来还会各自找几个“哥们儿”或大国、强国或与双方关系都很密切的国家乃至联合国来“斡旋”，也就是中间人调解、劝说；而在此过程中搞军事演习、威胁一下经济制裁，大都是想“秀一下肌肉”让对方知道一意孤行的后果，从而达到逼迫对方让步的目的。如果上述手段均不起作用，且双方或一方还非要解决这个矛盾的时候，才会诉诸武力。而一旦一方使用武力，另一方最正常的反应就必然是以武力对抗。因此，军事手段也是国防最为重要的一种手段。

2. 政治手段

这里所说的政治手段，不是政治的全部，而是与军事有关的政治活动。政治与国防密切相关，一方面国防是直接为政治服务的，这一点在以后的军事思想学习中还会进一步涉及；另一方面国防建设需要政治去谋划、运行、支撑，在这个过程中更需要政治制度、思想工作、政治宣传等方面的保证。

3. 经济手段

与政治相似，一方面经济是国防的基础，另一方面国防也是经济的保障。国防建设的主要方面是军队建设，而军队本身是不创造任何价值的，相反，一个国家建设一支强大的军队是一件很“烧钱”的事儿。军队人员要有薪水，因为他们也需要养家糊口；军人训练、作战需要有现代化的武器装备，而武器装备不论是购买还是研制，都是极其昂贵的。一辆现代化的坦克价值千万美元左右；一架现代化的飞机动辄几千万美元到一亿多美元；一艘军舰、航母价格更是从几亿美元到几十亿美元不等……加上人员需要培训、武器需要维护保养、弹药需要不断补充、战场需要建设……所有这些，没有较好的经济基础是不行的。同时，一个国家如果没有强大的国防做后盾，那么经济再发展，也是难以自保的。毕竟，国家之间的各种竞争最终必将归根于经济利益的争夺上。

4. 外交手段

这里所说的外交手段，也不是国家间外交的全部，而是特指国家间为了国防目的而进行的外交活动的总称，有时也将其称为军事外交。它主要涉及国与国之间、军事集团(如军事联盟)与军事集团之间的军事政治关系、军队关系、军事战略关系、军事科技关系和军事经济关系等。我们常见的军事交往(军舰、军队互访、参观，联合演习等)，彼此购买装备、共同研制装备等军工合作，军事联盟的缔结，边境事务的协调管理，军事人才的共同培养等都属于军事外交的范畴。

四、国防的目的

(一)捍卫国家的主权

国家的主权不可侵害，主权是国家存在的根本标志。如果丧失国家的主权，那么国家的独立、领土完整、传统的生活方式、基本的政治制度、社会准则和国家荣誉、尊严等都

无从谈起。捍卫国家主权始终是一个国家国防的根本目的和任务。

(二)维护国家的统一

国家的统一是指国家由一个中央政府对领土内一切居民和事务行使完整的管辖权，不允许另立政府或分割国家的管辖权。维护国家的统一历来是国防的重要任务。

当外国敌对势力插手我国的民族事务、破坏我国的民族团结、危及国家的统一和完整时，国防力量必须予以坚决打击，发挥其维护国家统一和稳定的职能作用。

(三)保卫国家的领土完整

领土是指位于国家主权支配下的地球表面的特定部分及其底土和上空。领土是国家存在和发展的自然物质前提，是构成国家的基本要素之一。国家主权与国家领土具有密切关系，领土既是国家行使其主权的空间，也是国家主权行使的对象，没有领土，主权就失去了存在的空间和行使的对象。国家的领土被侵占，主权必然遭到侵犯。国防捍卫国家主权的独立，必然要保卫国家领土完整。

(四)维护国家的安全

国家要正常地生存和发展，必须有一个安全的内外环境。一个国家如果没有和平、稳定的环境，不仅难以建设和发展，而且生存也会受到威胁。维护国家的安全也是国防的主要目的之一。

一旦国家遭到外来侵略和颠覆，安全受到威胁，国防就必须履行自己的职能，抵御和挫败外来的侵略和颠覆，确保国家的和平、稳定；当国内敌对分子勾结外国敌对势力进行武装暴乱、危及国家安全时，国防力量就要采取措施，平息暴乱，保卫国家安全。

五、现代国防的基本特征

现代国防是对传统国防的继承和发展，是一种全新的国防观念和国防实践活动。它具有不同于传统国防的基本特征。现代国防已成为综合国力的对抗。综合国力主要由人力、自然力、政治力、经济力、科技力、精神力和国防力等组成。

(一)现代国防是国家经济和社会发展的保障

国家的安全统一是经济建设和社会发展的前提，稳固的国防和强大的军队是维护国家安全统一的可靠保证。国无防不立，经济与国防历来是国家独立和发展不可或缺的两个重要条件。巩固的国防担负着防备和抵抗侵略，维护国家的主权、独立、领土完整和国际权益的重要职能；没有巩固的国防，就没有国家经济建设和社会发展所需要的国际安全环境和良好的周边环境，就没有人民和平劳动和各民族团结奋斗所需要的社会稳定条件。

(二)综合国力的对抗与较量

经济实力、国防实力和民族凝聚力是综合国力的基本要素，经济实力是基础，国防实力是支柱，民族凝聚力是灵魂。现代国防与国家的综合国力有着密切的联系，国家的发展

水平制约着武器装备发展水平和国防力量的总规模。没有强大的综合国力，国防建设只能是空中楼阁。

(三)多种形式的斗争和角逐

现代国防虽然是以军事力量为主体，但它还要靠国家潜力转化为作战的实力。国家潜力包含国土面积、地理位置、自然资源、人口的数量和质量、地形气候、生产能力、科技和文化水平、交通运输、通信状况、社会制度、国家政策、管理能力、国际关系和国际地位等诸多方面。

(四)具有多层次的目标体系

政治、经济对现代国防影响程度的不断加深，使现代国防呈现出多层次的目标体系。从范围上，可分为自卫目标、区域目标和全球目标。从内涵上，也可分为不同的层次目标：在国家面临严重威胁时，国防目标要首先解决存亡问题；在和平与发展的情况下，要致力于保障国家的安全利益和发展利益，同时还应努力营造有利于本国发展的国际环境。

(五)现代国防与国家经济建设的关系更加紧密

国防建设服从和服务于国家经济建设大局，国防建设与经济建设协调发展是我国国防建设的一个长期的基本方针。国防现代化需要国家的经济力量和技术力量的支持，国防现代化水平只能随着国家经济实力的增强而逐步提高。国家坚持以经济建设为中心，国防建设必须服从和服务于这个大局，军队积极参加和支援国家经济建设。国家在集中力量进行经济建设的同时，加强国防建设，促进国防建设与经济建设协调发展。

(六)国防教育的普及与开展

国防教育，是国家为防备和抵抗侵略，制止武装颠覆，保卫国家的主权、统一和领土完整，对全体公民进行的具有特定目的和内容的普及性教育活动。

国防教育是国防建设的重要组成部分。国防教育是对全体公民进行的一项基本教育，涉及各个方面，内容十分丰富，范围非常广泛。国防建设的整体性决定国防教育内容，现代国防不仅仅是指军队建设和武器装备以及战场和战略要地的建设，而且同国家的经济实力、政治状况、民族心理、文化水平和人口素质等因素息息相关。国防教育是建设和巩固国防的基础，是增强民族凝聚力、提高全民素质的重要途径。国防教育是以国防为目的、以教育为手段的一种影响人、培养人的活动，就其本质来说，是一个国家为了捍卫主权、领土完整和安全、抵御外来侵略，对全体公民进行教育的活动。

第二节　为什么要军训

当今世界，大多数发达国家和发展中国家都十分重视对大学生的国防教育和军事训练，并将其作为加强国防建设的一项重要措施。例如，美国对高等学校的学生军训已经形成了一套完善的制度，全美非军事院校开办“军官训练团”，作为国防教育的专门组织，

使青年学生在完成学业的同时，接受必要的军事训练。英国国防部预备役局在全国数十所大学中设立了陆军军官训练团、海军训练中心和空军飞行中队，分别负责所在地区几所大学学生的军事训练和宣传工作，英国政府还在许多大学设有专门的军事学位，强化青年学生的国防意识。法国《国防教育草案》等法律明确规定对公民进行国防教育的组织机构和组织细则，每年的 4 月 8 日，17 岁以下的男女青年都要到设在全国各地的 2200 个国家军事中心报到，参加武装部队举办的全民教育日活动。俄罗斯以《俄联邦兵役义务与服役法》和《俄联邦预备役军事集训条例》等专门的法律为国防教育的组织和实施提供依据和保障，不仅形成了从国防部、有关军种和高校所在军区至高校军事教研室的学生训练管理体系，而且各管理层的职责很明确。日本构建了较为完善的全民国防教育体系，其自卫队在全国范围内定期募集大学生到部队参加军事夏令营。日本的多所大学与日本防卫厅共同策划研究课程，让自卫队军官到大学里讲课，让日本青年大学生和日本自卫队进行各种军事研究，举行模拟演习，探讨世界战事局势。可见，军训已经普遍成为各国青年必须经历的一次洗礼式教育。

一、我国对军训的政策要求

学生军事训练工作的总体要求是：全面贯彻党的十九大精神，以习近平新时代中国特色社会主义思想和强军思想为指导，认真落实《国务院关于印发国家教育事业发展“十三五”规划的通知》《国务院办公厅 中央军委办公厅关于深化学生军事训练改革的意见》(国办发〔2017〕76 号，以下简称《意见》)，按照中央关于教育领域综合改革和国防军队改革的决策部署，写好学生军训工作“奋进之笔”，推动学生军事训练工作新格局，拓展学生军事训练综合育人功能，提升青少年的国防意识和军事素养。

(一)加强顶层设计，深化学生军事训练改革

1. 健全完善制度规定

研究制定《普通高等学校军事课程建设标准》，进一步加强军事课的宏观指导，科学规范组织管理、教学管理、队伍管理和学科建设；修订《普通高等学校军事课教学大纲》，突出新兵入伍训练科目内容，实现普通高等学校学生军训内容与新兵训练内容的有效衔接；研制《学生军训基地建设管理规定》，规范基地建设标准、管理使用等问题；编制《军队学生军事训练监督考评办法》，建立专项督查制度，加大监督管控力度。

2. 积极开展专题研究

依托军队相关单位进行工作探索和课题攻关，主要探索错峰训练(广西)、民兵预备役人员承训(贵州)、军校学员承训(海军工程大学)、军队院校利用暑期承担高中学生军训任务(北京)、“基地化、模拟化、网络化”训练(天津)等具体实施办法；组织学生军事训练中长期发展规划(重庆)、学生军事训练综合育人功能(广东)、发挥学生军事训练正能量(陕西)等方面课题攻关。

(二)强化宏观指导，推动学生军事训练政策落实

1. 召开学生军事训练工作会议

召开全国学生军事训练工作会议，在深入学习领会中央精神的基础上，根据学生军事训练工作的实际，结合当前和今后一个时期深化学生军事训练改革的重点，总结交流经验，贯彻落实《意见》精神，进一步统一思想认识，明确任务要求，切实增强军地各级开展学生军事训练的政治责任感和工作积极性，强势推进新时代学生军事训练工作创新发展。

2. 重视提高军事理论课教学质量

紧紧抓住制约军事理论课教学质量的关键环节，根据教学任务需要，配备相应数量的军事教师，完善专业技术职务评聘办法。推进派遣军官队伍建设，完善制度机制，改革派遣方式，优化力量布局；各省军区(卫戍区、警备区，下同)根据区域内军事理论课教学任务的需要协调相关院校、训练机构和部队选派优秀军官担负高校军事理论课教学任务，接到任务的单位要支持和做好学生军训工作。

3. 加强承训工作规范管理

各省教育行政部门、省军区与军兵种、武警部队要积极适应国家教育体制和军队领导体制改革新要求，建立健全任务对接、情况通报、问题处理、检查评估等学生军事训练工作运行机制，严格按照《部队承担学生军训人员管理办法(试行)》，抓好人员选派，落实岗前培训，强化全过程管控，确保文明施训、科学组训、正规管训。

4. 组织开展学生军事训练工作检查调研

适时地组织军地联合检查调研，加强学生军训工作过程监管，及时纠正问题，规范组织实施；跟踪并掌握各地贯彻落实《意见》的情况，促进中央部署的重大教育改革任务和改革措施落地生根、早见成效。

(三)完善育人机制，激发学生军事训练发展活力

1. 举办学生军事训练营

依托空军参谋部举办第五届全国学生军事训练营，完善学生军事训练营地综合育人功能和育人机制。鼓励各地积极稳妥地开展学生军事训练营地活动，以军事训练营地成果转化和机制创新带动学生军事训练工作创新发展。

2. 组织军事课教学展示

以提升学生军事理论和军事技能为目标，通过多种形式提高学生的实践能力，分别进行识图用图、电磁频谱管控、军事五项等军事项目教学展示，推动普通高等学校和高中阶段学校军事课程的落实。

(四)开展专题培训，提高学生军事训练管理水平

1. 继续举办教育行政部门领导干部学生军事训练工作专题研修班

依托国防大学、空军指挥学院等军事院校举办三期教育行政部门学生军事训练工作专题研修班，提高各省级教育行政部门有关人员和高校现任副校级以上领导干部的组织领导能力，进一步强化国防意识。

2. 继续开展军事课骨干教师研修

依托国防大学、陆军工程大学、陆军装甲兵学院、火箭军指挥学院等军事院校举办四期军事课骨干教师研修班，培养造就高素质专业化军事课教师队伍。各省军区会同地方教育行政部门有计划分批次组织高校军事教师培训。鼓励各省开展军事教师访学、交流、竞赛等活动，不断地提高任教授课能力。

3. 继续实施军事课骨干教师巡回授课

依托合肥工业大学、陆军装甲兵学院等军事院校组织实施军事课骨干教师巡回授课，推动军民融合深度发展，扩大优质教育资源和教学改革成果向中西部省份辐射，提高军事课教学质量。

(五)增强保障能力，营造良好的学生军事训练氛围

1. 建立学生军事训练年度报告制度

地方各级教育行政部门、省军区、有关承训单位和学校对年度学生军训情况进行统计汇总，于每年 11 月底前分别向上级提交专项报告，重点反映军事课建设、军事课教师配备、军事课经费投入和设施设备、课外军事活动、校园文化环境、重点项目推进、专项课题研究及年度学生军事训练工作开展等方面情况，进一步建立健全学生军事训练管理机制。

2. 加强舆论宣传引导

充分认清学生军事训练的重大意义，准确把握学生军事训练的本质内涵和基本要求，发挥大众传媒特别是新媒体的舆论宣传作用。在军事训练期间，积极开展军歌合唱、知识竞赛等宣传活动，适时地向社会宣传军事训练成果，发布相关信息。遇到突发事件，积极稳妥地处置，加强舆论引导，努力营造全社会关注、关心和支持学生军事训练的良好氛围。

二、军训的目的和意义

军训的用途是什么？国防大学教授房兵给出的解释是：军训是为了给国家培养后备兵源，培养尚武精神。1894 年，甲午战场上，曾经被寄予厚望的北洋海军被日军轻易击溃，清政府被迫割地赔款。武器不比日本差，人力还比日本多，可为何能上战场的可用之兵却捉襟见肘？有识之士痛定静思，得出的教训之一便是：长期“重文轻武”的传统教育，使

国民特别是青年人缺失了近代基本的军事动员能力。

全国人大常委会通过的《国防法》《兵役法》和《国防教育法》，对学生军训工作做出了明确的规定。《中华人民共和国国防教育法》第十五条明确规定高等学校、高级中学和相当于高级中学的学校应当将课堂教学与军事训练相结合，对学生进行国防教育。高等学校应当设置适当的国防教育课程，高级中学和相当于高级中学的学校应当在有关课程中安排专门的国防教育内容，并可以在学生中开展形式多样的国防教育活动。高等学校、高级中学和相当于高级中学的学校学生的军事训练，由学校负责军事训练的机构或者军事教员按照国家有关规定组织实施。军事机关应当协助学校组织学生的军事训练。第十六条明确规定：学校应当将国防教育列入学校的工作和教学计划，采取有效措施，保证国防教育的质量和效果。

(一)大学生军训的目的：增强素质，锻炼毅力

学校的军训是为了加强每个学生的体能训练，增强身体素质，锻炼自身的坚强毅力。团体的训练还能增强学生的集体荣誉感、团队协作能力。军事训练会培养学生自身的生活习惯，养成好的生活秩序。

大学新生军训是一次难得的锻炼机会，因为现在大部分孩子都是独生子女，在家都是娇生惯养，在父母的宠爱中长大，缺少各个方面的锻炼。军训就是帮助他们锻炼的机会，而且通过军训还可以提高学生们的爱国意识和国防意识，也可以使学生们掌握基本的军事技能。

通过军训，提高学生的思想政治觉悟，激发爱国热情，增强国防观念和国家安全意识；进行爱国主义、集体主义和革命英雄主义教育，增强学生的组织纪律观念，培养学生艰苦奋斗的作风，提高学生的综合素质；使学生掌握基本军事知识和技能，为中国人民解放军培养后备兵员和预备役军官、为国家培养社会主义事业的建设者和接班人打好基础。

(二)大学生军训的意义：培养良好意志品质

实践证明，军训是培养学生良好意志品质的极好形式。军训培养和磨炼了大学生果断、勇敢、顽强、自制和坚韧不拔的优良意志品质。这种意志品质不但能有效地克服大学期间学习、工作、生活中的难题，激励青年大学生在奋发、成才之路上努力攀登，而且为他们踏上工作岗位、走上社会奠定良好的基础。尤其是在当今优胜劣汰、竞争激烈的市场经济环境中，健全的意志品质已成为学生正确把握人生航向、迎着狂风巨浪向理想目标迈进的必要条件。

对学生实施军事训练，是全面贯彻党的教育方针，改革教育内容，加强学生思想政治教育，全面提高学生素质，培养有理想、有道德、有文化、有纪律的建设人才的重要措施。

此外，学生军训是全民国防教育的重要组成部分，也是学校开展国防教育、培养高素质人才的重要形式。国防教育是全民教育的一项重要内容，也是当代大、中学生整个思想政治教育的重要组成部分。历史经验表明，一个国家、一个民族的强弱兴衰与国民国防意识的强弱有密切的联系。

第三节　军训训什么

学生军训是《中华人民共和国兵役法》《中华人民共和国国防法》《中华人民共和国国防教育法》赋予高等学校的光荣使命，是加强思想政治教育、全面推行素质教育的重要内容，是贯彻党的教育方针，培养德、智、体全面发展的社会主义事业的建设者和接班人的重要举措，是大学生掌握基本军事知识、基本军事技能、履行法律义务、接受国防教育的有效途径。《普通高等学校军事课教学大纲》要求，在今后的军训中增加了格斗基础、战场医疗救护、核生化防护和走进军营、学唱军营歌曲等内容，拓展了识图用图、电磁频谱监测等训练课目，让学生掌握必备的军事技能，提高军事素质，培养高素质后备兵员。

一、军事理论课的内容和教学目标

军事理论课的内容和教学目标如表 3-1 所示。

表 3-1　军事理论课的内容和教学目标

军事理论课的主要内容		教学目标
中国国防	一、中国国防概述 国防历史、主要启示 二、国防法规 国防法规体系、公民国防权利和义务 三、国防建设 国防领导体制、国防建设成就、国防建设目标和政策 四、我国武装力量 中国人民解放军、中国人民武装警察部队、中国民兵	了解我国国防的历史和现代化国防建设的现状，熟悉国防法规的基本内容，明确国防动员和武装力量建设的内容与要求，增强依法建设国防的观念
军事思想	一、军事思想概述 形成与发展、体系与内容、主要代表著作 二、毛泽东军事思想 科学含义、主要内容、历史地位和现实意义 三、邓小平新时期军队建设思想 科学含义、主要内容、地位作用 四、江泽民论国防与军队建设 主要内容、指导作用	了解军事思想的形成与发展过程，初步掌握我军军事理论的主要内容，明确我军的性质、任务和军队建设的指导思想，树立科学的战争观和方法论
世界军事	一、战略环境概述 二、国际战略格局 现状和特点、发展趋势 三、我国周边安全环境 演变与现状、发展趋势、国家安全观	掌握战略基本理论，了解世界战略格局的概况，正确分析我国的周边环境，增强国家安全意识

续表

军事理论课的主要内容		教学目标
军事高技术	一、军事高技术概述 概念与分类、发展趋势、对现代作战的影响 二、高技术在军事上的应用 制导技术、隐身伪装技术、侦察监视技术、电子对抗、航天技术、自动化指挥技术	了解军事高技术概况，明确高技术对现代战争的影响。树立“科学技术是第一生产力”的观点，激发学习对科学技术的热情
高技术战争	一、高技术战争概述 演变历程、发展趋势 二、高技术战争的特点 三、高技术战争对国防建设的要求	了解高技术战争的特点，明确科技与战争的关系，树立为国防建设服务的思想

二、军事技能训练的主要内容和教学目标

军事技能训练的主要内容和教学目标如表 3-2 所示。

表 3-2　军事技能训练的主要内容和教学目标

军事技能训练的主要内容		教学目标
解放军条令条例教育与训练	一、《内务条令》教育 二、《纪律条令》教育 三、《队列条令》教育与训练 1. 单个军人队列动作训练 2. 分队队列动作训练	增强组织纪律观念、培养顽强拼搏和集体主义精神，养成良好的军人姿态
轻武器射击	一、武器常识 二、简易射击学理 三、射击动作和方法 四、实弹射击	了解轻武器的战斗性能和基本的射击理论，掌握射击的动作要领，完成轻武器第一练习实弹射击
战术	一、战斗类型和战斗样式 二、战术基本原则 三、单兵战术动作	了解战斗的基本类型和基本战斗样式，掌握战术的基本原则，学会单兵战术的基本动作
军事地形学	一、地形对军队战斗行动的影响 二、地形图基本知识 三、现地使用地图	了解地形在战斗中的作用和影响，掌握地形图的基本知识，学会识图和用图
综合训练	一、行军 二、宿营 三、野外生存	了解行军、宿营的基本程序、方法，培养野外生存能力

三、科目训练要求

科目训练要求主要包括基础列队动作及操练、内务整理、学唱军歌、国防思想教育及会操表演等。

(一)基础列队动作及操练

1. 站军姿

军姿口令为：两脚跟并拢，两脚尖分开约 60 度，两腿挺直，膝盖向后压，上体保持正直，两肩稍微向后张，两臂自然下垂，两手微弯，拇指贴于食指第二关节处，中指贴于裤缝线，头要正、颈要直，两眼目视前方，下颚微收。

2. 停止间转法

停止间转法包括：稍息、立正、向左转、向右转、向后转、跨立与立正、蹲下与起立。

3. 行进间转法

行进间转法包括：齐步的行进与立定、正步的行进与立定、跑步的行进与立定(也就是齐步走、正步走、跑步走三项) 。

(二)内务整理

军训期间，学员每天必须按照内务卫生的统一标准整理内务，学校或教官会定期或不定期进行内务检查、内务评比。

整理内务在军训中是一项重要的工作。俗话说，出门看队列，进门看内务。可见内务的重要性了。内务整理主要包括搞卫生、叠被子，室内各种物品的摆放等。其实，军训重视内务，还有一个目的，就是锻炼学生的作风。军人要有雷厉风行的作风，就要从整理内务开始。

(三)学唱军歌

军训过程中，教官会教学生唱军旅歌曲。全体军人整齐划一地站列在大操场上进行歌咏比赛，二部、四部轮唱，这边歌声刚落，那边又响起，一浪接一浪，形成歌的海洋。可以想见，军训时的歌唱场景是非常壮观的！可以说，唱军歌贯穿军训的整个过程，特别是到了晚上，各个班之间会举行拉歌比赛，比哪个班的歌声最动听，比哪个班的歌声最响亮，这是最放松的时刻。

(四)国防思想教育

现代国防教育是军训中常有的课程，学员们要学习现代军事科技基本知识，学习现代

战争特点，学习国际军事态势，学习战略战术思想等。有些学校的军训还会组织学生学习军队优良传统和优良作风，学习解放军先进事迹等。一般这种类型的课堂教学以报告会、录像片、军事题材的影片等形式举行。

(五)会操表演

会操表演也就是检阅，是对整个军训训练效果的检验。通过组织进行队列训练，进一步提高学员素质，采取分列式汇报表演的形式，加强作风纪律。通常在表演结束后，军训标兵、优秀团体等各种各样的奖项也会颁布。

四、军训需注意的事项

1. 做好准备工作

出门前要认真检查军训服装，如军帽、帽徽、腰带等，一个都不能少。

2. 装束一定要合适

迷彩服里的体能衫如果洗了还没有干，最好用一件吸汗性好的棉制背心代替，否则迷彩服很快会晒出盐。腰带要适当紧一点，走起路来会更有精神劲儿。袜子最好穿棉制运动袜，鞋子里面再垫一块软鞋垫，这样脚后跟会舒服一点。

3. 注意补充水分

补充水分以运动饮料和茶水、盐水最佳，不要拼命喝白开水或矿泉水。

4. 注意补充营养

军训后体力消耗极大，这个时候要多吃一些肉类、蛋类，最好多喝点汤，同时注意补充各种维生素。

5. 注意防病

大雨或大汗淋漓后不要急于喝水，应该稍微休息片刻再补充水分，以免对肠胃突然加重负担而造成伤害。全身大汗淋漓后，不能马上冲凉水澡，以免全身毛孔迅速闭合，体内热量不能散发而滞留体内引起高热。

6. 不要硬撑

军训中要讲“坚持再坚持”，如果实在支持不下去，一定要休息，不要硬撑，防止出意外，特别是体质较差的同学。

7. 按时作息

军训期间按时作息，养精蓄锐，为漫漫军训路打下坚实的基础。

五、我校军训理念及特色

我校对学生实施军事训练，是全面贯彻党的教育方针，改革教育内容，加强学生思想政治教育，全面提高学生素质，培养有理想、有道德、有文化、有纪律的建设人才的重要措施。通过军训，提高学生的思想政治觉悟，激发学生的爱国热情，增强国防观念和国家安全意识；进行爱国主义、集体主义和革命英雄主义教育，增强学生组织纪律观念，培养艰苦奋斗的作风，提高学生的综合素质；使学生掌握基本的军事知识和技能，为中国人民解放军训练后备兵源和预备役军官、为国家培养社会主义事业建设者和接班人打好基础。

(一)我校军训特色

我校军训从 2017 年开始实行由学校校级学生会国旗连学生为主要军训力量担任军训教官，一方面解决各高校对部队军训教官人员短缺的缓解，另一方面实现学校管理军事化、特色化，锻炼学生的组织能力、领导能力。军训教官第一届国旗班成立于 2014 年，在河南经贸职业学院领导的带领下，由两名退役复学军人召集了 50 多名意志坚强、吃苦耐劳的学生，经过严格训练，筛选出 20 多名优秀代表组建了第一届国旗班。

在第一届国旗班的初次尝试并取得初步成功的前提下，第二届国旗班人员规模进一步扩大，各种制度条令迅速补充完善，一支队列纪律严明的校园部队成立了。由于前两届在日常训练以及执行重大任务时表现突出，在学校领导的支持下，于 2017 年春初次尝试承担学校 2014 级五年制 2017 级新生的军训任务。不负众望，军训任务取得了圆满成功，国旗班撤班改连，于 2017 年 4 月份正式开始进行变革。现在的河南经贸学院国旗连积极对外交流，有志于向龙子湖高校园区优秀团体迈进。现在校国旗连刚刚起步，我们会以最积极诚恳的态度去学习、探索和发展。

以下是 2017 级新生军训成果汇报大会的图片。

优秀教官上台领奖

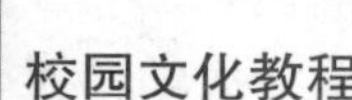

优秀教官上台领奖(续)

军训优秀班集体代表上台领奖

(二)我们的军训之旅

踩着夏天的尾巴，我们与迷彩邂逅。我们赋予了这个校园最新鲜的活力，在炙热的阳光下挥洒着最沸腾的热血。军训之中，有酸楚的泪水，有苦咸的汗水，有激扬的歌声，更有欢快的笑声。

身着迷彩服的我们，以最高昂的士气迎接军训，虽然军训中一定会有苦涩，在烈日骄阳下，挺直身姿进行军姿训练、进行正步训练，身子会僵硬，腿脚会变麻，汗水沿着身体流下，淌湿了衣服，但是我们依旧坚持着，坚定地接受这项考验。在军训过程中，我欢笑过，流泪过。今天，我经历风雨，承受磨炼；明天，我迎接绚丽的彩虹。苦，我珍惜现在的甜；累，我体验到超出体力极限的快感。军训，让我学会了如何去面对挫折，如何在以后的人生路上披荆斩棘，如何去踏平坎坷，做到自制、自爱、自理、自强，走出自己的阳光大道，开创一片自己的天空来。

让我们听听同学们心中的军训之旅。

1. 张同学的军训感悟

凌晨 4 点，夜幕仍未开，我小心翼翼地打开窗，我以为无人会被惊醒，然而突然听到一个失眠的室友在小声问我：“军训结束的时候，我们也会哭吗？”

军训，或许更让我们学会了珍惜吧。我不愿回答，只是凝望窗外，风凉凉的，我看到的不是夜景，或许是时间流逝。

夜风微凉，在 19:00 的操场，传来军歌，仿佛远处长鸣的号角。我想，我们最适合在这样和谐安宁的氛围中默默守卫着现实所拥有的一切。会操的过程十分辛苦、灼热，脚底

与关节的酸痛突如其来地发生，而歌声，却成了心中一片绿荫，使得灼烧的心境一下子变得空明、澄澈。

2. 朱同学的军训日记

今日晴，秋季尚未降临，夏风给这个酷热天气带来阵阵凉爽，亦让我那因将进行实弹打靶射击训练而蠢蠢欲动的心绪更加焦灼。

怀揣着这样兴奋的心情，我坐上了前往靶场的大巴车。沿途的风景似乎也变得明快起来，车厢内充满着大家对于即将进行的实弹射击的讨论，或是兴奋激动，或是不安躁动。鲁迅先生能把笔杆子当作枪杆子一样战斗，但我想先生如果能够用一用枪杆子的话，他一定会和我一样激动的，毕竟我们都只是一介书生。

我的第一次，或许也是唯一一次的打靶就这样结束了吗？总觉得有些不甘心，不够过瘾啊。不过人生或许总是如此吧，什么事情第一次做之前觉得很有纪念意义，试图留下一些美好的回忆与印记，做完之后却发现原来也不过如此啊，等到很久很久以后再回忆起来的时候却又总是念念不忘。真是有趣。是不是我许久之后还能记得这次打靶的感受呢？时间会告诉我的。

3. 姚同学的心得体会

在这些被枯燥的训练占据的日子里，教官真是可爱的存在：日常的陪伴，偶尔说起的冷笑话，还有对连里几个爱抬杠的同学的调侃，都成了军训生活里的有趣所在。有时候感觉我们如同朋友一般，能聊天、能开玩笑，有时候又觉得他们格外成熟，能独当一面，认真且稳重。

我们在路上，我们在成长。从一开始的踏步都踏不齐到最后齐步走、正步走都不在话下，我们在一遍遍的训练、一次次的坚持、一滴滴的汗水里成长着。第一次学会伏地射击，第一次尝试打靶……总归是在汗水里学会拼搏与成长。我们啊，没少被教官嫌弃，也没少埋怨阳光的炙烤，流出的汗又变成了饭点激增的食欲，卡路里非但没燃烧还成了递增趋势……

百般感想的军训在即将落下帷幕的时候却分外惹人留恋。那身军绿色的军服也许再也没机会穿了吧，那些可爱的教官也许也很难见面了吧，刚学会的军歌说不定再哼起来也会忘了歌词吧……

4. 王同学的军训体验

有一个叫“端脚训练”的魔鬼，折磨着一届届学子的下半身。端脚的腿会疼痛，我们因此想把脚放下；立正的腿会疼痛，于是我们弯腿来减轻疼痛。可是，在放脚、弯腿的过程中，我们重心不稳、几近摔倒。

教官说，最好的办法是，两条腿同时绷直，只要有一条腿不绷直，就会出现放脚、弯腿的现象。可绷直的代价就是“疼痛”。

假如有两件同样重要的事情，同时也意味着经受苦难的考验。当我们鼓起勇气去直面一件事情的苦难时，却不自觉地在另一件事情的苦难面前退缩了。

因此，我告诫自己：人生的苦难，会在不经意间使你退缩，而解决的方法便是，认识这些苦难，最终战胜它们。

【知识拓展】

在中华人民共和国的历史上，有一首激昂的歌曲，它虽然简单，却充满着力量；它虽然质朴，却迸发出了时代的最强音。它曾经以排山倒海的气势，激励着亿万同胞和人民解放军三军将士，为建立新中国而前仆后继、浴血奋战！它，就是我们耳熟能详的军旅歌曲《我是一个兵》。这首歌诞生于朝鲜战争爆发后，至今仍广为流传。

《我是一个兵》是中华人民共和国成立初期的著名革命歌曲，由任职第四野战军(四野)的陆原于 1950 年创作。该歌曲后来获得解放军全军文艺会演一等奖，此后被广泛收录在中国革命歌曲出版品中，并时常在官方庆典晚会上被演唱。

我是一个兵
来自老百姓
打败了日本侵略者
消灭了蒋匪军
我是一个兵
爱国爱人民
革命战争考验了我
立场更坚定
嘿嘿嘿枪杆握得紧
眼睛看得清
谁敢发动战争
坚决打他不留情

我是一个兵
来自老百姓
打败了日本侵略者
消灭了蒋匪军
我是一个兵
爱国爱人民
革命战争考验了我
立场更坚定
嘿嘿嘿枪杆握得紧
眼睛看得清
谁敢发动战争
坚决打他不留情

我是一个兵
来自老百姓
打败了日本侵略者
消灭了蒋匪军
我是一个兵
爱国爱人民

革命战争考验了我
立场更坚定
嘿嘿嘿枪杆握得紧
眼睛看得清
谁敢发动战争
坚决打他不留情
不留情

点题成金

1. 请大家学唱《我是一个兵》等军旅歌曲。

2. 交流一下彼此的军训感想，谈谈你在军训中难忘的一些人和事。

3. 作为一名大学生，你认为你应该如何展现军人的优良品质？在今后的工作、学习、生活中如何运用这些品质？

第四章　学生工作模式

“读大学究竟读什么？”相信每一个人都曾问过这个问题。在我们看来，大学将赋予你足够的时间和实践去认真思考什么样的人生才是有意义的，将重新树立你的价值观、人生观和世界观。同时大学也是人生中的一段重要经历，是一个能够让人积蓄力量、厚积薄发、成就自我的阶段，在这个阶段，每一个人都在思考并实践着“我是谁？从哪里来？到哪里去？”人生哲学三命题，在这个阶段，每个人也都在努力寻找着自己的目标，都在逐渐发现自己的长处。

学校有着太多的与众不同。这些与众不同，可以称之为学校的办学特色——敬业的教师队伍、严格的管理制度、优美的校园环境、一流的教学和生活设施……在外界看来，同样是大学，选择经贸，更多的是源于她是一所负责任的学校，她肯管、敢管、会管，学生在这里能学习专业知识、生存技能、生活常识以及生命价值。她不会让任何一位学生感到失望，经贸的学生们能感受到自己每天都在或多或少地改变着，变得更加优秀了。

第一节　严管厚爱——初衷

管理一词中的“管”，就是管辖、主管，讲的是职务的隶属，权力的结构，责任的界限；管理一词中的“理”，就是治理、处理、调理，就是秩序井然、方法得当、效益明显。

一、“宽”与“严”

(一)宽松式管理

宽松式管理是一种少控制、多自由的管理方式，它让管理者和被管理者自觉地按照自己当时的意愿来行事，以实现组织的目标。它的特点是，在管理的各个环节中，制订的管理计划比较笼统，执行规范存在很大的随意性，不对被管理者进行有效的控制，主要依靠被管理者的充分自觉来协调矛盾。这种管理方式是很不稳定的，从另一个角度看，这种管理方式没有充分发挥管理职能，使管理处于低效率的运转中，浪费社会资源。

在学校，如果老师在宽松式管理的条件下，不按时给学生上课，“今天起床晚了，不好意思，我晚半个小时来上课，同学们先自习吧！”这样，同学们会觉得舒服吗？还会有很好的学习热情吗？我们都是拿着父母的血汗钱来求学的，有权利得到高质量的教育。另一方面，学生由于管理很宽松，什么时候心情好就来上课，上课时随意在课堂上说闲话，手机铃声此起彼伏。这样的环境我们还能学习吗？由此可见，宽松式管理很容易使人我行我素，不遵守社会的基本规则，对社会造成危害，对自身的成长也有害无益。学生需要管理，而且需要有力的以及人性化的管理，对学生加以约束，防止惰性给学生的学习生活带来麻烦。

(二)严管厚爱

大学有三大使命：人才培养、科学研究和服务社会。人才是需要培养而产生的，科学理论的学习是一种培养，人文素质的修养也是一种培养，社会角色也是培养出来的。宽松式管理在主动培养高素质人才和塑造大学生独立人格等方面，显得过于“无为”。科学研究的精神是严谨的，任何马马虎虎都是要不得的，而宽松式管理却恰恰很容易让大学生滋生不严谨的学习态度和研究习惯，就显得“无效”。大学生最终是要走向社会的，社会需要的是高素质人才，同学们需要充分利用大学的时光并在学校的严管下才能够有机会成为高素质的人才，才能够为自己创造一个辉煌的未来！

《韩非子·六反》曰：“故母厚爱处，子多败，推爱也；父薄爱教笞，子多善，用严也。”说明了严管和厚爱是要相辅相成的，不可偏废。大学是人生的关键时期，从本质上讲，教育是使人成为人的过程，如何能够在大学里面成长、成人、成事，使学生养成良好的道德品质和行为习惯？必须严格管理学生，通过严格管理，使学生认识到纪律的约束力和遵守纪律的重要性，努力做到从严要求自己，以先进模范为榜样，积极地向身边的榜样学习，逐渐养成良好的行为方式和习惯，为学生成长成才创造良好的环境。所谓严管厚爱，严管要有厚爱来促进，厚爱要用严管来保障，两者相辅相成，才能发挥效力。

多年来，经贸学校的学生管理坚持严管厚爱和养成教育两大特色。严管厚爱就是以“宁让弟子当面恨，绝不背后留骂名”为基本准则，从学生实际和职业发展出发，着眼于学生的未来发展，寓大爱于严管，管到点儿上，严到份儿上，统一思想，持之以恒。将诚信、守时、文明、有序、敬业、进取等职业道德通过严格管理牢牢地印在学生脑海里，内化为学生的道德品质，升华为学生的职业操守，促使学生修身养性、成长成才。

“养成教育”就是以“养成教育是学生工作中的重中之重，是学生工作永恒的主题”为基本判断，通过制度规范、纪律约束、环境营造、文化熏陶和思想引领，使学生养成文明礼貌的交往习惯、规范有序的生活习惯、精于钻研的学习习惯、科学规律的作息习惯和底线思维的安全习惯，服务于学生职业素质的全面提升。

二、你的自律性有多强

通过上文可知，严管厚爱是重要的，它能够约束你，让你不散漫，能够提高你的自律性，那么你是否知道你的自律性有多强呢？让我们来测一下。

1. 期末考试前，电视台播出你喜欢的电视剧，你(　　)。

A. 不看电视了　　B. 看完电视再复习　　C. 放弃学习，看电视

2. 在寒冷的冬天，你(　　)。

A. 每天按时起床　　B. 偶尔睡个懒觉　　C. 天天赖床

3. 自习课上，同学们都在谈天、看小说，你(　　)。

A. 一心学习　　B. 边看书边聊天　　C. 随心所欲地玩

4. 正在做作业时，朋友们喊你去玩，你(　　)。

A. 委婉地拒绝　　B. 匆忙做完作业再去玩　　C. 马上去玩

5. 当你心烦、什么事也懒得做时，你(　　)。

A. 也能完成作业　　B. 勉强应付一下　　C. 明天再做

6. 晚上，你在做作业，有人在打游戏，你(　　)。

A. 专心致志做作业　　B. 心猿意马　　C. 出去看打游戏

7. 上课了，你的漫画没看完，你选择(　　)。

A. 聚精会神地听课　　B. 边听课边看漫画　　C. 就看漫画

8. 对于学习，你通常(　　)。

A. 自觉认真学习　　B. 老师守着就学习　　C. 老师盯着也不学

9. 上课时，你的同桌想和你聊天，你(　　)。

A. 不理他(她)　　B. 应付他(她)　　C. 和他(她)聊

10. 当学习和娱乐冲突时，你(　　)。

A. 还是学习　　B. 先娱乐，再学习　　C. 尽情娱乐

答案与解析:

以上题目中，选 A 的计 10 分，选 B 的计 5 分，选 C 的计 0 分。

总分超过 90 分：说明你自律能力很强，但不能骄傲，还需要继续努力。

总分 70～90 分：说明你自律能力较强，但不能自满，还需要不断努力。

总分低于 70 分：说明你自律能力不强，但不能自卑，必须注重对自己自律能力的培养。

第二节　职业人是怎样炼成的——措施

大学作为人生重要的扣扣子阶段，习惯养成很重要，正如培根所说：“习惯真是一种顽强而巨大的力量，它可以主宰人生。”英国教育家洛克也曾说：“习惯一旦养成之后，便用不着借助记忆，用不着思考，很容易很自然地就能发生作用了。”俗语说，把一个信念播种下去，收获的是一个行动；把一个行动播种下去，收获的是一个习惯；把一个习惯播种下去，收获的是一个性格；把一个性格播种下去，收获的是一个命运。良好的学习习惯是成功路上的垫脚石，良好的习惯教育对一个人的成长和成功起着巨大的作用。因此一个人要成就学业、事业，要拥有美好人生，必须养成良好的学习、生活和行为习惯。

一、学习习惯的重要性

走进大学校园，身边不再有老师和家长的叮咛和嘱咐，几乎完全靠自己的主动性和自觉性。缺少了监督的学生好像出了笼的老虎，逃课、上课睡觉、打游戏等，各种不良嗜好便会随之而来。结果临近考试才想起好多知识还没有复习，演绎出一部“平时不烧香，临时抱佛脚”的闹剧。平时的课堂，学生主动做笔记的较少，课后及时复习的时间也不多，

往往出现想了解相关知识时，却不知从何入手的现象。另外，学生能自主支配的时间增多了，学生反而不知道如何利用时间了，特别是用在读书上的时间越来越少，有的一年读不了一部有价值的书籍，更有甚者大学四年都未必能读一本有价值的书籍。很多大学生调侃“大一迷茫、大二无序、大三无奈”，用鲁迅先生的三部小说来描述尤其生动形象，即《迷茫》《彷徨》《呐喊》。

对大学生来说，养成良好的学习习惯是非常重要的。因为人的一生当中，无论工作还是生活，都离不开学习，只有热爱学习、勤于学习、善于学习的人，他的生活之树、事业之树才会常青。“一个真正善于学习的人是可怕的，而且不怕他没有未来”。古今中外的无数先例说明，人的生命价值的比赛，往往开始于学习的比赛。谁会学习，就能较多地占有一些前人的智慧成果，就能更早地站在巨人的肩膀上，就能更早地站在象牙塔的顶端；谁不会学习，就算理想再宏伟，梦想再伟大，到头来也只不过是“白了少年头，空悲切”。“一个人如果没有梦想，那跟咸鱼有什么区别？”可若只有梦想，不采取行动，不去学习，那和咸鱼也没什么区别。只有养成了良好的学习习惯，善于学习，才有可能实现梦想。

二、学习习惯养成记

学习习惯是一种自动化了的行为活动，从生理机制上看，学习习惯是一种比较巩固的动力定型，一旦形成，可为一定情景所左右。良好的学习习惯形成的标准有三条，一是形成学习习惯的一系列动作的敏捷性日益提高；二是动作的精确性和协调性不断提高；三是学习者的体力消耗、神经劳动的消耗不断减少。

学习习惯的形成是一个长期复杂的过程，这一过程的心理发展主要表现在以下四个方面：一是学习习惯形成的过程是由外部支配到内部控制的过程；二是学习习惯形成的过程是由简单到复杂的过程；三是学习习惯形成的过程是由不稳固到稳固的过程；四是学习习惯形成的过程是好习惯和坏习惯不断斗争的过程。

学习方法经过长期的运用，就会形成比较稳定的学习习惯，一旦形成学习习惯，就不需要更多的意志力来调节控制了，好的习惯对于获得学习上的成功极为重要。以下为大家简单介绍一下如何形成良好的学习习惯。

(一)秘籍一　课堂学习好习惯修炼

课堂教学是教学工作的主阵地，也是培养学生良好学习习惯的重要场所。在课堂教学中养成良好的学习习惯，对于教学工作和促进同学的学习是大有裨益的。

(1) 做好课前准备。如擦干净黑板、讲桌，摆好座次表等。

(2) 课间不许吃东西；上课不许交头接耳打断老师的思路；更不能不经老师同意随意走出教室，相互尊重才能够有好的效果。

(3) 老师宣布上课，班长喊“起立”，同学们整齐地站起向老师行注目礼。老师向同学们问候“同学们好！”同学们随即向老师问候“老师好！”；老师宣布下课，班长喊

“起立”，同学们起立站好向老师行注目礼，老师向同学们告别说“同学们再见！”同学们向老师告别说：“老师再见！”待老师离开课堂后，同学们自由活动。

(4) 为了上好每一节课，老师都要花很多精力。因此，同学们应尊重老师的劳动成果，全神贯注，认真听好每一节课。老师提出问题时，同学们应站起来回答。一时答不上来时应说“对不起，我还没有考虑好”或“对不起，请让我试答一下”。有疑问需提问时，应当举半臂右手，经老师允许后再起立发言，不应边举手边说话。

(5) 老师布置的作业，是课堂教学的延续，同样倾注了老师的大量心血。同学们应按时、认真、独立地完成各种作业，并且体会老师在作业上悉心批改之处，及时加以改进。

以上所有的学习习惯不仅仅是个习惯，它还是一种仪式。

仪 式 感

生活需要仪式感，教育同样需要仪式感。真正的教育，都是一种基于教育目标与价值的唤醒、引导和建构。而教育的价值期待，需要在学校的教育活动中以各种适合的方式来表达与实现。能“使某一时刻与其他时刻不同”的仪式，是对教育价值的一种富有张力、直入人心的隆重表达。这种表达，无论是预设表达，还是生成表达，都是对学生成长的一种有力牵引与乐观期待。从学生入学，到学生毕业，学校所拥有的意象挥洒空间无疑有很多、很多……一所好学校，应当是一所富有仪式感的学校。在那样的校园里，总有一些别样的东西，在熏陶、在濡染、在觉悟、在荡涤、在憧憬、在激越、在感召、在舒展，而这些东西，总是蕴含着学校的价值选择与教育意向。完全可以相信，成长在这样的校园里的学生，在他们的生命里，定然会有一片亮丽温暖、永不蜕变的底色。因此我校注重“三礼教育”，即上课礼、成人礼和毕业礼，借此来培养学生们的仪式感。

我们还针对在校大学生做了一些趣闻的小调查，我们一起来看一下。

【调查现状】大学有这样关于课堂的调侃，第一种调侃是课堂座位，即学霸区、伪学霸区、阳光休闲区和学渣区。第二种调侃是睡觉姿势，即无聊型、基本型、不屑型、老大型、美人型、二人型、三人型等。第三种调侃是做第 57 个民族——低头族，永远是吃鸡、抖音、王者荣耀。

【对策】在经贸如何营造良好的课堂学习氛围

(1) 充分发挥学生自我管理的作用，由小组长(即以宿舍为单位，小组长身份三合一，即团小组长、学习小组长和宿舍长)带动宿舍，挂牌上课，发挥作用。

(2) 带头学习。在学习中，以身作则，率先垂范，自身首先做学习的表率，引领小组成员学习。

(3) 维持纪律。通过维持本小组成员的上课纪律，积极主动地配合任课老师，做好任课老师的助手。

(4) 辅助老师。督促检查本小组成员独立完成作业情况，对学生学习效果进行评价，及时发现问题、解决问题，帮助同学养成良好的学风。

(二)秘籍二　自学能力好习惯修炼

“一个人在大学，能不能养成自学的习惯，学会自学的本领，不但在很大程度上决定着他能否学会大学的课程，把知识真正学懂学活；而且影响到大学毕业以后能否不断地吸

取新的知识，进行创造性的工作，为国家做出更大贡献。”自学也有很多好处，可以养成主动学习的习惯；学习时间可长可短，学习进度自己定；学习内容也可以自己定，难易可以适度；在家自学，省学费、省交通费等；由此可见，自学不仅在大学极为重要，而且在人的一生中也很重要。那么，在校学生如何培养自学能力和自学习惯呢？

1. 要有学习的自觉性

大学不同于中学，大学改变了中学那种老师讲多少，学生学多少，即老师“领着走”的学习方式，而采取老师的课堂讲授和学生的自学相结合，学生自主安排课外学习时间、学习计划，自主掌握学习内容，自主选择学习方式和方法。因此，大学生必须学会自学。自学主要是学生自主学习，如果缺乏学习的自觉性，自学也就不能成立。在当前知识更新周期越来越短的现代社会，善于自学是大学生顺利成才乃至终身学习的一个基本条件。

2. 自学要有计划性

“一个人不能没有生活，而生活的内容，也不能使它没有意义。做一件事，说一句话，无论事情的大小、说话的多少，你都得自己先有了计划，先问问自己做这件事、说这句话有没有意义？你能这样做，就是开始奠定奋斗基础。”计划对我们自学是非常重要的，好的学习计划通常是成功的开始。如果没有学习计划，就容易受到外界因素的干扰而影响自己的学习，且没有计划的学习容易缺乏动力。因此，我们必须根据社会需要和自己的水平、能力，明确自己的学习目的、制订科学的学习计划。

3. 自学要有时间性

时间就是生命，“浪费自己的时间等于慢性自杀，浪费别人的时间等于谋财害命”。这就说明了珍惜时间的重要性。时间对于学生来讲：“一寸光阴一寸金，寸金难买寸光阴。”只有珍惜时间并合理地支配和利用好它，才能够在书的黄金屋中找到宝藏，才能创造自己的价值。要采取实际的行动珍惜我们的时间，比如，课前的预习和自学，要安排在老师授课之前；又如自学中对一些问题感到疑惑不解，就要有目的地在课堂上听老师讲授此问题，或主动提出请老师解答，从而大大提高听课效率；再如对课堂所学的东西，课后应该及时地安排时间复习和巩固。如果课后不及时地安排时间复习，而是等所学的东西忘得差不多了，再复习就成了重新学习，费时费力，效果也不好。

4. 要善于充分利用各种手段和条件

自学需要一定的资源而且还得是合适的良好的资源。大学生获得资源的渠道是非常多的，如互联网、图书馆、电视、期刊等，如此多的渠道，同学们要会用且要用得好。互联网是首选，但是互联网上鱼龙混杂，不太好找，给大家推荐一些比较好的网站供参考：中国知网(CNKI)：收录学术期刊最全；方数据库：收录学位论文最全；维普：收录的期刊最杂；TED 演讲，适合学习英语；每日英语听力：练英语听力。

5. 要能够坚持

坚持是取得成功的必备素质，它犹如一条红线，贯穿始终，是长久不变的意志表现。

“骐骥一跃，不能十步；驽马十驾，功在不舍。锲而舍之，朽木不折；锲而不舍，金石可镂！”这两句话充分说明了一个人如果有恒心，一些困难的事情便可以做到；如果没有恒心，再简单的事也做不成。自学也一样，不是一朝一夕的事情，自学中感到枯燥在所难免。自学需要恒心，需要持之以恒。在任何条件下，都向着自己的奋斗目标坚持不懈地努力，永不退缩。如果在学习中总是知难而退、半途而废，那么就永远不会取得好成绩。要坚定地朝自己定下的目标前进，总有一天可以把铁杵磨成针，把金石磨穿。

6. 要会思考

“不加思考地滥读或无休止地读书，所读过的东西无法刻骨铭心，其大部分终将消失殆尽。” 思考是一种可贵的学习品质，它可以传承精华，去除糟粕，孕育智慧！无数事实证明，善于思考必定受益无穷：因为思考，才有了诸葛亮审度乱世，力挽狂澜，三分天下的壮举；因为思考，才有了苏轼眼观绵亘，灵思妙笔而成“不识庐山真面目，只缘身在此山中”这一真知灼见的人生妙谛。思考就是思维进行的一系列探索活动。在活动中，思考力对思考起到了至关重要的作用。它是在思维过程中产生的一种具有积极性和创造性的作用力。因为思考，才有了曹雪芹身遭世事沉浮，谱写巨著《红楼梦》入木三分的精彩剖析；因为思考，牛顿才能由看到苹果落地这一契机而发现了万有引力定律……自学而不会思考终将一事无成。在自学的过程中，要求大家能够自主地去思考、去质疑，找到对自己有用的那部分知识。能够学以致用，能够取其精华，才是真正的自学。

自学过程中的自主性是非常重要的，那么大家是否有自主性呢？

自主性小测试

1. 你能否做到完成手头的工作再去看电影或者逛街？

完全可以 →3 分

偶尔可以 →2 分

很难做到 →1 分

2. 当你面临重大选择(择校、择业、择偶)时，你会怎么做？

完全听从自己的本心 →3 分

参考他人的意见 →2 分

完全听从他人的意见 →1 分

3. 当你在购物时，通常会怎么选择？

根据自己的体验度来选择 →3 分

会参考他人的意见来选择 →2 分

根据销售员的讲解来选择 →1 分

4. 你平常获取信息的方式更多的是什么样的？

主动的搜索 →3 分

被动的刷新 →1 分

主动搜索和被动刷新两者各占一半 →2 分

5. 当你与他人的意见发生分歧时，你通常会怎么做？

坚持自己的意见 →3 分

参考他人的意见 →2 分

接受他人的意见 →1 分

6. 你是否经常会体验到平静的、持久的、充实的宁静感？

经常 →3 分

偶尔 →2 分

很少 →1 分

7. 你是否总是会积极主动地推进事情的发展？

经常 →3 分

偶尔 →2 分

很少 →1 分

8. 当你遭遇很多人的指责时，你是否很容易动摇内心最初的想法？

经常 →1 分

偶尔 →2 分

极少 →3 分

9. 事情是否很容易按照你的预期发展？

经常 →3 分

偶尔 →2 分

极少 →1 分

10. 假如让你离群独处，你并不会感到孤独？

是的 →3 分

一般 →2 分

不是 →1 分

10～15 分→自主性指数：★★

你属于典型的依恋型人格，是一个“还没有长大的孩子”，你几乎很难管理自己，因而必须依靠他人你才可以生活。不仅如此，你在一定程度上表现出了任性的一面，你几乎无法控制自己专注某件事而不被其他的事情所干扰。因此，你的自主性是非常差的。你缺乏自己的判断力，经常是人云亦云，盲目地听从他人的意见，被动地接受信息。想要改变这些，你要更多地发挥自己的自主性，更多地让自己的意见、思维、观念来影响他人。

16～20 分→自主性指数：★★★

根据得分来看，一方面，你身上有比较微弱的自主性，很大的原因就是你渴望获得更多的自主性，但是被所谓的“权威人士”所阻碍。这里讲的“权威人士”可以是你的父母、你的领导。因为你自身的力量不足以和他们抗衡，因此你的自主性被看作是毫无价值的东西，难以得到发挥。另一方面，你明白自主性的重要性，但是由于认知薄弱，对自己的控制力不足，没有形成强有力的自主性。但是随着时间的磨炼，逐渐就会形成强大的力量。

21～25 分→自主性指数：★★★★

你的身上已经有了很明显的自主性，你可以做到很好的自我管理，而不再完全依赖他人。在很多问题上面你完全可以做自己的主人，自己拿主意。但是在某些重大问题上面，你被更强大的力量控制着，因而无法发挥最大的自主性。但是你依然会发挥积极的作用，希望能够影响他人，获得他人的支持与肯定。你有着清醒的头脑，有着较强的学习力，能够不断地提升自我的价值，对于环境的适应能力很强。

26～30 分→自主性指数：★★★★★

你已经完全具备了一个自主型人格应具备的素质，你的自我控制力很好，可以延迟享乐而做应该做的事情。你明白什么事情才是重要的、优先的，什么事情需要往后排，这是对时间的合理安排。在对于事物的态度上面，你保持高度的清醒，有着敏锐的洞察力，很容易透过表象看到本质。你或许看起来并不合群，但是你却是很容易相处的人。你不排斥认识新的朋友，但是更愿意享受宁静的时光。

(三)秘籍三　课堂笔记的好习惯修炼

课堂笔记是构建知识结构的预制件和原材料，课堂笔记还是课堂学习过程中一种重要的活动，它是发现问题、分析问题、解决问题的思维过程和思维结果的真实记载。学习过程中的一句口头禅是“好记性不如烂笔头”，课堂笔记是学生在学习过程中对老师课堂讲解的主要知识点的随堂记录。笔记是一种永久性的系统性的记录，对于复习已学过的知识和克服头脑记忆储存知识的局限性非常重要，记笔记的过程就是对信息筛选、浓缩的过程，有利于锻炼思维、提高捕捉重要信息的能力，提高浓缩信息的加工能力。做好课堂笔记是提高听课效率的重要方法，不但能积累资料，形成信息储备，同时也有助于课后的理解、记忆、考试复习。

如何做好课堂笔记呢？

(1) 留下思考的痕迹。一般在记笔记时要留下空白部分，方便课后整理或阅读笔记时使用。

(2) 记老师的板书。课堂上老师的板书是以提纲、图表的形式展现一节课的主要内容，它反映了知识之间的逻辑联系，便于我们理解和掌握，应当完整地记录下来。

(3) 记录老师的思路。思路一般是反映老师分析问题、推导结论的“思考路线图”。因此课堂上记下老师的思路，可以启发同学们的思维，提高大家分析问题和解决问题的能力。

(4) 记录重点和难点。课堂上时间有限，老师的讲授速度也是非常快的。在课堂上同学们不可能把老师讲授的内容全部记录下来，因此，应当有选择地注意摘录老师所讲的重要理论、观点和内容。对一些难以记下的东西，要摘记老师讲课的要点和记录关键词，然后在课后补齐。

(5) 记笔记也可以充分发挥自己的创造性思维。以原有的知识、经验为基础，进行创造性思维，寻求解答问题的方法、途径，发挥创造性。运用求异、求新、求奇的思维方式在笔记中打破教材本身的知识体系，重新构建新的知识体系。

(6) 整理课堂笔记。老师讲授完之后，要注意整理课堂笔记，把漏掉的内容补上，在重要的部分旁做上记号。在笔记纸上留下的空白部分，用最简明扼要的词语概括笔记的内容，也可以采用在对应位置上做标记的办法，来揭示笔记的详细内容。

优秀读书笔记图片如下图所示。

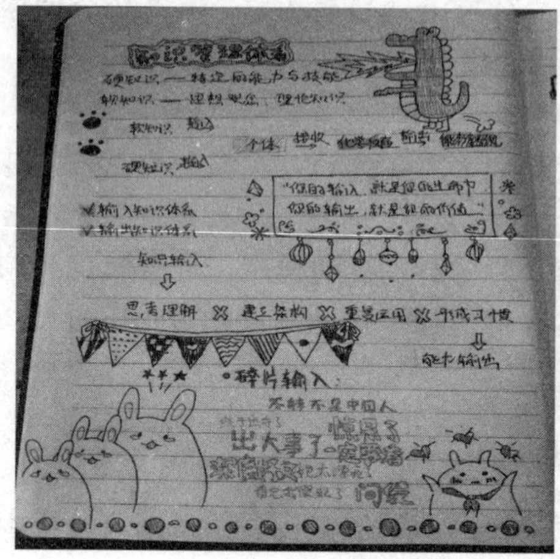

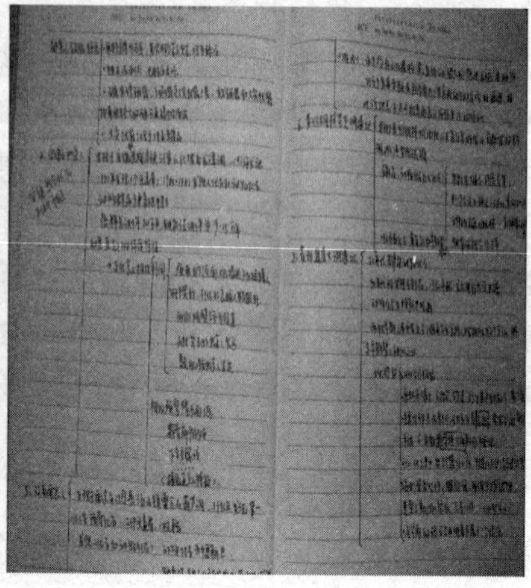

优秀读书笔记

(四)秘籍四　阅读好习惯修炼

鲁迅曾言：“我们自动的读书，即嗜好的读书，请教别人是大抵无用，只好先行泛览，然后抉择而入于自己所爱的较专门一门或几门；但专读书也有弊端，所以必须和现实社会接触，使所读的书活起来。”颜真卿也曾说：“三更灯火五更鸡，正是男儿读书时。黑发不知勤学早，白首方悔读书迟。”书籍是人类进步的阶梯，人不可一日不读书。当然读书也需要一定的方法，不能盲读。科学阅读的一个基本原则是不能简单机械地重复，而必须带着良好的理解来阅读，阅读的效果取决于理解，而不是阅读的次数。阅读的另一个问题就是效率。有的同学阅读很快，但不得要领，收效甚微。而阅读速度与效果之间的合理匹配取决于阅读的目的。

(1) 如果阅读是为了理解某些概念或获得某些重要的知识，那就需要慢节奏地精读、研读。对应于这一目标，注意力的投入需要较多地偏向理解及相关的思维过程，简单地反复阅读是不能达到目的的。

(2) 如果阅读是为了获得一般性的信息，则可以提高阅读速度，并将注意力更多地投入到阅读本身的信息加工上。当阅读的目的变为查阅某一特定的资料或信息时，阅读的速度还可以大大加快。此时的阅读注意力可以只集中于将要出现的特定信息，而对其他信息只需保持一个较低的辨识水平即可。

(3) 开始阅读之前，一定要先有一个明确的目标。阅读目标的确定可以通过给自己提出问题来实现。比如阅读前可以明确写出这次阅读的目的，将阅读同已经拟订的结构化知识框架结合在一起，是一个很好的确定阅读目标的方法。如果阅读前对问题(比如某一概念或术语是什么意思、这篇文章的作者想揭示什么样的主题思想等)有明确的概念，则阅读的目的定向和阅读速度的分配就不再是问题了。

(4) 很多学生的阅读速度慢不是因为缺乏阅读目标，而是来源于不良的阅读习惯。常见的不良习惯有出声阅读和指划阅读，人的说话速度远比阅读速度慢，如果出声阅读，潜在的阅读速度就不能得到发挥；指划阅读是指阅读时用手指、铅笔或尺子指在要读的字行下面，随着指划物的移动慢慢阅读的不良习惯，这种阅读不仅速度很慢，而且效果很差。

正确的阅读方法应当是在保持头部不动的前提下，尽量扩大眼睛的视线覆盖范围，用眼睛来扫描阅读内容，并在阅读的过程中保持对重要信息的敏感性和对阅读内容的理解。

下面为大家介绍一下与读书有关的著名节日——世界读书日，丰富一下大家的知识。

世界读书日

世界读书日全称为“世界图书与版权日”，又称“世界图书日”。最初的创意来自国际出版商协会。1995 年 11 月 15 日，联合国教科文组织正式确定每年 4 月 23 日为“世界图书与版权日”。其设立的目的是推动更多的人去阅读和写作，希望所有人都能尊重和感谢为人类文明做出过巨大贡献的文学、文化、科学、思想大师们，致力于向全世界推广阅读、出版和对知识产权的保护。每年的这一天，世界 100 多个国家和地区都会举办各种各样的庆祝和图书宣传活动。

世界读书日来源于西班牙加泰罗尼亚地区的一个传说：“美丽的公主被恶龙困于深山，勇士乔治只身战胜恶龙，解救了公主，公主回赠给乔治的礼物是一本书。”从此书成为胆识和力量的象征，4 月 23 日便成为“圣乔治节”。节日期间，加泰罗尼亚地区的居民有赠送玫瑰和图书给亲友的习俗。1995 年，联合国教科文组织宣布 4 月 23 日为“世界读书日”。

联合国教科文组织选择 4 月 23 日作为世界读书日的灵感来源于一个美丽的传说。4 月 23 日是西班牙文豪塞万提斯的忌日，也是加泰罗尼亚地区大众节日“圣乔治节”。实际上，同一天也是莎士比亚出生和去世的纪念日，又是美国作家纳博科夫、法国作家莫里斯·德鲁昂、冰岛诺贝尔文学奖得主拉克斯内斯等多位文学家的生日，所以这一天“名正言顺”地成为全球性图书日。联合国教科文组织在 1972 年向全世界发出“走向阅读社会”的召唤，要求社会成员人人读书，图书便成为人们生活的必需品，读书也成为每个人日常生活中不可或缺的一部分。

世界读书日设立目的是希望散居在世界各地的人，无论你是年老还是年轻，无论你是贫穷还是富裕，无论你是患病还是健康，都能享受阅读的乐趣。

(资料来源：百度“世界读书日”，有改动)

(五)秘籍五　增强学习动力好习惯修炼

在与学生的接触中，常听到一些学生说：“自从上了大学之后，没有了目标和动力，整天就知道吃、玩、睡觉，对自己所学的专业也不感兴趣，不知道该怎么办。”只有不完美的存在，才有追求的必要。你没有目标和动力，对专业不感兴趣，这是人生中的不完美，但是，你有很多路可走，就看你主动不主动。主动，是指没有条件的时候努力创造条

件。比如，你有没有考虑考取研究生继续深造？如果有这个打算，你能否为了这个目标增强学习动力，在扎实学好专业课的同时，学好相关课程，为日后考研奠定坚实的基础。又如，你有没有考虑过当前严峻的就业形势？有一首诗或许能使你受到启发“求职多日意如何？择业艰难百战多。‘围城’座座旌旗展，问君欲乘哪趟车？”面对“车少人多”的局面，你怎么办？同学们一定要记住，在我们这个有十几亿人口的大国，人永远比“车”多，在这个竞争激烈的社会，时间和精力本身就是价值。所以从上大学的第一天开始，你必须从被动步入主动，必须成为自己未来的主人。“让大学生对自己有用”是你自己的责任，一个主动的学生，毕业计划应该从进入大学开始制订。那么，如何培养自己积极主动的学习习惯呢？

第一步，是“以终为始”，结合本人实际，积极地计划大学生活，明确目标和志向，自觉培养学习兴趣，持之以恒地增强学习动力。

第二步，是时时用心，事事用心，处处用心，把握机遇，积极主动地创造条件。

第三步，是对自己的一切负责，勇敢面对，不再一味搁置不确定的事情，困难的事情。一定要制订计划弥补你的不足，然后不断地审视自己，调整计划，让自己每天比前一天离目标更近。

成功者的实践证明，只有掌握科学的学习方法，养成良好的学习习惯，才能更好地发挥天赋的智慧和才能，才能收到事半功倍的学习效果。随着科技、经济和社会的发展，社会对人才素质的要求越来越高，人才之间的竞争越来越激烈，大学生要想适应社会的需要，要想在竞争中立于不败之地，仅有专业知识和能力是不够的，还必须培养自己多方面的知识和能力。由此可见，养成良好的学习习惯不仅在大学里重要，而且在人的一生中也很重要。

第三节　行为习惯养成记

古语云“积行成习，积习成性，积性成命”，这句话说明了习惯的重要性。在一定意义上讲，素质就是习惯，“高”素质就是拥有良好习惯，“低”素质就是拥有不良习惯。从这个含义上讲，素质教育也可称为习惯教育。这就把素质定位在“良好习惯的养成”，包括生活习惯、劳动习惯、礼貌习惯、学习习惯，甚至言谈举止习惯、待人处事习惯等，总之，做人的一切良好习惯。从个体情况来说，良好的习惯不仅可以节省人在脑力或体力上的消耗而提高功效，并且还能引导人积极学习和工作，严谨地对待生活，从而使各方面不断进步，让人从中获益匪浅；而坏习惯却与之相反，它会在不知不觉中制约人的进取精神，强化人的惰性，误导人生走向，使人碌碌无为，甚至走向堕落。从群体情况看，群体的习惯就是风气，我们常说的校风、学风、班风等，实际上就是不同群体的习惯。在学校，我们会发现，同一寝室的学生，往往全体成员成绩都好，甚至全部考上专升本；而有的寝室则是相反的典型，全体成员成绩都很差。所以在大学，一定要培养学生良好的行为习惯。

一、恋爱——可不可以文明些

许多人普遍认为，上大学了，恋爱时间到了。有人甚至在高中时就已做好了打算，上大学后要找机会风风光光、轰轰烈烈地谈一次恋爱。有人见别人结伴而行，嬉笑打闹，浪漫、温暖、时尚，而自己远离亲朋，独自在外，孤独烦闷，不由得也想用谈恋爱来打发无聊的时光。有人谈恋爱只为炫耀一番，满足自己的虚荣心。还有人不停地换来换去，以显示自己的“魅力”，展示自己的“能力”。有人“一见钟情”，如漆似胶地交往，当双方缺点暴露后，又带着伤疤头也不回地分手。当然，肯定也有人是在理性平等、相互尊重、相互关心的基础上，在为了幸福生活而努力奋斗的过程中成为恋人的。在恋爱中，一些同学缺乏自尊、自爱与自律，抛开了应有的矜持与含蓄，表现得越发投入与大胆，在公众场合旁若无人地过度亲密，行为不检，表现恶劣，令人生厌，同时也在师生中产生了严重的不良影响，与当代大学生应有的素质有较大出入。

随着年龄的增长，大学生在生理和心理上都趋于成熟，谈恋爱是顺其自然的事。大学生是有理想、有道德、有社会责任感的社会群体，应理解爱情的含义，认识爱情的本质，树立正确的恋爱观，将冲动的恋爱转化为理性的恋爱，将理想的朦胧恋爱转化为现实化的真实恋爱。文明的恋爱能够使恋爱双方产生动力，促进双方互相支持，互相帮助，共同进步；文明的恋爱不仅可以避免恋爱双方将自己禁锢在两个人的世界里，而且能够让他们懂得体会他人感受，尊重他人感情，关心他人生活，承担自己的责任，不断地适应环境，从而更好地融入集体，锻炼自己，增强适应社会的能力；文明的恋爱也有助于大学生树立正确的道德观，产生博爱思想，由爱一人而爱他人，爱生活，爱社会。大学阶段是大学生由单纯走向成熟，由学习至上走向德、智、体、美、劳全面发展的关键时期。正确的恋爱观，文明的恋爱行为，不但有助于大学生在生理和心理方面的健康成长，而且爱情的催化剂会使大学生产生远大的理想和高昂的斗志。这对于校园的精神文明建设与和谐校园的构建有着重要意义。

二、教室文明行为公约

教室文明行为公约包括以下内容。

(1) 按时上课、上自习，不迟到，不早退；出入教室安静有序，不拥挤，不抢占座位。

(2) 课堂上要认真听讲，勤于思考，不做与听课无关的事；要保持仪表整洁，脱帽，提问题或回答问题时要主动起立；要尊重教师，主动擦黑板，协助教师取送教学用品。

(3) 自觉维护课堂、自习室秩序，自觉遵守学校关于使用教室、实验室的规定；不在教学场所闲谈，讨论交流时要举止文雅，行为得体，不得影响他人的学习。

(4) 不在教学楼里喧哗、打闹、吸烟，不随地吐痰，不乱倒垃圾，不堆放杂物，不在教室里吃东西。

(5) 自觉维护文明、整洁、优美、安全的学习环境，不在桌椅、门窗、黑板、墙壁上乱写、乱画；爱护公物，按规定正确使用公用设备，课后(自习后)主动关灯，关好门窗。

三、宿舍文明行为公约

宿舍文明行为公约包括以下内容。

(1) 讲文明，懂礼貌；团结友爱，尊重工作人员；对待客人热情主动。

(2) 遵守作息时间，按时起床、出操、归寝、熄灯、就寝，不进行影响他人正常生活和学习的活动，养成良好的生活习惯。

(3) 不在宿舍楼内打闹、喧哗、吸烟、喝酒；不存放、饲养宠物；不随地吐痰，不向走廊、窗外等公共区域泼水，乱扔杂物；不擅自留宿他人，不在异性宿舍内逗留。

(4) 自觉遵守宿舍管理的相关规定，杜绝在宿舍楼内使用明火、使用违规电器等危害公共安全的行为；自觉维护宿舍公共设施，节约用水、用电。

(5) 按时值日，自觉整理内务，积极维护文明、整洁、优美、安全的生活环境。

四、校园公共场所文明行为公约

校园公共场所文明行为公约包括以下内容。

(1) 诚实守信，礼貌待人，遇到教师、同学要主动问好，遇见来宾以礼相待，谦恭礼让，不卑不亢。

(2) 言谈举止文雅，衣着得体，朴素大方，不吸烟，不随地吐痰。

(3) 与异性同学交往要举止文明。

(4) 自觉维护公共秩序，遵守公共场所的有关规定，不扰乱秩序、不拥挤、不起哄、不穿拖鞋出入图书馆、教学楼等公共场所。

(5) 爱护校园内的公共设施，保持校园卫生清洁，不在公共设施上乱贴乱画。

(6) 正确使用公用设施，不损坏、不随意搬动或挪作他用。

文明是一个人良好素质的体现，不同的人有着不同的文明程度，那么为什么人与人之间文明差距如此之大呢？因为文明是管出来的。

文明是管出来的

“一时不文明，时时受约束；一处不文明，处处受阻碍”，只有形成这样的鲜明导向，才能让文明的举止始于自发、成于自觉。

同一个人，步行过马路时，遇上急事可能会闯红灯，但若在车里握着方向盘，再着急往往也能遵规守矩；同一个人，在绿皮火车里会吞云吐雾，但一上了高铁就能全程禁烟。为何如此不同呢？违法成本不同，执法刚性也不同。这种对比也启示我们：文明不仅是倡导、教育出来的，也是管出来的。

梳理中外社会文明史就能发现，一个社会的文明素养，既是历史演进的结果，也是持续管理的结果。去日本旅游的人，往往会感慨于其公共文明：一丝不苟的垃圾分类，不留一片垃圾在体育赛场，井然有序的公共场所……究其源头，1948 年出台的《轻犯罪法》功不可没，什么是现代社会的“勿以恶小而为之”，法律写得明明白白。即便如此，20 世纪 80 年代，富起来的日本人在走出国门时也产生过“观光摩擦”，大声喧哗、不守秩序，以至于日本媒体写社论提示国民，“尊重对方国家的风俗、习惯、礼仪”。

可见，一方面，文明是一面镜子，在比较中更能正衣冠、知不足；另一方面，约束是压舱石，一旦脱离执法环境、缺少了刚性约束，已经提升的文明素质可能又倒退回去。要实现从“人人独善其身”到“人人相善其群”的递进，一定的外部约束总是不可或缺的。

文明是管出来的，是因为在权利与义务这两端，人们往往愿意享受文明的成果，却不愿承担文明的成本。比如，许多人羡慕欧美国家立法保护小动物，殊不知养犬人身上背负的义务条款数不胜数：上保险、打疫苗、戴口套、攻击性犬的主人还需在庭院明显处竖立标牌等。不仅如此，如果狗闯祸或者由于主人的疏忽致使他人受到伤害，狗主人除了会面临高额罚款外，还可能要承担刑事责任。最近，国内多地出台针对“不文明养犬”的处罚规定，严厉处罚“遛狗不牵绳”等行为，也正是看到了“管理”之于文明养犬的重要性。在现代社会，法律规则就是在权利与义务之间的那条绳子，松紧适度、两头不落，才能让更多人知边界、明事理、懂规矩、不逾矩。

文明是管出来的，还因为管理缺失导致的“公地悲剧”“破窗效应”，现实中比比皆是。在一些欧美发达国家的中心城市，一街之隔，常有静谧与脏乱差的天壤之别，这就是持续治理与“放弃治疗”的区别。反过来，只要对违法行为持续“零容忍”，总能不断地筑牢社会的底线思维与文明习惯。正是因为醉驾入刑，“开车不喝酒，喝酒不开车”在中国社会蔚然成风；正是因为“失信者黑名单”制度持续发力，欠债故意不还的老赖开始减少；正是因为有严密的监管体系，人们对网购的信任指数越来越高。“一时不文明，时时受约束；一处不文明，处处受阻碍”，只有形成这样的鲜明导向，才能让文明的举止始于自发、成于自觉。

古语云，“从善如登”，提升文明程度从来就不易。一个文明社会的形成，既需要自律，也需要他律；既需要好言好语的劝导，更需要法律制度的规范。刚性的制度、严格的管理也是一种唤醒，它唤起人们的文明意识，形成人们对文明的敬畏，最终让文明内化于心、外化于行。2018 年 5 月，中共中央印发了《社会主义核心价值观融入法治建设立法修法规划》；日前，最高人民法院发布了《关于在司法解释中全面贯彻社会主义核心价值观的工作规划(2018—2023)》，发挥社会主义核心价值观对社会文明建设的引领作用，不仅需要教育引导、实践养成，也需要制度保障。只有从内因到外因共同发力，才能不断地推动社会文明水平的提升。

改革开放之初，“新加坡奇迹”让前往考察的国人深受触动；而从其持续而深远的影响来看，让国人内心更为震动的，是新加坡包括“鞭刑”在内的严明的法治和管理。40 年后的今天，“当高楼大厦在我国大地上遍地林立时，中华民族精神的大厦也应该巍然耸立”，这样的大厦，需要以“没有规矩不成方圆”的态度去建设，让每一个人都为之添砖加瓦。

(资料来源：《人民日报》(2018 年 11 月 19 日 09 版))

第四节　生活习惯养成记

好的生活习惯和生活方式是我们健康身体的基本条件，是我们精力充沛、激情勃发投入工作的基本保障，是我们保持身心健康的基本要求。它需要我们自觉地、有意识地、有目的地培养和恒久地坚持，使之成为我们生活中的一种自然习惯。如果没有好的生活习惯，我们的生活可能会变得一团糟，可见养成一种良好的生活习惯是多么重要。但是现如今人们的生活习惯却是毫无规律，晚睡晚起、不吃早饭、叫夜宵等，因此也产生了一系列健康问题，当前大学生的生活习惯更令人担忧，主要表现在以下几个方面。

一、日常饮食不科学

有相当一部分学生由于睡得晚、起得迟，来不及吃早饭便去上课。在课间饿的时候随便买些饼干、方便面之类的零食充饥；有的学生索性取消早饭，养成常年不吃早饭的不良习惯。早餐作为人一天中进食的第一餐，是非常重要的。不吃早餐，工作、学习的效率会下降，我们的胃就好像一个食物加工的袋子，我们所吃进的食物都要经过胃消化吸收。当胃里没有了食物，时间久了，就会感到胃痛，再加上没有食物供给能量，常常会出现头昏、无力、心慌、出冷汗等状况，更重要的是不吃早饭还会变胖。还有的男生酗酒、暴饮暴食，这些都违反了饮食规律。大学生正处于生理和心理成熟的关键期，如此应付“吃饭”问题，实在令人担忧。

二、作息时间不规律

很多同学不严格要求自己，作息时间无规律，该休息的时候不休息，有些宿舍看电影、打游戏、开卧谈会到深夜，第二天上午逃课睡觉。作息不规律会导致肥胖，无规律的作息方式，打乱了身体正常的新陈代谢，这样体内不仅有脂肪还有一些有害物质都没有及时排出体外，而且这种原因导致的肥胖比单纯的暴饮暴食带来的危害要大得多。还会导致内分泌紊乱，这方面最直接的体现就是长痘痘。作息不规律对女孩子的危害比长痘痘还要多得多。无规律的作息方式还会导致机体免疫力下降。习惯昼夜颠倒的人，患各类常见疾病的概率要高于正常作息的人，可见其危害之大。学生若坚持这种作息方式，长此以往，势必形成恶性循环，学业和健康均得不到保障。

三、缺乏自我关爱意识

“文武之道，一张一弛”，体育锻炼在生理上有利于人体骨骼、肌肉的生长，增强心肺功能，改善血液循环系统、呼吸系统、消化系统的机能状况，有利于人体的生长发育，提高抗病能力，增强有机体的适应能力。体育锻炼还能改善神经系统的调节功能，提高神

经系统对人体活动时错综复杂变化的判断能力，并及时做出协调、准确、迅速的反应；使人体适应内外环境的变化、保持肌体生命活动的正常进行。在心理上，体育锻炼可以陶冶情操，保持健康的心态，充分发挥个体的积极性、创造性和主动性，从而提高自信心和价值观，使个性在融洽的氛围中获得健康、和谐的发展。但是由于网络游戏等的兴起，大部分学生整天就待在宿舍打游戏，甚至有的连吃个饭都不愿意出宿舍门，而让别人带饭，导致参与文体活动的学生总数明显下降，学生的体能素质不断下降、肥胖学生的比例明显增多、近视眼发生率居高不下、多数学生心理素质不高、抗挫折能力差，体育成绩在及格线上徘徊，这些与缺乏体育锻炼不无关系。有些同学不仅不注意自身卫生习惯，还经常在宿舍抽烟，使其余同学被迫吸二手烟，吸入过多的尼古丁，危害了大家的身心健康。

四、娱乐休闲节制

适当的休闲娱乐可以给大学生的生活增添生活趣味，缓解压力；可以陶冶人的情操，使人们的认识从感性上升到理性，促进社会好风气的形成，也为我们更好地工作提供了新的思路；还能锻炼身体，促进社会和谐发展；增强个人的沟通能力与团结能力，增强集体的荣誉感。但是部分学生经常光顾网吧、酒吧、KTV 等娱乐场所，无节制地沉迷其中，产生了不好的影响，如熬夜不回宿舍，在这些场所结交了很多社会人士，沾染了不好的社会风气，有可能还会给自己和自己的家庭带来不必要的麻烦。

五、我校对策

针对这些情况，我校开展“六早”建设活动，作为培养学生良好职业素养的“第一课”。

“六早”一是督促学生早起床，二是号召学生早锻炼，三是动员学生吃早餐，四是鼓励学生参加早读，五是保证学生早操不迟到，六是要求学生晚上早休息。

“六早”建设活动从学生日常学习、生活习惯的养成教育出发，推动学生自我教育、自我管理，以职业素养的培育为目标，取得了较理想的成绩，倡导“六早”建设活动，号召同学们将行为变成习惯，将习惯变成素养，用实际行动推动学风建设，逐步形成全员参与、全过程指导、全方位管理的行为，建设长效工作机制，全面提升学生综合素质，为学生未来良好职业素养的形成奠定了坚实的基础，有力地促进了学生良好习惯的养成和教风、学风的好转。

【知识拓展】

大学生熬夜猝死现象

新学期开学，四川电影电视学院因为学生不幸猝死事件惹上了纠纷。遭遇意外丧子之痛的王女士带领亲属来到学校，想要为其子的猝死讨要一个说法。

据王女士说，其子是因在考试前两晚连续夜不归宿，外出打麻将、聚会而导致过劳死。她认为，四川电影电视学院未尽到对住校生的管理义务，导致了他的猝死。四川电影电视学院也就这件事发表了声明，表示已经与学生家长进行了沟通，同时也希望通过这件事警醒大学生，要重视自己的生命健康。

熬夜猝死的新闻，已经不新鲜，隔一段时间就会出来一次。经常熬夜加班，34 岁小伙突发脑出血离世；28 岁小伙子熬夜看球猝死；大二女生常熬夜聊天致“暴盲”，右眼只剩光感；熬夜到凌晨 4 点玩手机，小伙突患急性脑梗死无法坐起；女子长期熬夜加班，冷风一吹成面瘫；小伙熬夜刷手机竟致右耳失聪……难以想象，可能人生就终结于一次熬夜，或许多次的熬夜产生的巨大危害。

根据某社交平台发布的《中国网民熬夜报告》显示：越年轻的人越喜欢熬夜。00 后成“熬夜冠军”，其次是 90 后，而最能熬的行业前三名分别被公关、媒体和游戏行业占领，这些行业的工作人员平均凌晨 2 点到 3 点睡觉。熬夜，已经不仅仅是个别现象了，它正在伴随着经济发展与个人职业发展而迅速扩大，几乎吞噬了整个社会上的青年团体。熬夜就是熬命，这并非耸人听闻。

有科学家曾经做过一项研究实验，两只小白鼠，一只正常作息，另一只白天关在黑房、晚上用日光灯照亮让它日夜颠倒过日子，睡眠时间相同，而二者寿命比却是 2∶7。换算到人，如果一个本来寿命是 70 岁的人从出生开始就天天熬夜，毫无间断，最终他可能只能活到 20 岁。熬夜，不仅会导致人体生物钟紊乱，还会因此产生一系列不良反应，轻者食欲不振，免疫力低下，重者可能会影响到生命。一项针对上海 10 万名心血管疾病患者的调查显示：心律失常已成为年轻白领最主要的心脏疾病，其中 21～30 岁患者中，心律失常的检查率远超其他心脏疾病。而在最容易猝死的十大行业之中，最能熬夜的行业前三名也赫然在列。并且熬夜之后补觉，并不能挽回对身体的伤害。

近日，阿里健康发布《2017 年度健康消费报告》，揭示了 90 后的健康危机，熬最深的夜，吃最好的枸杞，敷最贵的面膜，一边“作死”、一边养生。白天忙得忘记三餐，晚上还得熬夜加班，年轻是 90 后们最大的资本，初入职场，没经验、没资历，升职加薪全靠拼，但长时间如此，铁打的身体也吃不消。

点题成金

1. 日常生活中你是否经常熬夜？又是为了什么样的原因熬夜？
2. 读完本篇你准备如何调整自己的作息规律？请和身边的同学说下你的计划。
3. “熬夜一时爽，一直熬夜一直爽”？请和身边的同学讨论一下你对这句话的理解。

第五章　学生资助体系

随着我国高等教育改革的不断深化，资助贫困学生完成学业并引导他们健康成长成才，已经成为当前高校学生工作的一项长期而重要的工作内容，是实践“三个代表”重要思想、落实科学发展观、构建社会主义和谐社会的重要举措；也是实施科教兴国战略、优化教育结构、促进教育公平和社会公正的有效手段。长期以来，国家十分重视关心高校贫困生问题，2007 年，国家出台了《关于建立健全普通本科高校家庭经济困难学生资助体系的意见》，逐步建立起以奖、贷、助、补、减为一体的多元化混合资助体系，对于解决贫困生问题具有重要意义。

学生资助是一项重要的保民生、暖民心工程，事关教育公平、事关脱贫攻坚、事关教育现代化。近年来，在财政部、教育部等中央有关部门和各级地方政府，以及各级各类学校的共同努力下，国家学生资助政策体系更加完善，资金投入力度不断加大，资助管理水平进一步提档升级，为保障不让一个学生因家庭经济困难而失学奠定了坚实的基础。以下我们将通过助学贷款和奖助学金向学生普及相关知识，帮助学生更好地学习和生活。

第一节　助 学 贷 款

一、国家助学贷款说明

国家助学贷款是由政府主导，金融机构向高校家庭经济困难学生提供的信用助学贷款，主要帮助解决在校期间的学费和住宿费，毕业后分期偿还。国家助学贷款利率执行中国人民银行同期公布的同档次基准利率，不上浮。贷款学生在校期间的国家助学贷款利息全部由财政支付，毕业后的利息由借款人全额支付。

按照学生申办地点及工作流程的不同，国家助学贷款可分为校园地国家助学贷款与生源地信用助学贷款两种模式。同一学生在同一学年不得重复申请获得校园地国家助学贷款和生源地信用助学贷款，只能选择申请办理其中一种贷款。

(一)校园地国家助学贷款

1. 申请条件

持有我院正式录取通知书和具有我院学籍的在校生，具备以下条件者可以申请国家助学贷款。

(1) 家庭经济困难。

(2) 具有中华人民共和国国籍，年满 16 周岁的需持有中华人民共和国居民身份证。

(3) 具有完全民事行为能力(未成年人申请国家助学贷款须由其法定监护人书面同意)。

(4) 诚实守信，遵纪守法，无违法违纪行为。

(5) 学习努力，能够正常完成学业。

(6) 符合约定的其他条件。

2. 申请材料

学生在新学年开学后通过学校向银行提出贷款申请，需要提供以下材料。

(1) 国家助学贷款申请书。

(2) 本人学生证和居民身份证复印件(未成年人提供法定监护人的有效身份证明和书面同意申请贷款的证明)。

(3) 本人对家庭经济困难情况的说明。

(4) 学生家庭所在地有关部门出具的家庭经济困难证明。

3. 申请金额

全日制本专科生每人每学年最高不超过 8000 元，全日制研究生每人每学年最高不超过 12000 元。

4. 贷款审批

院资助中心负责对学生提交的国家助学贷款申请进行资格审查，并核查学生提交材料的真实性和完整性；银行负责最终审批学生的贷款申请。

5. 贷款发放

国家助学贷款实行每学年秋季学期一次申请、一次授信、一次发放的方式。

6. 贷款利息

国家助学贷款利率执行中国人民银行同期公布的同档次基准利率。贷款学生在校学习期间的国家助学贷款利息全部由财政补贴，毕业后的利息由贷款学生本人全额支付。

7. 还款期限

校园地国家助学贷款合同年限为学制加 13 年，最长不超过 20 年。学生根据个人毕业后的就业和收入情况，在毕业 3 年后开始偿还本金，在合同到期前还清贷款本息。

8. 违约后果

(1) 国家助学贷款的借款学生如未按照与经办银行签订的还款协议约定的期限、数额偿还贷款，经办银行将对其违约还款的金额计收罚息。

(2) 经办银行将违约情况录入中国人民银行的金融信用信息基础数据库，供全国各金融机构依法查询。对恶意拖欠贷款的违约借款人采取限制措施，不予提供住房贷款、汽车

贷款等金融服务。

(3) 对于连续拖欠还款行为严重的借款人，有关行政管理部门和银行将通过新闻媒体和网络等信息渠道公布其姓名、公民身份证号码、毕业学校及具体违约行为等信息。

(4) 严重违约的贷款人还将承担相关法律责任。

(二)生源地信用助学贷款

生源地信用助学贷款是指家庭经济困难的学生，通过户籍所在县(市、区)的学生资助管理机构申请办理的国家助学贷款。学生和家长为共同借款人，共同承担还款责任。

1. 申请条件

(1) 具有中华人民共和国国籍。

(2) 诚实守信，遵纪守法。

(3) 已被我院正式录取，取得真实、合法、有效的录取通知书的新生。

(4) 学生本人入学前户籍、其父母(或其他法定监护人)户籍均在本县(市、区)。

(5) 家庭经济困难，所能获得的收入不足以支付在校期间完成学业所需的基本费用。

(6) 当年没有获得其他助学贷款。

2. 办理程序

生源地信用助学贷款按年度申请、审批和发放。学生在新学期开始前，向户籍所在县(市、区)的学生资助管理中心提出贷款申请。县级学生资助管理中心负责对学生提交的申请进行资格初审，金融机构负责最终审批并发放贷款。

3. 贷款金额

每生每学年申请的贷款金额不超过 8000 元。

4. 贷款利息

生源地信用助学贷款利率执行中国人民银行同期公布的同档次基准利率，不上浮。学生在校期间的利息由财政全部补贴，毕业后的利息由学生和家长(或其他法定监护人)共同负担。

5. 还款期限和还款方式

生源地信用助学贷款(其流程见图 5-1)期限为学制加 13 年、最长不超过 20 年。学生在校及毕业后 3 年期间为宽限期，宽限期后由学生和家长(或其他法定监护人)按借款合同约定，按年度分期偿还贷款本息。借款人或共同借款人可以通过第三方支付平台(支付宝)进行还款，借款人或共同借款人也可以持银行卡到县级资助中心使用 POS 机还款。

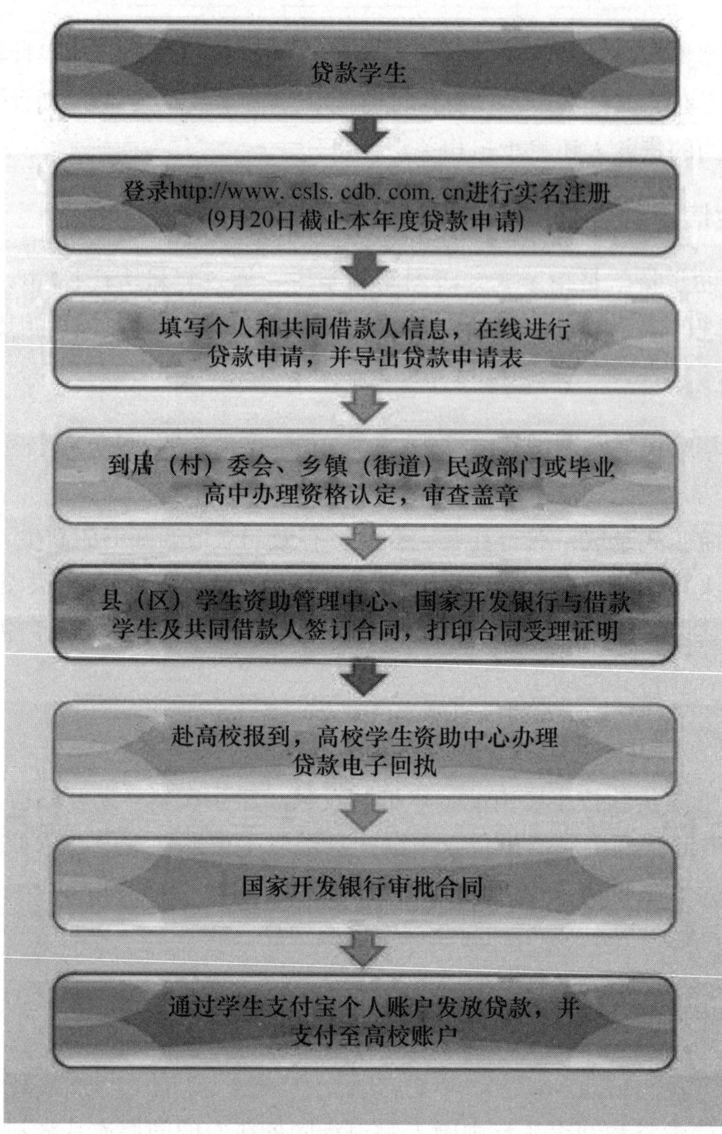

图 5-1　生源地信用助学贷款办理流程示意图

二、如何申请国家助学贷款

(一)在线注册

学生首次贷款时，可以在在线系统中注册，并提出贷款申请。申请的同时，学院经办人需审查学生办理完善的《国家助学贷款审批表》，审查通过后，学生信息和申请信息将作为系统内保存的正式信息。

1. 学生注册方法

(1)　学生登录国家开发银行助学贷款信息网 http://www. csls. cdb. com. cn。

(2) 单击“高校助学贷款学生在线系统”，进入学生在线服务系统，单击“注册”按钮，进入注册页面。

(3) 同意用户协议后，按要求如实登记个人信息。

(4) 内容填写完毕后，单击“提交”按钮，系统提示注册成功。

2. 注意事项

(1) 学生姓名要与身份证、学校录取名字保持一致。

(2) 入学前户籍地址从省、直辖市或自治区逐级填写到村组或街道楼栋门牌号。

(3) 联系电话、手机号码、电子邮件、邮政编码如实填写。

(4) 为保持和教育部上报数据的一致性，第一联系人和第二联系人必须填写。

(5) 学号、考生号必须填写，考生号以招生录取数据为准。

(二)登录、退出

1. 登录

打开国家开发银行助学贷款信息网，单击“高校助学贷款学生在线系统”进入登录页面，有以下两种登录方式。

(1) 身份证号登录。

输入身份证号和 8 位出生日期(默认密码)登录系统。

忘记登录密码的，可致电学校相关老师进行重置密码操作，也可以单击在线系统的“通过回答问题新设密码”超链接，通过回答注册时设置的问题来重新设置密码。

(2) 用户名登录。

进入“登录学生在线学生服务系统”后，单击下方 “使用登录名登录…”蓝色链接登录系统。

2. 退出

单击页面右上角的“退出系统”按钮，系统给出确认信息，用户确认后退出系统。

(三)贷款申请

1. 方式一

各二级学院在助学贷款信息管理系统中录入学生的贷款申请(由系来完成，不需要学生进入在线系统中操作)。

2. 方式二

学生本人在在线系统中使用此功能申请本年度的助学贷款，后由学院分别导入助学贷款信息管理系统中。具体操作方法如下。

(1) 学生登录在线系统，单击左侧“贷款申请”按钮，打开贷款申请概要信息页面。

(2) 在贷款申请概要信息页面中单击“新增”按钮，打开新增贷款信息页面。

(3) 选择贷款项目、贷款原因、输入学住费(学费与住宿费)、选择贷款到期日期。

(4) 填写完毕后，单击“确定”按钮，保存贷款申请信息。

3. 注意事项

(1) 每位学生每年只能提出一次贷款申请。

(2) 申请的总额度不能超过学费和住宿费总额，并且最高不能超过8000元。

(3) 申请时，学生只能选择状态为“启动”的当年贷款项目。

(4) 学生贷款申请信息状态为“学生录入”时，学生本人可以进行修改及删除，申请信息状态为“已审核”时，学生本人不能修改。

三、贷款学生须准备材料说明

申请助学贷款的学生须提供以下材料

1. 学生本人身份证复印件(3份)、学生证复印件(1份)。

2. 家长承诺书及村委会(街道居委会或父母所在单位)、乡、镇政府(街道办事处或区政府)民政部门关于贷款学生家庭经济状况的证明在第三页指定的位置按要求签写并盖章(或直接将“三级”证明粘贴在相应位置)。

3. 提供家长(父母两人)身份证复印件(各2份，自己留1份)，同本人身份证、学生证复印件(各1份)粘贴在第四、五页指定的位置。

4. 多余身份证复印件及其他材料(背面请写上本人所在二级学院、班级、姓名)连同此表一起上交。

四、国家助学贷款管理办法

(一)贷款对象和申请贷款条件

我校享受国家助学贷款的对象为：全日制普通专科在校学生中经济困难的学生。

申请国家助学贷款的学生应具备以下条件。

(1) 持有我校学生证及中华人民共和国居民身份证。

(2) 具有完全民事行为能力(未成年人申请国家助学贷款须由其法定监护人书面同意)。

(3) 遵守学校各项规章制度，无违法违纪行为。

(4) 诚实守信，学习刻苦，能够正常完成学业。

(5) 生活俭朴，不抽烟、不喝酒、不铺张浪费。

(6) 因家庭经济困难，在校期间所能获得的收入不足以支付完成学业所需基本费用(包括学费、住宿费、基本生活费)。

(7) 符合约定的其他条件。

(二)申请国家助学贷款的程序

(1) 个人提出书面申请。贷款学生在每年9月中旬向自己所在的二级学院提出贷款申

请，申请内容包括申请理由、学生家庭经济状况、个人学习及表现情况、对国家助学贷款的认识等内容。

(2) 各二级学院国家助学贷款工作小组对学生贷款申请的真实性进行审核和公示，并将初审通过名单统计汇总报校国家助学贷款管理中心，校国家助学贷款管理中心审核无误后发放《河南省高校国家助学贷款申请审批表》。

(3) 各二级学院国家助学贷款工作小组组织贷款学生填写《河南省高校国家助学贷款申请审批表》，并要求学生提供以下材料。

① 身份证、学生证复印件。

② 贷款学生家长承诺书。内容包括：A. 同意学生贷款；B. 承诺作为贷款学生的永久联系人，并提供联系方式；C. 承诺督促和协助贷款学生按期还本付息；D. 家庭户口本首页及家长单页复印件。

(4) 村委会(街道居委会或父母所在单位)和乡、镇政府(街道办事处或区政府)民政部门关于贷款学生及家庭经济状况的证明。

(5) 各二级学院国家助学贷款工作小组对资料的真实性、完整性进行审核、汇总，报送校国家助学贷款管理中心审批。

(6) 我校国家助学贷款管理中心对审批后的《河南省国家助学贷款申请审批表》按要求进行统计、汇总，上报省教育贷款管理中心和贷款银行进行审批。

(三)贷款额度及发放

学生贷款金额原则上每人每学年最高不超过8000元。

借款合同采取一年签订一次的方式。借款合同签订后，贷款银行在规定时间内将贷款拨付省教育贷款管理中心并转拨学院，由学院根据贷款银行的授权，按合同约定向学生发放贷款。

(四)国家助学贷款利息的计算

国家助学贷款利率按照中国人民银行公布的法定贷款利率和国家有关利率政策执行。如遇利率调整，按照中国人民银行的有关规定执行。贷款学生的利息从贷款到账之日起计付，其中正常学制内的利息由相应财政渠道支付(对于财政不负担贴息的借款学生，在校期间贷款利息由高校或办学单位负担)，正常学制之外的利息及因违约等造成的罚息由学生自付。

一般情况下，学生自付利息的开始时间为其毕业后的下月1日(含1日)；当借款学生按照学校学籍管理规定结业、肄业、休学、退学、被取消学籍时，自办理有关手续之日的下月1日起自付利息；当休学的借款学生复学后，恢复贴息起始日为当月的1日；提前还贷的，应按贷款实际期限计算利息，不再加收除应付利息之外的其他费用。

(五)国家助学贷款还款期限的确定

按照借款合同的约定时间，每笔合同贷款本金一次还清，本金偿还期最长不超过6

年，利息按贷款银行规定分次偿还。

(六)借款合同的变更

借款合同为约束借贷双方的法律依据，除以下情况外，借款合同规定的借贷双方的权利和义务在合同期内保持不变。

(1) 借款学生转学时，必须先还清贷款本息。

(2) 借款学生发生休学、退学、出国、被开除学籍、死亡等其他不能正常完成学业的情况时，贷款银行将采取停止发放贷款、提前收回贷款本息等措施。

(七)借贷学生离校前须办理的手续

学生毕业离校前，要办理还款确认手续，预留扣款账号，确定毕业后固定联系人和本人联系方式。上述手续办妥后，借贷学生方可离校。

学校在借款学生毕业离校前，将其贷款情况和贷款学生毕业确认表并入学生个人档案，如实地向用人单位通报学生的贷款信息，请用人单位督促学生按时还款。

(八)借款学生提前还贷

允许有条件的借款学生提前还贷。提前还款的借款学生应提前15天向校国家助学贷款管理中心提出申请，利息按贷款实际期限计算，不再加收除应付利息之外的其他费用。

(九)国家对贷款违约学生的处理

违约学生是指未按借款合同约定偿还贷款本息的借款学生。省教育贷款管理中心、我校国家助学贷款管理中心及贷款银行等部门将按照合同的约定，在不通知违约学生的情况下采取通报方式措施。

五、国家助学贷款违约情况通报办法

1. 通报目的

为了保证我校助学贷款工作顺利进行，达到增强学生信用观念、防范国家助学贷款风险的目的。

2. 通报依据

(1) 《中国人民银行、教育部、财政部、国家税务总局关于进一步推进国家助学贷款业务发展的通知》(银发〔2001〕245 号)。

(2) 《中国人民银行、教育部、财政部关于切实推进国家助学贷款工作有关问题的通知》(银发〔2002〕38 号)。

(3) 《河南省国家助学贷款违约情况通报办法》。

3. 通报对象

不按期偿还本金或利息，逾期 3 个月以上的借款学生。

4. 通报方式

(1) 在中国人民银行国家征信系统上，公布违约学生的相关信息。

(2) 在全国大学生就业网、学历文凭查询网站及国家助学贷款网站公布违约学生名单及相关信息。

(3) 在校园网、校友网上公布违约学生相关信息，并向用人单位通报情况。

(4) 将违约学生相关信息发回户籍所在地，通知其亲属。

5. 通报时间

每年 5 月、11 月各通报一次。

6. 其他要求

(1) 各二级学院对上报的违约借款学生名单及违约事实负责。

(2) 有关职能部门不能强行要求各二级学院不报送或报送不符合要求的名单。

(3) 各二级学院要关注可能通报学生的还贷情况，如有还贷，应立即更改通报名单。

(4) 做好通报总结及通报后的相关情况跟踪工作，为今后工作的开展积累经验。

六、如何偿还国家助学贷款

自 2011 年 6 月 1 日起，国家开发银行助学贷款发放和还款统一使用支付宝(只有通过支付宝网上还款这一种方式)，原农业银行账户助学贷款还款功能停止。

还款步骤如下。

(一)登录国家开发银行高校助学贷款学生在线服务系统

(1) 登录国家开发银行高校助学贷款学生在线服务系统(以下简称在线系统 http://www.csls.cdb.com.cn)，有以下两种登录方式。

① 身份证号登录。

输入身份证号和 8 位出生日期(默认密码)登录系统。

忘记登录密码的，可致电学校相关老师进行重置密码，也可以单击在线系统的“通过回答问题新设密码”超链接，通过回答注册时设置的问题来重新设置密码。

② 用户名登录。

进入“登录学生在线学生服务系统”后，点击下方“使用登录名登录…”蓝色链接登录系统。

(2) 进入学生在线服务系统后，仔细查看系统中的每个模块，了解自己的贷款合同，还款专用支付宝账号等信息。

(3) 还款及支付宝账户充值。

还款分为提前还款、正常还款、逾期还款三种情况。

① 提前还款：自贷款本金发放日起，至合同到期的前一月，偿还助学贷款均属于提前还款。

a. 借款学生于每月(11 月份除外)1～10 日(含 10 日)通过在线系统提交提前还款申请，11～20 日登录学生在线系统查看应还本息总金额并在本人助学贷款支付宝账户中充值，21 日至月底查看还款结果。如学生每月 10 日后提出还款申请则无效，须在下月 1～10 日(含 10 日)前重新提出还款申请。

b. 学生可登录在线系统查询还款结果。如当次还款失败，下次提前还款时需要重新提交申请。

② 正常还款：贷款合同到期的当月偿还本息属于正常还款，到期当月还款不用提交还款申请，直接在助学贷款支付宝账户中充值即可(建议提前还款，尽量不要贷款合同到期的当月还款)。

③ 逾期还款：合同最终到期日之后的还款属于逾期还款。逾期还款不需要提交还款申请，还款当月需在 20 日之前将逾期本息充值进本人贷款支付宝账户。

(二)登录助学贷款“支付宝”账户进行充值还款

通过在线系统首页和“贷款及应还款查询”模块可以查看本人的助学贷款“支付宝”专用账户。

1. 支付宝账户初始化

支付宝网站自动为学生开通助学贷款专用的支付宝账户。此时支付宝账户已经自动激活。

2010 年及之前首次贷款的同学支付宝账户密码默认为本人身份证号去掉前 6 位之后的剩余部分(如身份证号为：110110199009011234，则密码为：199009011234)，2011 年及之后首次贷款的同学支付宝密码需通过“学生在线服务系统”首页查看，首次登录支付宝账户建议修改密码并牢记。

2. 支付宝账户充值及还款查询

(1) 还款学生需在每月 20 日前将足额资金充入本人助学贷款支付宝账户，21 日凌晨支付宝进行划扣。

(2) 支付宝账户还本付息，在每月 21 日后，学生可第一时间在消费记录中查询本息还款扣划信息。查询方法：登录支付宝网站单击“消费记录”，选择“充提记录”，选择查询“充值记录”或“提现记录”，查询结果。

七、国家助学贷款如何自付利息

根据国家开发银行高校助学贷款的相关规定，贷款同学于毕业当年 7 月 1 日起开始自付利息，为了确保同学们顺利付息，现将国家助学贷款自付利息的相关事项说明如下。

利息偿还分为按时偿还(本年 12 月 20 日前偿还当年利息)和逾期偿还(本年 12 月 20 日未偿还当年利息)两种。

(一)按时偿还

(1) 从毕业当年 7 月 1 日起，贷款本金尚未还清的同学需每年 12 月 20 日之前支付当年的贷款利息。同学们可以在 11 月 20 日之后登录国家开发银行高校助学贷款学生在线服务系统查看当年需支付的利息总金额，并于 12 月 20 日之前将足额资金充值进本人的支付宝助学贷款专用账户。

(2) 受国家开发银行的委托，12 月 20 日支付宝公司将从学生支付宝账户扣收当年利息，并通过短信、邮件反馈给借款学生。

(3) 12 月 20 日后学生可以再次登录在线系统查看付息结果。

温馨提示：利息偿还无须提前申请，但此类利息每年只结算一次，结息日为每年的 12 月 20 日，请同学们务必于 12 月 20 日前做好付息准备。

(二)逾期偿还

超过结息日(12 月 20 日)尚未支付当年利息的同学，已经构成了贷款利息违约，将在中国人民银行征信系统中产生不良记录，会给本人以后的工作和生活带来诸多不便，因此，建议同学们及时还款付息。

第二节　国家奖助学金

一、家庭经济困难学生认定办法

河南经贸职业学院家庭经济困难学生认定办法如下(本办法中家庭经济困难学生是指学生本人及其家庭所能筹集到的资金，难以支付其在校期间学习和生活基本费用的学生)。

(一)认定原则

家庭经济困难学生认定工作必须严格工作制度，规范工作程序，做到公开、公平、公正。坚持实事求是，确定合理标准，由学生本人提出申请，实行民主评议和学校评定相结合的原则。

(二)认定机构

(1) 学校学生资助工作领导小组全面领导学校家庭经济困难学生的认定工作。学生资助管理中心具体负责组织和管理全校的认定工作。

(2) 二级学院成立以分管家庭经济困难学生资助工作的二级学院领导为组长、二级学院学生辅导员等担任成员的认定工作组，负责认定的具体组织和审核工作。

(3) 以班级为单位，成立以辅导员担任组长，学生代表担任成员的认定评议小组，负责认定的民主评议工作。认定评议小组成员每学期由班级民主程序产生，原则上每个宿舍一名。

(三)认定标准及等级比例

(1) 学生本人及其家庭所能筹集到的资金，在扣除基本生活费用后，不足以支付其在校学习期间的学费、住宿费和国家规定应该由学生缴纳的费用的，为一般困难档。

(2) 学生家庭人均收入低于学校所在地城市居民最低生活保障标准的，为特殊困难档。特殊困难档不超过在校生的 5%。

(四)认定程序

家庭经济困难学生认定工作每学年进行一次。

(1) 学校在向新生寄送录取通知书时，同时寄送《高等学校学生及家庭情况调查表》。在校学生需要申请认定家庭经济困难的在学期末到学校学生资助管理中心领取《高等学校学生及家庭情况调查表》并如实填写。

(2) 班级认定评议小组根据学生提交的《高等学校家庭经济困难学生认定申请表》和《高等学校学生及家庭情况调查表》，结合学生日常消费行为，每学期分两次进行认真评议，确定班级家庭经济困难学生的资格和等级，公示后报二级学院认定工作组进行审核。学生如有异议，可向二级学院认定工作组申请复议。

认定评议小组进行民主评议时应着重考虑孤残学生、烈士子女，以及家庭成员长期患重病、家庭遭遇自然灾害或突发事件等特殊情况的学生。

(3) 二级学院认定工作组每学期期末审核班级认定评议小组的两次初步评议结果。

(4) 二级学院认定工作组审核通过后，要将家庭经济困难的学生名单及等级以适当的方式，在适当范围内公示。学生如有异议，可向学校申请复议。

(5) 各二级学院建立家庭经济困难学生信息档案，并建立家庭经济困难学生信息库。

(6) 学校和二级学院每学年对家庭经济困难学生进行一次资格复查，通过多种形式进行核实。如发现弄虚作假现象，取消资助资格，收回资助资金。情节严重者，按学生违纪处分管理规定给予严肃处理。

(五)认定细则

1. 组建班级贫困生认定小组

(1) 以班级为单位，成立以辅导员任组长，学生代表担任成员的认定评议小组，负责认定的民主评议工作。

(2) 认定评议小组成员每学期经班级民主测评程序产生，以确保评审结果的公平、公正。

(3) 班级贫困生认定工作小组以宿舍为单位，每个宿舍推举一人，班级学生干部中不申请贫困生的作为贫困小组认定成员。

(4) 认定小组成员不得申请国家助学金。

2. 写申请

申请人必须递交正式的贫困生书面申请，详细介绍申请人的家庭经济情况、主要收入

来源及家庭所在地经济发展状况，供二级学院核实以及认定小组成员参考，以方便做出评定。

3. 公开评定

(1) 辅导员逐一介绍班内贫困生情况。

由班级辅导员针对所有申请贫困生情况进行浏览、审核，然后在班内重点介绍，认证小组成员全体出席。

(2) 贫困生认定。

① 申请人提交的相关贫困证明。

② 辅导员对贫困生情况进行介绍。

③ 全体同学投票，占 40 分。

④ 班级贫困生认定小组投票，占 30 分。

⑤ 二级学院贫困生认定小组审核，占 20 分。

⑥ 学校学生资助管理中心评分，占 10 分。

⑦ 满分为 100 分，申请人按分数排序，最终推选出班级人数的 20%(特殊情况报批)。

二、国家奖学金

为激励学生勤奋学习、努力进取，促进学生德、智、体、美、劳全面发展，确保每学年评定一次的国家奖学金按照公开、公平、公正、择优的原则有序进行，同时把竞争、激励机制引入学生教育和管理工作中，根据国家有关文件精神，结合学校实际，制定本办法。

1. 评选范围

具有本校正式学籍的二年级及以上全日制在校生。

2. 奖励对象

(1) 政治思想上，积极向党组织靠拢。

(2) 学习成绩优秀。

(3) 在校表现良好。

3. 评定程序

个人申请，班级评议，二级学院推荐，学校评定。

4. 申请条件

(1) 自觉遵守学校各项规章制度，无违纪处分记录，学习成绩无不及格记录。

(2) 学习努力，每学期荣誉积分中，学业积分不低于 56 分。

(3) 积极参加学校、二级学院、班级组织的各项活动，个人荣誉积分名次在全班前

20%之内；表现积分不低于 24 分。

(4) 集体荣誉感强，所在班级为 A 级，所在宿舍为二星级及以上。

5. 个人申请

符合条件的学生应递交正式的国家奖学金书面申请，详细介绍本人在校期间的学习、工作、生活情况，以及本人的感想。

6. 班级评议

各班对提交申请的学生进行评议，择优向二级学院推荐。

7. 二级学院推荐

(1) 组建二级学院评审团，负责对申请人进行资格审查。

(2) 由二级学院评审团依照公开、公平、公正的原则对审查合格的申请人进行积分排序，并在二级学院公示。

(3) 按照班级个数的四分之一确定推荐名单，形成二级学院推荐报告，报送学校学生资助管理中心。

8. 学校评定

1) 学校初选

学校评审团认真研究各二级学院的推荐报告，对各二级学院推荐的学生进行资格审查，评议后初选 1/2 的学生入围。

2) 综合素质报告会

学校初选胜出的学生，要准备一份综合素质论文，以报告会的形式向全校学生报告。

3) 学校评定

学校评审团在报告会结束后，对学生进行评定，确定最终人选。

9. 实行公示制度

各二级学院推荐的学生要在二级学院内公示，学校确定的学生要在全校公示。学生个人需提供本人近期免冠彩色 5 寸半身照片一张，另附本人人生格言和简历。公示期间，若有反对意见，评审团查实无误后，取消当事人资格。公示过后，学校形成工作报告将评定结果报送省教育厅。

10. 实行严格的奖学金跟踪调查追回制度

学生获取奖学金后，凡出现以下情况，应追回所发奖学金。追回的奖学金用于品学兼优学生的奖励和特困生的救助。

(1) 凡因弄虚作假而获得奖学金者，查实后应追回已发放的奖学金，并给相关当事人纪律处分。

(2) 获奖后因吸烟、喝酒、赌博等铺张浪费行为和其他违纪行为而受到记过及以上纪律处分者，半年内的，追回全部奖学金；半年后，追回半数奖学金。

三、国家励志奖学金

为充分贯彻落实国家励志奖学金发放政策，让家庭经济条件确实有困难且品学兼优的学生享受到国家政策的援助，学校特制定国家励志奖学金评定及发放细则。

学校按照各二级学院所有全日制学生人数3%的比例，向二级学院分配国家励志奖学金名额，二级学院依照以下办法进行统一集中评选，具体评定及发放细则如下。

(一)奖励对象

(1) 政治思想上，积极向党组织靠拢。

(2) 家庭确实存在经济困难。

(3) 学习成绩优秀。

(4) 在校表现良好。

(二)申请材料

以班级为单位，向二级学院推荐符合条件的学生。被推荐的学生应递交正式的国家励志奖学金书面申请，详细介绍家庭所在地经济发展状况、家庭经济情况、主要收入来源等资料，着重叙述自己一年来的学习和表现。

(三)申请条件

(1) 自觉遵守河南经贸职业学院《学生守则》及学校的各项规章制度，无违纪、处分记录、学习成绩无不及格记录。

(2) 积极参加校、院、班组织的各项活动，有强烈的集体荣誉感，第二课堂成绩排名在班级前50%之内。

(3) 学习努力，考试成绩需名列班级前25%。

(4) 家庭经济条件困难，生活简朴，勤俭节约。在班级认定贫困生资格的过程中投票率在65%以上(班级全体同学投票分数为40分、认证小组投票分数为30分；即满分为70分，65%以上投票率即45.5分以上)。

(5) 生活习惯良好，宿舍卫生达标且在二星级以上标准。

(6) 要求是班级按20%比例认定的贫困生，并且在贫困生中积分排名前20%之内。

(四)二级学院评定办法

(1) 组建二级学院评审团，评委由每班两名学生代表、两名二级学院学生干部、两名校级学生干部组成，二级学院副院长任评委会主任，负责对申请人进行资格审查。

(2) 由二级学院评审团依照公开、公平、公正的原则对审查合格的申请人进行积分排序，并在二级学院内各班公示。

(3) 将确定的获奖名单和相关材料(申请人积分排序表和特殊情况报告)报送学校学生资助管理中心。

(五)学校审定办法

(1) 审核各二级学院报送的获奖学生资格，取消不符合条件学生的获奖资格和所在二级学院的获奖名额。

(2) 审核各二级学院报送的相关材料。

(3) 调查处理学生反映的相关问题，对落实的情况通报相关二级学院后进行纠正。

(4) 公示获奖学生名单。

(5) 向教育部报送学校国家励志奖学金评审结果。

备注：以上评定过程须有文字材料记录。

四、国家助学金

(一)资助范围

思想进步、学习勤奋，经认定为我校家庭经济困难的全日制普通专科在读学生。

(二)标准及分档

国家助学金的平均资助标准为每生每年 3000 元。我校根据上级有关部门当年分配的名额(比例)及资金按表 5-1 执行。

表 5-1 国家助学金分配比例及资助金额

等　级	比例(20%)	金额(元)
一等	5	4000
二等	10	3000
三等	5	2000

(三)基本申请条件

(1) 热爱祖国，拥护中国共产党的领导。

(2) 遵纪守法，热爱学校。

(3) 努力学习，诚实守信。

(4) 属学校认定的贫困学生。

(5) 学年荣誉积分在班级前 50%以内。

(四)申请、评审与发放

1. 前期工作：组建班级贫困生认定小组

(1) 以班级为单位，成立以辅导员任组长，学生代表担任成员的认定评议小组，负责认定的民主评议工作。

(2) 认定评议小组成员每学期经班级民主测评程序产生，一般不少于班级总人数的

20%，以确保评审结果的公平公正。

(3) 班级贫困生认定工作小组由校院班三级学生干部共同在学生干部中推荐剩余名额组成。

(4) 认定小组成员不得申请国家助学金。

2. 写申请

每年 9 月 10 日前，学生根据个人情况，向二级学院提出申请并填写申请表；学生申请需详细介绍家庭经济情况、主要收入来源及家庭所在地经济发展状况，供学校和二级学院核实以及认定小组成员参考，以方便做出评定。

(1) 认定评议小组根据个人申请、家庭经济状况和申请人荣誉积分综合评议，提出受助名单、受助等级及金额报所在二级学院。

(2) 二级学院认定工作组对评议结果进行审核，确定名单后在二级学院内张榜公示，不少于 5 个工作日。无异议后报学校学生资助管理中心审定。

(3) 学校学生资助管理中心完成评审后，将评审结果上报财务处。

(4) 财务处将国家助学金发放到学生个人银行卡中。

五、助学金等级认定

(一)同等贫困条件下成绩优先定级

各班根据申请人的综合积分排名来具体划分等级，综合积分优秀者优先(综合积分即学业积分×70%+表现积分×30%)。

(二)特殊情况报批制度

对于个别综合积分成绩较低而家庭经济条件确实困难的同学，可依实际情况，由班级辅导员以及全体认证小组提供书面说明，报至二级学院进行审批(该部分同学不能超过 3%)。

对于曾经有挂科现象、曾受到过处分等特殊情况的同学，根据实际情况决定是否给予助学金的帮助，班级辅导员以及全体认证小组需提供书面说明，报至二级学院进行审批。

六、后期工作

(一)公示

助学金评定结束后，学校将把助学金获得情况在全校范围内进行公示。

(二)通知家长

各二级学院需通过电话或信函等方式，通知助学金获得者的家长，使其感受到国家助学政策的温暖，同时监督申请人正确使用助学金。

(三)安排勤工助学岗位

助学金申请人在接受国家助学金援助的同时，需要在校内做一些力所能及的、维护校园秩序的工作，如整理图书馆书籍、校内巡检执勤、自行车摆放、打扫公共教室卫生等。

(四)全校监督

对国家奖助学金使用不当者(如发现弄虚作假现象或购买高档消费品、名牌用品、请吃请喝者)，学校将取消其资助资格，追回资助资金。

七、说明

(1) 国家助学金每学年评定一次。
(2) 申请并获得国家助学金的学生，可同时获得奖学金。

第三节　校内奖助学金

一、校内奖学金评定办法

为了激励学生勤奋学习、努力进取，促进学生德、智、体、美等全面发展，同时把竞争、激励机制引入学生教育和管理工作中，根据上级部门的有关文件精神，结合我校实际情况，制定本办法。

(一)奖(助)学金的种类

(1) 学业奖学金。
(2) 单项奖学金。

(二)奖学金评定比例及奖励标准

1. 学业奖学金

学业奖学金的比例及金额如表5-2所示。

表 5-2　学业奖学金奖励比例及金额

等　级	比例(%)	金额(元/人)
一等	1	2000
二等	2	1000
三等	3	500

2. 单项奖学金

按学生人数每人每学年50元标准发放。具体发放标准由辅导员掌握，不允许平均发

放，凡符合下列条件之一的，可获得单项奖学金。

(1) 热爱学校，积极参加学校、二级学院和班级集体活动表现突出者。

(2) 在各项活动比赛中，为学校、二级学院和班级取得集体荣誉者。

(3) 在其他方面表现突出的。

3. 其他奖励

获全国各类学生活动竞赛前三名者，分别奖励1000元、800元、500元。

获省级各类学生活动竞赛前三名者，分别奖励 200 元、150 元、100 元，团体项目酌情适当奖励。

(三)奖学金的评定范围及条件

1. 评定范围

1) 学业奖学金

学业奖学金评定范围为我校全体在校学生。

2) 单项奖学金

单项奖学金评定范围为我校全体在校学生。

2. 评定条件

凡具有正式学籍，在校期间认真学习，自觉遵守学校纪律，无下列情况之一的学生，均有资格参与奖学金的评选。

(1) 因违纪受到学校、二级学院通报批评三次以上的。

(2) 因违纪受到纪律处分的(包括受到党、团组织处分)。

(3) 本学年有考查、考试课不及格者。

(4) 欠交学费者。

(四)评定原则

(1) 所有奖学金评审必须坚持公开、公平、公正、择优的原则，让每个学生都有平等竞争的机会。

(2) 同一学年内，获得国家奖学金的家庭经济困难学生可以同时申请并获得国家助学金，但不能同时获得国家励志奖学金和学校学业奖学金。

(3) 同一学年内，申请国家励志奖学金的学生可以同时申请并获得国家助学金，但不能同时获得国家奖学金和学校学业奖学金。

(五)奖学金综合考核标准

奖学金的综合考核标准主要包括学业成绩和平时表现两方面。

1. 学业成绩

按学生学业成绩名次在全体学生排序中产生。

2. 平时表现

学生平时表现以本人当期的荣誉积分为准。

(六)奖学金的评定与发放办法

(1) 学业奖学金每学年评定一次，由所在二级学院以上学年各班综合成绩评定名次为依据，会同辅导员确定奖学金获得者名单，并上报学校学生资助管理中心审批。

(2) 学业奖学金由我校学校资助管理中心组织实施，报主管校领导批准，再由财务部门发放，每学年发放一次。

(3) 评选程序：学生本人申请→班级评议推荐→学生处审核→校领导批准→公示 5 个工作日。

(七)实行奖学金跟踪调查追回制度

学生获奖后，凡出现以下情况，应立即追回所发奖学金。

(1) 凡因弄虚作假而获得奖(助)学金者，一经查出立即终止，并追回已发放的奖学金，同时要给作假者及相关当事人纪律处分。

(2) 发现有吸烟、喝酒、赌博、上网玩游戏、请客或吃请等铺张浪费行为者，应立即停发奖学金，并追回已发给的奖学金。

(3) 浪费水、电、粮食，损坏公物者。

(4) 谎报家庭成员收入，伪造证明，弄虚作假，欺骗组织者。

(5) 犯错误受处分态度不端正、认识程度差者。

(6) 获奖后放松要求，受到学校通报批评者。

追回的奖(助)学金用于对品学兼优学生的奖励和特困生的救助。

二、勤工助学管理办法

为加强对勤工助学活动的管理，保障学生的合法权益，帮助贫困家庭学生克服生活困难，有效提高学生整体素质，根据教育部《关于进一步做好高等学校勤工助学工作的通知》、原国家教委、财政部《关于在普通高等学校建立勤工助学基金的通知》和河南省有关文件的精神，结合我校实际，制定本条例。

(一)指导思想

组织学生开展勤工助学活动是全校学生工作的重要组成部分。各部门在组织学生勤工助学时要以培养学生的创新精神、创业能力和实践能力为目标，帮助学生解决经济困难，促进学生综合素质发展。

学校勤工助学工作必须坚持“扶贫励志”的理念，坚持“帮贫助困、服务学生、提升自我”的宗旨，按照学有余力、自愿申请、信息公开、遵纪守法的原则，由学校在不影响正常教学秩序和学生正常学习的前提下有组织地开展。

(二)岗位设立

勤工助学岗位主要由校内各用人部门提供。设岗单位根据本部门的工作特点和实际需要向资助中心申报设岗计划，经资助中心审核、学校主管领导批准，设立助学岗位。

岗位类型：勤上助学岗位分固定岗位和临时岗位。固定岗位是指聘用期在一个学期及以上的岗位，有特殊情况要更换的，要提前向资助中心说明情况。临时岗位主要指聘用期短于一学期的工作岗位。由设岗单位提出申请，经资助中心审核，主管领导批准，交资助中心备案。

各部门根据工作实际需求，提出设立固定岗位的申请，填写《校内勤工助学固定岗位设置申请表》，报学校学生资助管理中心审核，批准后方可设岗。

临时岗位，用人部门一般应提前 5 个工作日向学校学生资助管理中心提出申请，填写《校内勤工助学临时岗位设置申请表》，经批准后方可上岗。

岗位设立要求如下。

(1) 设立的岗位不能与学生的学习时间产生矛盾。

(2) 设立的岗位是学生力所能及的。

(3) 设立的岗位不能替代校内教职员工的本职工作。

(三)校内勤工助学岗位设置聘用工作流程

(1) 用人部门应在每学期开学第一个月(通常为 9 月和 3 月)向资助中心提出岗位设置申请，填写《校内勤工助学固定岗位设置申请表》或《校内勤工助学临时岗位设置申请表》并报送。申请者必须是校内二级学院、部、处室，个人不可单独申请。用人部门必须设置 1 位教师为勤工助学联系人，以方便协作管理。

(2) 资助中心对设置岗位申请进行审批，并回复审批结果。

(3) 资助中心公开招聘，登记应聘学生信息。

(4) 用人部门对招聘学生进行岗前培训和安全教育后开始勤工助学活动。

(5) 根据学生的工作时间计算报酬，每月统计一次并报送到资助中心(每月 10 日之前报送上个月学生的工作量)。

(6) 聘用学生发生变动应及时向资助中心说明。

(7) 校内勤工助学固定岗位设置每学期核准一次。

(8) 凡未按规定向资助中心提前申请岗位和未及时上报信息的，将不予发放相应岗位补助。

(四)招聘与录用

勤工助学岗位的招聘由资助中心具体负责，面向全校家庭经济困难学生。资助中心将招聘信息通过校园网、学生处网站、短信平台等渠道发布，供学生选择报名。经录用的同学填写《勤工助学岗位登记表》。

(1) 申请上岗的同学必须是品质好、敬业精神强、学有余力、通过家庭经济困难认定的学生。

(2) 资助中心在录用时应根据岗位需要、学生个人自愿、贫困生优先的原则录用。对某些技术含量高，要求有一定管理能力和特殊专业技能的，贫困生中确实无人胜任的岗位，资助中心应与设岗单位协商，可以允许具备条件的同学参加。

(五)勤工助学的奖惩和考核

用人部门在确定劳动报酬时，要充分体现资助贫困的原则和按劳取酬的原则，不得虚报、多报劳动量，杜绝有岗无人现象发生。

学期末，各用人部门要对勤工助学学生进行考核，评出优秀、良好、合格、不合格四个等级，并将考核结果报资助中心备案，作为今后安排勤工助学岗位的依据。

资助中心将对在勤工助学活动中表现突出的团队和个人予以表彰。

(1) 设立“自强之星”奖，对在勤工助学活动中表现突出的学生予以表彰奖励。

(2) 设立“勤工助学优秀组织奖”，对在勤工助学活动中表现突出的二级学院予以表彰奖励。

(3) 对表现突出的学生，推荐其参加河南省的有关评比。

对有下列情形的学生，学校根据《河南经贸职业学院大学导航》的相关规定予以纪律处分。

(1) 未向资助中心申报，擅自为校外单位或个人从事经商活动，不听劝阻者。

(2) 盗用资助中心名义组织勤工助学活动，扰乱学校勤工助学活动秩序者。

三、奖优助困专项经费发放项目类别

(一)勤工助学

1. 固定岗(校内勤工助学)

对在学校内商业街和餐厅勤工俭学的学生给予适当的生活补助。

2. 临时岗

学校临时任务、节假日及非工作时间加班等。

(二)特困补助

针对学校特别贫困学生，经班级辅导员推荐、二级学院审核、校资助中心批准，发放特困生活补助。

(三)志愿服务奖励

目前，我校的志愿者积分及格分为 5 分，满分为 8 分，8 分以外为参考积分。根据每年每生的平均积分，制定以下奖励标准(具体金额结合当年度预算以及志愿者积分实际情况而定)，如表 5-3 所示。

表 5-3　志愿服务奖励标准

等　级	分值标准	金额(元/人)
一等	附加参考分	300
二等	附加参考分	200
三等	附加参考分	100

(四)其他

其他类型的奖优助困专项经费包括服务学校教育教学场所管理人员专项生活补助、学校各职能部门聘用的校务助理专项生活补助、学生意外伤病救助等。

第四节　诚 信 感 恩

一、活动背景

国家奖学金、国家励志奖学金、国家助学金等多种方式的资助体系，既帮助家庭经济困难的学生解困，又激励优秀学生成才，为营造诚信校园氛围，进一步推动国家助学贷款工作持续、健康发展，鼓励受助学生树立诚信自强、报答社会的责任意识，在鼓励学生学习国家需要的专业知识，接受国家职业教育的同时，为国家的发展储备人才，为学生的明天给予希望。

我校学生会特此举办“诚信校园行”系列活动。

二、活动主题

诚信感恩，励志成长。

三、活动目的

宣传国家助学贷款学生资助政策、普及金融知识、诚信基础知识等相关知识，增强大学生诚信意识，推动我校国家助学贷款业务持续、健康开展。

四、活动内容

诚信校园行系列活动内容如下所述。

1. “诚信感恩，励志成长”征文活动

让同学从文章段落中切身感受诚信励志感恩，增强诚信意识，提高应具备的道德品质。

2. “诚信教育”影片展播

组织学生观看有关诚信的影片，使同学们认识到诚信的重要性和培养同学们的诚信意识，进一步普及诚信校园行弘扬的思想。

3. “诚信宣传”展板评比

各二级学院制作展板，并进行展板评比，宣传诚信思想，营造诚信氛围。

4. “短剧大赛”比赛

通过话剧来诠释主题，使同学们更加深刻地了解国家资助奖学金和助学金的重要意义，激发同学们在日常生活学习中吃苦耐劳、团结奋进的精神，为祖国的发展、民族的团结奋斗拼搏。

五、活动对象

河南经贸职业学院所有在校学生。

六、活动流程

(一)诚信校园行系列活动之“诚信感恩，励志成长”征文活动

(1) 各二级学院进行诚信校园活动的前期宣传，通知各班团支书，鼓励同学们积极参加活动，各二级学院准备诚信展板和征文。

(2) 诚信征文内容必须积极向上、励志健康，以“诚信”“感恩”“励志”“成长”为话题，自拟题目，可以把生活中的感动融进文章中，文章体裁不限。

(3) 文章由各二级学院初步筛选，筛选后投送至校社会实践部(投稿方式：纸质版投稿到我校社会实践部办公室)。

(二)诚信校园行系列活动之“诚信教育”影片展播

(1) 在多媒体教室开展诚信校园行——诚信影片播放活动，各二级学院负责本学院同学准时参加。

(2) 各二级学院自行组织人员观看影片。

(三)诚信校园行系列活动之“诚信宣传”展板评比

各二级学院选出优秀展板，在文博广场进行展板展出并进行投票评比。

(四)诚信校园行系列活动之“短剧大赛”演出比赛

1. 活动前

(1) 策划组织，通知各个系社会实践部部长。

(2) 向各系宣布活动主题题目以及活动注意事项。

(3) 申请演播厅，购买装饰物品。

(4) 邀请主持人，提前递交节目单。

(5) 决赛奖品(一等奖、二等奖、三等奖、优秀奖奖品)。

(6) 邀请参加活动的领导、主任、老师。

(7) 宣传海报、条幅、标语。

(8) 联系各学院主席，确定每个学院观众人数。

(9) 演播厅的座次表。

(10) 安排负责摄影及活动结束后勤人员。

(11) 活动进行中的纪律、人数的考勤。

(12) 礼仪队。

(13) 加分申请单。

(14) 评分单、评分人员、评分汇总人员。

(15) 各学院通知所获国家奖学金、国家励志奖学金和国家助学金的同学，开始进行话剧表演策划组织(要求全员参与)。

(16) 各学院在通知一周后，开始进行初选，并选出一个最佳短剧，代表本学院参加校级决赛(要求：内容紧贴主题，积极向上)。

(17) 各学院将最终的最佳短剧上报给我校社会实践部。

(18) 各学院将参赛人员基本信息上报我校社会实践部负责人。

(19) 我校社会实践部创建决赛群，将各学院参赛人员加入群。

(20) 大赛举行的前一天开始进行彩排，发现问题及时调整。

2. 活动后

(1) 主持人组织参赛人员合影留念。

(2) 负责人统计参赛人员名次排名，填写加分申请单。

(3) 社会实践部开始演播厅的后勤处理。

(4) 辑写活动通讯、活动总结。

七、活动奖项设置

(1) 参加观影人员每人加 0.5 分。

(2) 展板评比第一名一位加 2.5 分；展板评比第二名三位加 2 分；展板评比第三名五位加 1.5 分。

(3) 征文活动一等奖两名加 2.5 分并颁发荣誉证书；征文活动二等奖三名加 2 分并颁发荣誉证书；征文活动三等奖五名加 1.5 分并颁发荣誉证书；征文活动优秀奖十名加 1 分并颁发荣誉证书；征文活动参与奖加 0.5 分；活动工作人员加 1 分。

(4) 短剧大赛一等奖 1 名加 2.5 分；二等奖 2 名加 2 分；三等奖 3 名加 1.5 分；优秀奖 3 名加 1 分。

第六章 青春修炼手册

青年兴则国家兴，青年强则国家强。青年朝气蓬勃，像早晨八九点钟的太阳；青春富有梦想，在拼搏奋斗中绽放光芒。青年是整个社会力量中最富有生气、创造性和开拓精神的群体，是推动社会前进的重要力量，历史昭示着我们：赢得了青年，就赢得了未来、赢得了希望。青年是社会发展的新鲜血液，有着重要的角色和地位，不管是国内还是国际方面都对青年发展格外重视。特别是党的十八大以来，习近平总书记又强调青年作为国家与民族的希望，其发展必须受到我们的充分重视，对促进我国青年的健康发展指出了新的方向。

青年学生干部作为新生代学生中的中坚力量，其思想觉悟、作用发挥直接影响着思想政治工作的有效性。教育引导高职院校青年大学生干部成长成才，提升思想觉悟和能力素质，是培养中国特色社会主义事业建设者和接班人的根本任务，是强化党性修养锻炼的根本要求，也是培养青年学生干部成长成才的根本需要。高职院校中最积极活跃的群体是学生干部，他们是学校校风、学风、学生活动等事务的主要参与者与组织者，是大学生“三自”管理的主体力量，是学校职能部门与普通学生沟通的纽带，发挥着引领宣传、榜样示范等作用。了解学生干部的职责，积极成为学生干部，是大学生提升能力的有效途径。

第一节 学 生 干 部

一、什么是学生干部

首先，是学生。既然是学生，就应该践行学生的本分，做一名合格的学生。学生的本分是什么呢？评价学生的标准是什么呢？是学习。这里，学习是广泛的，既包括现代科技的学习、文化知识的学习，又包括思想道德的学习、文艺体育的学习；既包括理论上的学习，又包括实践中的学习；既包括自己的学习，又包括同学间的学习。不言而喻，大学生的学习主要还是专业知识的学习和思想道德的学习。我们开展学生活动，固然是学习的一种方式、一种载体、一种形式，但并不是最主要的，也要把知识性和思想性融入活动之中，才能作为学习的一种方式，起到促进自己和促进同学们学习的作用。那些为活动而开展活动，甚至以牺牲自己或同学们的学习而开展的活动，则与学习这个中心背道而驰，也违背了学生的本分。

其次，是干部，是学生的干部。既然是干部，就应该履行干部的职责，做一个合格的干部。干部的职责是什么呢？是紧紧围绕促进学生学习这个中心，牢牢抓住培养学生成才这条主线，协助老师，带领同学，服务同学，为学校的稳定发展做出自己的贡献。同时，也要提高自己的综合素质和能力，不仅是组织协调能力，而且要培养自己认真工作、乐于奉献的精神，也就是要在工作过程中，学会做事、学会做人、学会做干部。很多情况下，

这要通过组织学生开展活动实现这些目标。因此，组织活动就成为干部的一项重要工作，一种重要的手段，但绝对不是唯一手段，更不是目的本身。如果把开展活动作为干部的目的，把开展活动作为评价学生干部的唯一标准，那就是手段与目的颠倒，是本末倒置。

最后，是学生干部。既是学生，又是干部，两者不可分割。因此，如果只顾自己学习而不顾服务同学，这样的人可能是合格的学生，但不是合格的学生干部；如果不顾自己学习而专搞所谓的活动，或者只为自己的私利，这样的人既不是合格的学生，也不是合格的学生干部。是学生干部，而不是社会上的干部，因此，不要变成脱离同学，高高在上，只对老师负责、不对学生负责的官僚主义干部。

总而言之，学生干部，首先是学生，其次是干部，最后是学生干部。他们的作用是服务同学、提高自己、奉献学校。这样的人，就是学校、老师和同学们都欢迎的品学兼优的学生干部。

二、学生干部应具备的基本素质

学生干部是学生群体中优秀学生的代表，一方面作为学生要维护和彰显当代大学生的良好精神面貌，另一方面作为干部要辅助学校老师开展各项工作，发挥好学生与老师之间的关系纽带作用。因此，学生干部应具备以下基本素质。

一是思想道德素质。习近平总书记曾提出“勤学、修德、明辨、笃实”八字箴言，这是对青年树立和培育社会主义核心价值观的基本要求。勤学，就是要以知识奠定青春奉献的基础；修德，就是要确保青年的才华要用得其所；明辨，就是要把握青春奋斗与奉献的航向；笃实，就是要扎扎实实干事，踏踏实实做人。“德”是一个人成长成才的根本，修不好德，就没有坚定的立场，没有明确的方向。作为学生干部，在思想上，更要有崇高的理想信念，有党、国家和人民的大局观，有集体和个人的荣辱观，有担当与奉献的思想觉悟。在道德上，把握正确的价值观念，遵守文明高尚的道德准则，要有引领表率的行为准则，这样才能走得正、走得宽、走得远，才能圆梦人生。

二是人格魅力素质。“魅力”一词在《现代汉语词典》中解释为“很能吸引人的力量”，在学生干部队伍中，人格魅力的显现主要建立在广大同学认可的基础上。它的产生并不是天生的，而是后天不断学习、不断充实、不断完善的。学生干部的人格魅力要具有独特的才华、个人的魅力、睿智的思维、广博的知识和高度的自觉性。对学生具有号召力、影响力、效仿力；对待工作目标明确，不盲从，不鲁莽；对待阻力不退缩，勇往直前。我们只有不断地培养人格魅力，才能在学习、生活、工作中起到楷模的作用。

三是个人能力素质。学生干部个人能力素质中包括组织能力、决策能力、分析判断能力、语言表达能力、读书思考能力、公文写作能力、沟通协调能力、团结协作能力、敏锐洞察能力、自我控制能力、处理突发事件能力、开拓创新能力这 12 项能力。这 12 项指标既是对个人能力的历练，同时也是一个难得的提升自我的机会。学生干部在工作过程中除了要培养个人分析问题、观察问题、解决问题的能力外，也要培养团队精神、大局意识，更重要的是树立克服困难、勇往直前的理念。这些工作经历和经验，会大大缩短学生进入社会的时间，较好地找准个人定位，快速成长。

四是身心同行的素质。毛泽东曾言：身体是革命的本钱，一个人要想做成一件事，必须具有多方面的素质，但所有的这些都必须依托于一个前提条件——要有健康的体魄。学生干部在校既承担学习的重任，也兼顾着学校的日常工作，有时候会众多事务缠身，忙不过来。因此我们要学会合理调整自己的时间，提高工作效率，在有限的时间内更高效地完成工作任务，此外加强锻炼，注意饮食也是很有必要的。同时，我们还要关注自身心理健康，反观自身是否存在攀比、抱怨、炫耀、自负、官僚、暴躁等心理问题。学生干部要及时发觉自己的心理问题，快速调整，不能失去平衡、迷茫躁动，尽量以一种平和的心态面对困难和诱惑。有研究证明，健康的人和快乐的人会分泌内啡肽，它能够激发人的生命力、抵抗力、记忆力和创造力，有益于学习、有益于生活、有益于工作。所以只有身心同行，才能获得成功和幸福。

三、如何成为学生干部

学生会是以“为广大同学健康成才服务”为宗旨的，由共产党员领导，在共青团的指导下进行工作的高等院校学生的群众组织。学生干部是学生会组织的一员，加入学生会组织，首先要对学生干部有一定的了解。

学生干部组织，是广大学生的公仆，是连接学生与学校的纽带，是开展学生工作的重要阶段组织。学生干部，在学生中扮演着“学生学习的榜样”“守纪的楷模”“管理的标兵”等角色，能够带动学生增强学习能力、提高学习效率、培养规则意识，以身作则，提升自己的管理才能和集体荣誉感，培养较强的责任心、语言表达能力、化解矛盾的能力、沟通能力、应对突发事件的能力和果断的决策能力。

那么怎样成为一名学生干部呢？“学生重在学”“干部重在干”“学生干部重在学生”。学生干部，先是学生，才是干部。学生要尽到学生应尽的本分——要围绕学习这个中心，提升专业技能、提高自我学习意识；学生干部职责是一名干部——要贯彻我校严管厚爱的精神，坚持真抓实干，做好桥梁沟通工作，坚持从学生中来、到学生中去，真正为学生发声，维护学生利益，发挥上下联动作用。

所以，学生干部要紧紧围绕学习这个中心，抓住培养学生成才这条主线，协助老师工作，并带领同学、服务同学。同时，也要提升自身综合素质和能力，更好地贯彻学生干部的“四个学会”原则：学会做人、学会做事、学会学习、学会与人相处。

(一)学生干部的竞聘

1. 最初印象，兴趣是最好的老师

学生干部源于学生。在日常生活、学习中，都伴随着学生会工作与学生对接，这是我们学生对部门最初的印象。我们都知道，学生会中有许多部门，我们应该依照自身的兴趣选择自己喜欢的部门，在兴趣中寻找快乐，在愉悦的心情下提升自己的能力。

为加入学生会做充分准备，了解我校学生组织结构、各学生组织的职能定位，结合自

身的条件、优势，选出感兴趣的学生组织并进行深入了解。

2. 再加深，权衡利弊

学生会招新意在选拔人才、优胜劣汰。明确《校团委学生会组织文化》，培养自身综合技能，明白自身需要，结合个人职业规划，不做无用功，力求事事做到尽心尽力，为学校做出自己的贡献，为自身打下坚实基础。

对自身以及学生会组织有了一定的认识后，在学校学生会大型招新活动现场向最终选择的学生组织递交申请书(包括申请表、申请书)。申请书能体现一个人的意愿，擅长的优势等，更是脱颖而出被选择的重要依据。同时也要写出自己的真实想法。

3. 以身作则，做学生的榜样

申请加入学生组织的同学，要认真向组织介绍自己的思想、品质、经历和学习生活表现，并接受组织考察。学生组织的新成员必须坚持严格考察程序，个别吸收的原则。

(二)学生干部的选拔

加强学生会阵地建设，发挥阵地优势，面试时做好充足准备。学生会组织以竭诚服务青年学生成长成才和服务学校教育管理创新为主要目的，是服务型学生组织。学生干部要关心、教育人，引导、帮助人，认真研究学生群体的心理特点和实际需求，建立更有益于学生成长成才的管理体系，做到思想上解惑，学习上解困，生活上解难，把竭诚服务学生作为所有工作的出发点和落脚点。

《校团委学生会组织文化》作为必考题目，要认真准备。各个学生组织的宗旨、定义，也要熟记于心。明确加入学生组织忌讳官僚主义，要时刻牢记《关于规范河南经贸职业学院学生干部作风的规定与禁令》。

学生干部选拔实施办法：一是广泛动员，自愿参选。参选的过程是学生了解岗位、认识自己和提高自己的过程。二是进行民主竞选。民主竞选的过程是学生了解干部职能和集中学生智慧的过程。三是群众参与，民主推选。民主推选的过程是广大学生履行民主权利、感受民主程序、接受民主挑选、参与民主实践的过程。四是严格把关，组织遴选。遴选的过程是组织要求与学生意愿相结合的过程。

在充分实行民主发现人才的基础上，一般通过公示、考察等方式进一步全面了解候选人的情况，对品学兼优的学生优先选作干部，把握学生干部选拔的正确方向。

除此之外，为了尽可能挖掘学生中的人才，满足一些有专长的学生有发挥特长的空间，我们也鼓励采用组织推荐或特招的方式选拔一部分同学到学生干部队伍中来。在审核过程中，需及时公开选拔程序和办法，以免产生徇私舞弊之嫌。

(三)学生干部的培养

搭建组织文化育人平台，以系统多元的培训方式结合校训励志的精神合理规划学生干部培育方案。

在招新选拔后会由学校组织开展“学生干部培训大会”，加强对学生干部的培训，融入学生干部绩效考评制度，全面而有重点地提高队伍的整体素质。采取多种形式对学生干部进行有针对性的培训，开展学生干部培训大会、学生干部素质拓展大会、学生干部工作研讨会等类型活动，全面提高学生干部的综合素质；学生组织内部系统性职能培训会打造校园学生精英团队，保证了各项工作的顺利开展，更好地构建了示范性系统培养方案，不断地开拓创新，营造了多样化贴合实际的培养格局。

(四)学生干部的任用

以强烈的责任感，深沉的忧患意识，提升学生干部的工作意识。

学生干部正式入职后，通过多渠道解决学生干部工作“动力源”问题，我们以“荣誉”“责任”“热情”作为三个动力源，激发全体学生干部的工作热情。不断地加强对学生组织的指导，努力打开学生组织的工作新局面，让学生干部在充分发挥“自我教育、自我管理、自我服务”职能的过程中不断创出新成绩，取得新成效，注重指导学生组织健全各项规章制度，推动学生组织的规范化、制度化建设。

本着“团结、奋进、求实、创新”的原则，全面贯彻执行党的教育方针，以培养“四有”人才和具有创造性、实践性人才为己任，组织同学们以学习科学文化知识为中心，引导同学形成自强、自主、自信、自律的品质，努力成为一名全面发展的、具有中国特色的社会主义现代化事业的建设者和接班人。

四、学生干部的考核制度

河南经贸职业学院学生会是在校团委领导和各行政处室直接指导下的学生组织；是学校密切联系学生的桥梁和纽带；是学生自我管理、自我服务、自我教育、自我监督的核心力量。河南经贸职业学院学生会代表我校先进思想的发展方向，代表我校先进文化的前进方向，代表我校最广大学生的根本利益。

河南经贸职业学院学生会以“全心全意为学生服务”为宗旨，在“信任并尊重每一个人，和谐发展、合作共赢”的核心价值观的引导下，以推动并实现学校开放式、人性化管理，构建平安文明和谐校园生活为最终目标。

我校在历年来的发展中打造出了一套适应我校的发展理念、具有自身特色的管理模式。河南经贸职业学院校园文化建设是学院发展的重点，紧扣校训、教风、学风、校风、学校精神、办学理念、办学定位以及办学特色八项文化建设领域。我校学生会在校园文化发展中起着十分关键的作用，学生干部的角色定位也显得尤为重要。以下是学生干部的考核制度。

(一)学生会的工作作风

秉承校学生会“沟通无极限，服务每一天”这一指导思想，贯彻执行学生会的各项工作，确保工作迅速、有效地开展，并体现严谨、高效、务实的作风。

(1) 严谨。“严谨”，就是要提高学生干部的素质，通过制定干部考勤与考核制度，

从会议通知、会议参加与会议纪律抓起，逐步增强学生干部的责任心与纪律意识。

(2) 高效。“高效”，就是讲究效率，有针对性地开展工作，少开会，开短会。在最短的时间内把工作分配落实下去。

(3) 务实。“务实”，就是要求学生干部在工作中必须从实际出发，站在服务同学、服务学校的立场上去工作。

(二)学生会的基本任务与要求

(1) 团结和引导广大同学，坚持正确的政治方向，认真执行党的路线、方针、政策，严格遵守国家法律、法规和校纪、校规。

(2) 帮助和引导同学们树立共产主义远大理想，为建设祖国而刻苦学习专业知识，努力提高个人修养，圆满地完成各项任务。

(3) 在党委的领导下和校团委的具体指导下，继续发挥联系校党政和广大同学的桥梁和纽带作用，协助二级学院搞好各项建设和管理，为同学们服务，把学生会建设成广大同学信赖的、富有生机和活力的学生组织，带领同学们为实现我校宏伟目标而努力奋斗；组织好各类大型活动和各项比赛。

(4) 进一步加强自身建设，明确工作职责，改进和完善规章制度，建立健全学生会工作档案，对组织纪律、志愿者活动、宿舍检查、集体活动、社会实践、勤工助学等工作情况都要有翔实记录。

(5) 学生会主席团及其所属部门是学生会的日常工作机构，实行主席团负责制。校主席团经资格审查及竞聘产生，对全校学生负责。

(6) 各班班委是校团委学生会的最基层组织，受校团委学生会的领导，由本班同学选举产生。各班班委一般由七人构成(根据各班级实际情况添设副班长和男女体育委员)，分别是班长、学习委员、生活委员、纪律委员、体育委员、文艺委员、心理委员。各班班委有权利监督学生会的工作，并应履行学生会全面开展具体工作的义务。

(7) 学生会各级组织和成员要自觉执行学生会的决议。个人服从组织，少数服从多数，下级服从上级，学生会各级组织实行集体领导和个人负责相结合的原则。

(8) 学生会各级组织应定期向团委及全体同学报告工作。

(9) 热心为集体服务，工作积极肯干，踏实认真，在工作中有想法，克服困难，出色地完成本职工作，并有突出成绩。能以身作则，在各项活动和工作中起模范带头作用。敢于坚持原则，开展批评和自我批评。有较强的组织工作能力，能与其他学生干部团结协作，共同搞好工作。

(10) 对于工作踏实认真、责任心强、干部品德好的学生优先评选优秀学生干部等校级荣誉。

作为学生干部，做好日常工作要付出行动。我们常说青春无悔，可当青春已过，每个人或多或少都会有些遗憾。有梦想就要付出行动，不论是狂风暴雨还是崎岖坎坷，都应该不忘初心，朝梦想前进。奥斯特洛夫斯基在他的名作《钢铁是怎样炼成的》里曾经写道：“我把整个生命和全部精力都献给了人生最宝贵的事业——为人类的解放而奋斗！”那么

为人类的解放而奋斗，这其实是在为自己生命的价值而奋斗。作为学生干部就要像奥斯特洛夫斯基一样，脚踏实地，扎扎实实，像自己最初决定当好学生干部的那份初心一样，为自己的梦想拼搏，这样你的愿望才能变为现实，你才能真正成为一名优秀的学生干部。

五、学生干部队伍坚持的原则

学生干部是高校学生工作的重要依靠力量，是学生管理活动的桥梁。随着知识经济时代的到来，高校学生管理工作日趋复杂化和多样化，加强学生干部队伍的建设被提上了重要议程。高校学生干部队伍作为由若干学生干部个体组成的群体，是一个复杂的系统，在建设的过程中，应遵循以下基本原则。

(一)开放性原则

整体性是系统论的基本思想。整体性追求系统的整体功能。亚里士多德说“整体大于局部之和”，系统的整体具有其组成部分在孤立状态下所没有的新功能。按照这个原理，高校学生干部队伍作为一个系统，其整体功能大于学校各级各类学生干部个体功能之和。系统的整体功能来自各组成部分的合理结构。在改善局部功能时，要考察它对整体功能的影响，局部与整体有复杂关系和交叉效应。局部功能和整体功能并不总是一致的，从局部看有利的事，从整体看并不一定有利，有时甚至可能因损伤另一局部而对整体有害。现代化管理要求用系统的思想和方法，建立合理的系统结构，取得整体的最佳功能。将这一原理应用于高校学生干部队伍建设，就是要求各级各类学生干部组织从提高队伍整体功能着眼，相互开放，纵横沟通，彼此关联，优势互补，协调发展，形成合力，提高整个学生干部队伍的工作效率和工作水平。这就是高校学生干部队伍建设的开放性原则。

目前，在我国高校中，各种学生干部组织之间纵向不衔接、横向不联系、各行其是的现象大量存在。一方面，某些工作多人抓，某些工作又无人做，导致了重复建设和工作缺位；另一方面，学生干部组织之间相互封闭、掣肘，彼此推诿、扯皮，争人争钱争物，人为地形成许多负面效应，导致学生干部队伍整体功能的减弱，也不利于学生干部能力的提高和工作的改进。贯彻学生干部队伍建设的开放性原则，一方面，各类学生干部之间要加强先进工作理念、工作方式方法的交流，加强相关工作的相互合作，在人才资源方面相互补充；另一方面，学生干部之间要相互促进，相互支持，相互服务。

(二)能级性原则

层次性是系统的基本属性。系统具有一定的层次结构，系统运行效率的高低，在很大程度上取决于能否把各个层次的功能都充分发挥出来。分清层次就是确定各层次的功能级别，明确各子系统的职责范围，使之各尽其能，形成强大的合力。按照层次性原则建设高校学生干部队伍，就是要依不同系统合理地构建学校、院系、班级干部队伍，明确各级干部队伍的工作职责，充分发挥每一个学生干部的能量。这就是学生干部队伍建设的能级性原则。

贯彻这一原则，一方面，要明确不同级别学生干部队伍的功能，规定相应的权利和责任，实现责权统一；另一方面，要发挥各级学生干部的能量，每一级别既要对上级负责、大胆工作，又不要过多地干涉下级的日常工作，杜绝“撒手不管”和“抱着走”两种错误倾向。这样才能实现资源的优化组合，提高整个学生干部队伍的整体工作效益。一般来说，团委、学生会是高校学生干部队伍的两个主要子系统，部分高校还根据本校实际需要增设了其他学生干部队伍子系统。每个系统内部按能量大小分为学校、院系、班级三个级别。当前教育环境中，各高校由于学生来源、所处社会小环境、拥有专职学生工作教师资源的不同，而使各级别学生干部队伍工作职责不同，同时，相同级别不同组织的学生干部的工作范围、性质也有较大差异。于是，明确各层次学生干部的工作范围、性质、要求，有利于形成良好的工作机制，充分发挥每个学生干部的能量，提高其工作效率，促进学生工作的有效开展。

(三)方向性原则

目的性是系统的价值取向。系统论将系统分为五类，其中之一是人工系统。人工系统强调明确的目的，构成它的各子系统都围绕一个明确的目的进行组合。各子系统目的不明确，或者混淆了不同的目的，就会影响整个系统目标的实现。高校学生干部队伍就属于人工系统，其目的一方面是要组织学生干部成为学生工作的有效力量，另一方面是促使每位学生干部通过锻炼，提高自身综合素质，成长为全面发展的优秀大学生。各级各类学生干部队伍建设都要围绕这一目标，增强学生干部的工作意识、学习意识，实现工作促学习、学习促工作的良性循环，促进学生干部队伍的健康成长。这就是学生干部队伍建设的方向性原则。

贯彻这一原则，就是要对学生干部做到选拔、培养并重。在选拔方面，既要考虑其已有的综合素质，又要考虑其在所工作领域发展的可能性，所以，良好的思想品德、一定的组织能力、活跃的人际交往、勤学善学的素质，是选拔学生干部必须重视的条件。在培养方面，要引导学生干部正确处理工作和学习的关系，营造浓厚的学习氛围，创造良好的学习机会，促使其在工作中体会学习的重要，从而实现学生干部的自我教育和自我发展。当前，一些学生干部存在重活动能力提高、轻专业知识学习的现象，开展活动精神抖擞，听课学习昏昏欲睡，甚至以工作为借口旷课逃课，以致期末多科“挂彩”，既影响在同学中的威信，又使工作开展受到损失。在对学生干部进行培养时，要特别重视对这一偏向的纠正。

(四)激励性原则

动态性是系统的生命力所在。任何系统都处于不断的变化发展之中，静止状态是相对的，运动状态是绝对的。动态有两种：一种是积极的动态，它可保持系统的整体性，维护系统的层次性，符合系统的目的性；另一种是消极的动态，它将破坏系统的整体性，打乱系统的层次性，干扰系统的目的性。产生动态的根本原因在于系统内部各构成要素之间的矛盾。在社会系统、人工系统和复合系统的内部，起决定作用的因素是人。人的变化及其带动的其他因素的变化，导致系统出现积极性动态或消极性动态，对系统的目的产生正效应或负效应。高校学生干部队伍作为一个人工系统，人的因素更是起着至关重要的作用。只有及时掌握学生干部的思想动态和工作动态，善于激发他们的积极性，及时把消极动态转化为积极动态，才能做到“人尽其才，才尽其用”，才能实现系统目的。这就是学生干部队伍建设的激励性原则。

贯彻激励性原则要做好三方面工作。

其一，物质激励与精神激励共存。激励必须以分析人的需要为基础，因为需要是有机体内部的一种不平衡状态，“是被人感受到的一定生活和发展条件的必要性”“它反映有机体内部环境和外部生活条件的稳定的要求”，是个人活动积极性的动力。对学生干部的激励要以其需要为基础，当前形势下，物质激励和精神激励同等重要。一方面，在给优秀学生干部以精神嘉奖的同时，辅以台灯、笔记本等实用的物质奖励；另一方面，建立目标责任制，让学生在实现工作目标的过程中体会成就感，增强精神动力。

其二，集体激励与个人激励并重。在集体中，没有个体动力就没有集体动力，而没有集体动力，个体动力就会失去方向和依靠。高校学生干部队伍建设必须正确处理个体与集体的关系，因势利导，综合平衡，有机统一，使其获得最佳运作效果。学生干部激励要注意处理好二者的关系：一是注重组织文化建设，让每个学生干部都在良好的组织文化氛围中增强自豪感和自信心；二是注重个别引导，给予充分机会，让每个学生干部体会到自己的责任、义务，积极地为组织做出贡献。

其三，要掌握适宜的刺激量。一是激励要适度，切忌搞平均，吃“大锅饭”，要选好典型，树立榜样，突出奖励，形成示范；二是激励要有针对性，奖励目标要明确，不能含糊不清，要有透明度，使人信服，实现最佳激励效果；三是激励要有适时性，要把握好对学生干部激励的时机，在他们最需要的时候给予激励，才能产生动力功效高倍放大的作用；四是激励要有创造性，要适时、适地、适人地灵活运用多种激励方式，加大对学生干部的激励力度。

六、学生干部应避免的问题

(一)名利至上

学生干部中有的把名利看得很重，在工作中首先把个人名利问题作为出发点，一旦个人目的未能如愿，便产生了消极情绪，缺乏上进心，使工作的主动性、积极性受到影响。

(二)角色错位

学生干部在学生中扮演着“特殊的角色”，因为他们既是学生又是干部，具有双重身份，但有些干部往往定位不明确。有的学生干部一心扑在工作上，忽视了学业；有的学生干部一心学习，不能完成自己的本职工作；有的干部在各个方面都不能起模范带头作用，把自己等同于一般同学。上述几种情况都是由于没有认识自己的角色而导致了失败。

(三)距离不当

这里的“距离”有两种含义。其一为学生干部与教育者的距离。由于工作的需要，学生干部与教育者接触较为频繁，与教育者的言谈举止显得较为随便。其二为学生干部与同学之间的距离。由于未把自身位置摆正，以为高人一等，疏远了与同学们的关系，使工作不能顺利进行，甚至起到了阻碍作用。

(四)关系不清

关系即学生干部与普通同学的关系和工作与学习的关系。有些学生干部骄傲自满，不尊重同学，从而得不到同学们的支持，缺乏群众基础。有些学生干部在处理学习工作关系上错误地认为自己由于工作的原因，学习成绩差一些会得到老师和同学们谅解，从而放松了对学习的要求。这两种错误的认识，在学生干部队伍中是较为突出的问题。

第二节 经贸学生会

河南经贸职业学院学生会(以下简称“经贸学生会”)是在校党委领导下和校团委指导下的学生组织，是学校密切联系学生的桥梁和纽带，是开展思想政治教育工作的重要阵地和组织载体。

一、经贸学生会的基本情况

经贸学生会始终坚持“全心全意为学生服务”的工作宗旨，在维护学校整体利益的前提下，通过正当的民主渠道，反映本校学生的意见、建议和要求，确保工作落到实处。参与涉及本校学生的切身利益的学校事务的管理，维护广大同学的具体利益。

经贸学生会始终坚持“自我管理、自我服务、自我教育、自我监督”的工作方针，倡导同学们培养追求学术的价值趋向，确立能力导向，培养创新精神，积极开展各项学术活动，营造浓厚的学术氛围，积极开展丰富多彩的专题活动，促进校园文化建设。

经贸学生会始终坚持“激发动力、提升活力、增强吸引力和凝聚力”的工作目标，将广大同学最广泛最紧密地团结在党的周围。引导全校学生热爱祖国、勤奋学习、奋发成才，成为具有良好政治思想、素质和专业技能突出的社会主义事业的建设者和接班人。

经贸学生会目前按照“学校、院系、班级”三级联动的工作格局，校级层面共设有主席团、秘书处、人才资源部、学习部、纪检部、卫生部、体育部、社会实践部、核算部、女生部、宣传部、组织部、文艺部、思政部、广播站、艺术团、青年志愿者协会、学生社团联合会、读者协作工作委员会、安全管理工作委员会、宿舍管理工作委员会、后勤管理服务委员会、总务委员会、大学生通讯社、大学生学习研究会、大学生实践研究会、大学生助学研究会、学生处信息部、院报编辑部、助理团、天健工作室等职能部门。

经贸学生会的组织文化是由校团委提倡、上下共同遵守的文化传统和不断革新的一套行为方式，它体现了组织价值观、工作理念和行为规范。

二、经贸学生会的组织文化

经贸学生会组织文化的主要内容有以下几方面。

(1) “服务师生”的工作宗旨：全心全意为同学服务。

(2) “合作共赢”的价值观念：信任并尊重每一个人，合作共赢，分享成功。

(3) “勿忘初心”的工作态度：保持初心，方得始终。

(4) “种子理论”的倔强精神：我们是一粒种子，一粒积蓄力量破土而出的种子，没有什么能够阻挡我们向上的梦想。

(5) “双手向上”的拼搏进取：我们双手向上，不是为了摘取天空中最高最亮的那颗星星，而是为了保持一种进取的姿势、一种向上向善之心。

(6) “雁行理论”的高效团队：如果它只用自己的翅膀飞行，没有一只野雁能飞得太高。单打独斗的时代已经过去了，一个人的力量已不能主导全局，只有利用团队相互协助作战，利用集体智慧才能很快达到目标。

(7) “与爱随行”的工作责任：责任就是对你所做的事有一种爱。为什么我的眼里常含泪水？因为我对这片土地爱得深沉。

(8) “不可替代”的成长追求：一个人存在的价值在于他不可被替代的程度。

(9) “吃苦幸福”的风雨共度：自己选择的路跪着也要走完。累，我也愿意，因为有一群人值得我和他们在一起，和他们在一起吃苦也是幸福的！

(10) “现场直播”的时不我待：人生就像一张有去无回的单程票，没有彩排，每一天都是现场直播，把握好每次演出便是最好的珍惜。

经贸学生会建设成为服务型、学习型、创新型的学生会组织，离不开引领思想和风尚、弘扬正能量的广大学生干部。

三、经贸学生会的选拔与聘用

正因如此，学生干部的选拔与聘用是打造“信念坚定、品学兼优、朝气蓬勃、心系同学”的学生干部队伍的重要一环，是构建学生干部的“宗旨意识、表率作用、严实作风”基础及关键所在，也是强化学生干部的“群众意识、责任意识、奉献意识”工作中的重中之重。

规范学生干部选拔标准、评价机制，建立健全学生干部退出机制，促进学生干部严格自律，接受广大同学监督，从而以实际行动做好广大同学的表率，赢得广大同学的信赖。

(一)学生干部选拔的基本条件

1. 政治思想素质要求

坚持四项基本原则，拥护党的各项路线、方针和政策，具有鲜明的政治立场和政治方向，关心时事政治和校内大事，积极参加校、院、班组织的各种政治学习活动。

2. 道德品质素质要求

遵纪守法，自觉维护校园安定团结的正常秩序；为人诚实守信，尊敬师长，礼貌待人，朴素大方，乐于助人，热爱劳动和公益活动，爱护公共财物，敢于同不良风气做斗争，具有健康向上的精神风貌，在同学中有较高威信，在校无严重警告以上的违纪行为。

3. 科学文化素质要求

学习上要勤奋努力，自觉完善和优化自身知识结构，成绩在学年期末考试中班级排名60%以前，无不及格现象。

4. 身体心理素质要求

积极参加体育锻炼，身体素质好，体育成绩良好，心理健康，面对竞争、挫折，具有一定的承载能力和自我调节能力。

5. 综合素质要求

工作积极主动，认真负责，有较强的开拓创新意识；工作方式、方法恰当，能够正确地处理好工作、学习和生活三者之间的关系。兴趣爱好广泛，特长突出，有团结协作精神，并具有一定的社交能力、语言表达能力、组织协调能力和沟通协助能力。

(二)学生干部选拔的基本原则

1. 公开、公平、公正原则

学生干部的选拔必须遵循“公开、公平、公正”的原则，只有这样才能选出真正乐于为学校和同学服务的优秀学生干部。

2. 能者上、弱者退的原则

学生工作需要对学生干部各方面的能力都有一定的要求，因此学生干部的选拔必须遵循“能者上，弱者退”的原则，只有这样才能选出真正有能力为学校和同学服务的学生干部。

3. 少而精原则

学生干部队伍要精干，要能真正调动每一位同学的积极性和创造性，防止出现全民皆“官”的局面，否则会导致工作效率低下，组织僵化的现象。

4. 宁缺毋滥原则

岗位宁可暂时空缺，也不能让不适合的人占据。要根据学生事务发展的实际情况设置岗位，而不是设置岗位后才考虑发展某种学生事务，不能本末倒置。

(三)学生干部的任用

学生会主席团的任用，原则上成员应有一年以上的学生会工作经验(应届生在高中或中职阶段应有两年以上主要学生干部经历)。选举坚持工作成绩和学习成绩相结合(候选人所

有科目的考试均无不及格现象，且考试排名在班级排名前 60%，并有一门专业课考试成绩在班级排名前 20%，荣获当年优秀学生干部或其他荣誉)，工作能力和工作热情相结合(候选人工作得到本二级学院或本部门认可，且个人积极要求进步)的原则进行，经面试、笔试、答辩后，由校团委向校学生代表大会提交候选人名单，候选人经学生代表大会竞聘并经校学生代表大会民主选举产生，由学生管理主管校长审议批复后正式聘用。

学生会正、副部长的任用，原则上成员应有半年以上学生干部管理工作经验。候选人需成绩良好、工作突出(候选人所有的考试均无不及格现象，且本学期考试排名在班级排名前 60%，荣获当年优秀学生干部或其他荣誉)。经学校学生干部竞聘工作委员会考核后最终任命并由校团委统一下发聘书。

学生会委员的任用，原则上成员应有牢固的群众基础、遵守校规校纪且无不及格现象。为使新生能够融入学生会管理工作，学生会面对入学新生提供两次公开招新机会：①各部可在新生入学军训后统一进行招新(军训中表现突出的新生，同等条件下优先录用)，试用期招新名额不超过各部门编制数的 120%，试用期结束后正式聘任人数不超过编制数的 105%；②学期下半年，各部可根据实际情况，淘汰一部分表现不达标的学生干部，并根据淘汰情况进行招新。

(四)学生干部的辞职

(1) 因公辞职，是指学生干部因工作需要变动职务，提出辞去现任职务。

(2) 自愿辞职，是指学生干部因个人或其他原因，自行提出辞去现任职务。

(3) 引咎辞职，是指学生干部因工作严重失误、失职造成恶劣影响的，不宜再担任现职，责令其辞去现任职务。

(4) 责令辞职，是指学校主管部门根据学生干部任职期间表现，认定其已不再适合担任现职，责令其辞去现任职务。对不辞职的，应当免去现职。

引咎辞职、责令辞职的学生干部，辞职后一年内，不得在校内担任其他学生干部职务。自辞职一年后，表现突出，经民主选举通过的可重新担任学生干部。

因私辞职、自愿辞职和引咎辞职必须写出书面申请，校团委应在一周内予以答复，未经批准，不得擅离职守。

(五)学生干部的解聘

1. 自动解聘

所有的学生干部每个聘期均不超过一年，聘期自任命之日起开始至本学年结束后结束。聘期结束后不再聘任的学生干部按自动解聘处理。学生干部在聘期内自动提出辞职且经组织批准的按自动解聘处理。

2. 被迫解聘

在本级学生干部考核过程中处于后 10%的学生干部享受次级学生干部待遇，连续两个测评期间或累计三个测评期间或项目(每一件重大事项可视为一次测评期间或项目)测评结

果处于后 10%的学生干部，或学习成绩出现不及格者，或出现记过及记过以上处分者，或出现工作态度不端正，工作能力不达标，不服从工作安排，不能正常履行工作职责的，经审定不再适合担任原职务的，或出现其他影响学生干部形象的性质恶劣者，或出现其他校团委认定的符合被迫解聘条件的，均直接给予解聘处理。

学生干部应接受校团委的管理，接受学校全体同学的监督，充分发挥引领同学坚定理想信念、帮助同学全面成长进步、促进同学养成优良学风、服务同学创新创业创优、代表和维护同学正当权益等方面的作用。

四、经贸学生干部的培养

高校学生干部的管理是高校学生管理的重要组成部分，一方面能够促进高校管理水平的进一步提高，培养学生自我管理、自我发展的能力；另一方面也能够增强学生自身综合素养，促进学生形成良好的管理发展水平，培养学生组织管理能力，促进学生全面发展，使其成为一名立场坚定的学生干部、一名勤奋学习的学子楷模、一名关心同学的知心朋友、一名以身作则的青年榜样。

(一)优秀学生干部培养的内在动力

1. 良好的品德是学生干部的基础

德育教育是提高个人修养，增强个人能力的基础。高校学生已经成年，具有自身的是非判断标准，一方面学生应当主动引导自身进行思想品德建设，另一方面教师应通过日常学习和生活对学生开展思想引导，促进学生干部提高思想品德意识，为学生干部积极开展工作提供良好的思想引导，进而对学生干部自我管理能力、组织能力以及领导能力进行培养，促进学生综合能力的提升，提高学生对社会环境的适应能力。

2. 无私奉献，爱岗敬业是基本动力

学生干部是加强学校对学生管理的重要管理人员，同时通过学生干部引导学生能够实现自我价值、爱岗敬业、乐于奉献，学生干部积极投入到岗位实践中，尽职尽责地为学生服务，并且在工作中不断创新发展，使工作方法和工作能力得到进一步提升，使学生的学习动力逐步增强，增强学生对本职工作的热爱。

3. 积极培养组织领导能力

学生干部在高校管理工作中具有重要作用，一方面，学生干部能够积极组织学生进行学习和生活，使班级中的每一位学生都能够参与到班级活动中，提高班级凝聚力，促进学生个性发展；另一方面能够使教师制订的教学计划和管理计划在班级中得到有效执行和管理，保障班级日常工作正常进行，做好教师开展教学的衔接工作。学生干部应当不断增强自身的组织管理能力，形成一套科学的管理措施，明确班级管理中的赏罚原则，避免因为学生之间的人际关系使制度“口头化”而造成班级管理混乱，对班级正常开展工作造成影响。

4. 提高自身素质修养

一方面学生干部通过增强自身管理能力可以组织学生积极开展科学有序的学习活动，另一方面，学生干部也是班级学习和各项事务的带头人。高校学生的自我管理能力受到学生自身素质的影响，学生能够通过班级中学生干部的引导形成良好的班级学习氛围，引导学生形成良好的学习意识，推进专业知识水平的提高。

(二)优秀学生干部培养的外在动力

1. 积极组织学生干部进行培训

高校培养学生干部的工作能力，可以积极组织学生进行管理能力培养，一方面，高校能够通过集体培训的形式对学生干部自身能力进行掌握，依据学生自身特点进行综合管理，促进学生自身能力的提高，达到高校开展学生自我管理的目的；另一方面，高校能够通过对学生干部的培训综合对高校学生管理中存在的问题及时反馈，促进高校管理措施的进一步“人性化”发展。

2. 制定科学的学生干部管理措施

学生干部是学校管理中的重要分支，制定规范、科学的管理措施不仅可以促使学生干部形成良好的工作规范，也能促使学生干部的管理工作与学校整体管理工作之间形成良好的连接，促进学生管理工作的进一步发展。此外，加强对学生干部思想政治引导，高校对学生干部的培养不仅要对学生干部管理、组织能力进行检测，同时也应当注重对学生德育、教育工作的开展，促进学生综合素质的提高。

3. 形成良好的学生干部竞争体制

高校开展学生干部培养管理措施也应当在学生干部竞争过程中形成良好的竞争机制，引导学生干部实力良好的道德品质，高校在进行学生干部人才竞争时，应当设定科学的竞争管理机制。良好干部竞争体制和措施也是为学校管理培养人才的考核基础，为高校管理队伍建设提供源源不断的人才。

(三)学生干部的角色定位

高校学生干部的角色定位及能力塑造是我国高校教育形式和教育内容逐步改革的重要体现，组织学生积极开展自我管理、动手实践，是促进学生全面发展的重要措施，也是高校培养实用型人才的重要途径。做好经贸的学生干部，就是要做到以下六个方面。

1. 恪守学生本分

学生干部要带头勤奋学习，学好专业知识，培养科学精神，模范遵守法律法规、校规校纪和学术规范，不能本末倒置、荒废学业，不能因学生会工作而迟到、早退、缺课、旷课。

2. 牢记本会宗旨

学生干部要把努力为同学服务作为主要目标，从同学中来、到同学中去，认真倾听广大同学的诉求，积极畅通校园沟通协调渠道，真心实意帮助同学解决困难。

3. 永葆理想主义情怀

学生干部要珍惜代表服务同学的荣誉和锻炼能力的机会，公私分明，甘于奉献，不借组织平台为个人“镀金”“铺路”，不借担任学生干部的机会谋求“加分”等私利。

4. 扎扎实实做事

学生干部要把让广大同学满意作为工作目标，反对漂浮作风，反对形式主义，要扎根同学、勤于交流、求真务实，力戒模仿行政化的工作方式。

5. 营造平等氛围

学生干部要牢记自己的首要身份是学生，牢记学生会工作的本质是群众工作，坚决反对“官”本位思想和作风，彼此互相帮助、平等相待，不追求头衔、不装腔作势。

6. 摒弃庸俗习气

学生干部要努力建设充满朝气、干净纯粹的组织文化，不吃吃喝喝、贪图玩乐、讲究排场，坚决抵制社会不良习气的侵蚀。

奋斗无止境、永远在路上。我们期待有更多学生投身其中、为之努力，能够响应和参与此倡议并立即行动起来，从自己做起、从身边做起、从每件事情做起，让责任、奉献和自律常驻心间，彰显我们充满朝气、积极向上的底色，共同锻造我们新的形象、创造我们新的业绩！

【知识拓展】

一、关于名人的那点事

一些国家的领导人也曾在大学担任过学生干部职位，例如江泽民曾任上海交大学生会宣传部长，胡锦涛曾任清华大学学生会主席，李克强曾任北京大学学生会主席，相信他们成功的背后也少不了在大学时光里历练带来的成长与进步。

思考：如果你当了学生干部，你会怎么做？

二、面试小 tips

学生干部招新时除了笔试考核外，还有不可避免的面试，并且能否成功进入部门往往取决于面试情况。这里有一些面试小 tips 分享。

学生干部面试常问问题如下。

1. 自我介绍(姓名、班级、爱好、特长竞选优势)。
2. 请叙述一下你对你所竞选的部门的认识。
3. 你将如何处理好工作和学习的关系。
4. 说一下你如果竞选成功之后的工作计划。

5. 谈谈你对“团队合作”的理解。
6. 你对我们自管的工作有什么建议。
7. 你当过班干部吗？在学生问题中最令你棘手的问题是什么？
8. 假如你通过了面试，你会怎么做？有什么想法？

第七章　学生社团与社团联合会

“不管一个人多么有才能，但是集体常常比他更聪明和更有力。”大学里的社团与社团联合会就是这样一个集体，在这里能够充分发挥每个人的聪明与才智，在这里能遇到和你志同道合的人，说不定还会有你的挚友，更是你参与学校生活、培养兴趣爱好、延伸求知领域、丰富内心世界的重要平台。还会让你的大学生活更加丰富多彩，让你的眼界更加开阔。学生社团与社团联合会是一个充满团结、充满友爱的团体，是经贸一道亮丽的风景线，是我校重要的一部分。

我校社团与社团联合会集知识性、趣味性于一体，适合青年学生思维跳跃、接受信息快、可塑性强的特点。我校学生社团建设是实施大学生素质教育的重要途径，社团活动的蓬勃发展为营造积极健康的校园文化氛围和加强学生综合素质培养提供了有力的帮助。学生社团联合会作为学生社团的服务与组织、管理者，拥有出色的队伍，必将有利于学生社团的运作和各项社团活动的开展。这对于促进学生社团的发展和学生社团联合会(以下简称“社联”)的组织构建具有十分重要的意义。

在本章你能了解到经贸社团与社团联合会是如何招新的、是如何成立的，以及社团活动是怎样举行的，社团有怎样的规则制度需要注意，本章会为你详细地介绍。经贸的社团与社团联合会，会给你更好的发展平台，会让你的大学生活变得丰富多彩，加入后一定不会让你后悔。

第一节　学生社团与社团联合会概述

一、学生社团简介

(一)学生社团内涵

社团(又称学生团体)是学生依据兴趣爱好自愿组成，为实现社员的共同愿望，按照其章程开展活动的非营利性群众组织。其目的是活跃学校学习氛围，提高学生自治能力，丰富课余生活，交流思想，切磋技艺，互相启迪，增进友谊。我校学生社团分为综合性社团和专业性社团。专业性社团是与学生所学专业密切相关，旨在培养和激发学生学习专业知识的积极性、主动性和创造性的群团组织，是服务学生职业素质培养的有效载体。综合性社团是素质教育的第二课堂，它提供了同学们全面发展自己的机会。我校学生社团工作在学校党委领导下由团委具体负责。

(二)社团存在的意义

大学生社团在高校建设和发展中扮演着非常重要的角色，是高校思想政治教育、校园文化建设、丰富课余活动、提高学生个人能力的主力军和新载体，加强学生社团建设与管

理，将会对大学生的知识学习、技能塑造、思想道德培养等方面起到重要的作用。社团对学生思想道德水平的提升起到了潜移默化的作用，学生社团活动对繁荣和活跃校园文化也起到了非常重要的作用，学生社团活动促进学生知识结构的不断完善，学生社团为学生的技能训练提供了良好的环境。社团是我校育人工作的重要组成部分，对于学校而言是一个非常重要的部分。

(三)为什么要加入社团

李开复曾经说过："不要把大学当作第二个高中来上，很被动地等着老师来教，自学是很重要的一个能力，高中我们都在挤独木桥，但是大学我们要学会走立交桥，学会独立。"因此，大学生参加社团是大学生涯里不可缺少的一部分，它们丰富着学生的校园生活，影响着众多学子。上大学前，很多人就被传说中多姿多彩的社团生活深深吸引，上大学后，几乎每个人都参加过社团。大学社团的生活如此丰富多彩，但是仍有很多学生在犹豫要不要加入社团，我在社团中能学到东西吗？会浪费我的学习时间吗？下面就为大家介绍要加入社团以及要怎样选择社团。

1. 培养兴趣

兴趣是学生最好的老师，它可能对你一生受用，也有可能在未来成为你的事业。大学以前，学生除了学习课本知识外，极少有机会去挖掘兴趣、培养兴趣。而学生社团，每年举办各种各样的活动，为大学生挖掘兴趣、培养兴趣提供了一个广大的平台。

2. 扩展人脉

参加社团是大学生扩展人际关系网的重要渠道，在社团里你能够找到更多优秀的、志同道合的人，而在这些志同道合的人中，你们会成为学习和成长上的好伙伴，甚至是一辈子的好朋友。

3. 增加阅历

参加社团的人会比宅在宿舍的人做更多的事，有时候你会在做一件事情时学习到另一个领域的东西，你会发现眼前的世界与你十二年寒窗中所看到的截然不同，而你所接触的，也会极大地丰富你的阅历，这也为你将来脱离学校的生活打下基础，而不是在找工作的时候才发现自己是个只打了三年游戏、什么规则都不懂的"愣头青"。

4. 提高能力

社团是大学生学习的第二课堂，加入社团，利用课余时间参加会议，组织活动、社会实践，能够使学生提高自我管理能力、组织策划能力、逻辑思维能力和语言表达能力。

(四)怎样选择适合自己的社团？

进入大学必将面对社团的诱惑，军训后的百"团"大战必将把你拉入一个个"深渊"，如何在各种各样的社团面前站稳阵脚，找到自己心中所需要的能够为之付出的社团或组织，这是一个难题。

学生社团组织一般在学生活动频繁的地区设摊摆点(学校的主干道、学生食堂附近等)，他们一般置办简易的帐篷、几张桌子和几把椅子，然后贴上自己社团的介绍，拉一条横幅，委托几个学长或者社团的老成员，就可以招新了。没有社团的大学是没有色彩的大学。那么，对于大一新生的我们而言，参加什么社团才能有所收获呢？

首先当然看兴趣，“兴趣是最好的老师”，这就是说一个人一旦对某事物有了浓厚的兴趣，就会主动去求知、去探索、去实践，并在求知、探索、实践中产生愉快的情绪和体验。如果选择了没有兴趣的社团，那么我们将没有兴趣去完成社团的一些任务，不过兴趣也是可以后天养成的，一些有意思的社团如花艺社等，相信在加入不久后就会产生兴趣的。

当然，如果你的意向是锻炼自己的能力，使将来找一份好工作，那么这个时候你就要盯准社团的两个条件，一个是社团规模，一个是社长个人魅力。平台决定高度，选大型社团，校级社团或星级社团，这类社团活动经验丰富，经费充足，组织机构严谨有条理，因而它会给你提供更多学习锻炼的机会，但同时也必将面临巨大的压力。你选社团，但社团未必会选择你，或者你无法达到他们的预期或许你将会被无情地踢出。

除了规模，社长更加重要，社长就是社团的魂，好的社长会组织很多有意思的活动，让你学到很多东西，比如有的社团会定期给社员组织培训，训练你的演讲能力、团队领导力，同时还培养商业能力，让这个社团能够接一些外包项目，为社团筹集经费。那么跟着这样的社长，自己也会变得越来越优秀。

最后，无论大家是否加入社团，以及加入怎样的社团，都希望大家能认真对待，认真过好自己的大学生活，在经贸里尽情地展现自己，带着梦想飞翔，为明天的辉煌而努力奋斗！

(五)我校社团信息

我校按照有无专业老师指导将社团分为专业类社团和综合类社团，有专业老师指导的为专业类社团，无专业老师指导的为综合类社团。现有专业类社团 44 个，综合类社团 33 个，共计 77 个，如表 7-1、表 7-2 和图 7-1 所示。

表 7-1 专业类社团汇总

会计技能社	工商企业管理专业社团	非凡设计社团	企业管理社	物流学社
人力资源协会	装饰绘画艺术社团	素质拓展工作坊	艺格工作室	踏瑞社团
青年传媒中心	大学生心理发展联合会	PPT 创意者协会	视觉 me	BIM 社
追光逐影电影社	溯梦超级演说家	经贸文化研究会	卓画工作室	
财经管理联盟	河南经贸英语协会	建筑识图社团	淡墨书法社	舞道舞蹈社
职场精英社	河南经贸 Linux 社团	跨境电商社	数学建模社	陶艺社
蚂蚁创业社	物业管理协会	太极·孝拳协会	看见摄影社	中华茶艺社
财经金融学习与实践研究会	大学生思想政治研究会	物联网协会	中文速录社	电子协会
大学生法律咨询与服务协会	河南省电子商务协会河南经贸职业学院分会	出梵文创工作室 VC 地带动漫模型社	雷枭排球社	译线通翻译社

表 7-2　综合类社团汇总表

万象棋社	星愿动漫社	左岸吉他社	河南经贸武术协会	魅影曳步舞社
布衣华夏文学社	心理健康悦聊	JM 舞社		清源汉服社
青衫相声社	毽球社	足球社	LUCK 啦啦操社	跆拳道社
羽毛球社	缘梦圆文学社	IMD 舞社	河南经贸单车协会	品一堂
x-power 舞社	逸风尚音乐社	爱尚街舞社	河南经贸校园艺坊	乒乓球社
续梦音乐社	创意美食社	瑜伽社	模特服装表演社	经贸跑友会
青鸟话剧社	神采飞扬演讲社	花艺社	旋木尤克里里社	

图 7-1　丰富多彩的社团活动

二、社团联合会简介

(一)社团联合会的内涵

社团联合会是我校学生社团的管理组织，负责组织管理和协调校内所有学生社团积极有效地开展工作。社团联合会接受共青团河南经贸职业学院委员会的统一指导和管理，负责我校学生社团的日常管理工作；学生处、教务处等部门要结合工作职能，为学生社团的建设和发展给予支持和必要的指导；总务、后勤部门要加强对学生社团开展活动的支持和帮助。

(二)社团联合会建制及其职能

社团联合会简称社联，其前身是学生团体联合会，2017 年正式更名为社团联合会，团委直属职能部门之一，是在校团委的直接指导下成立的学生社团组织管理部门，负责组织

规划社团活动，并对社团活动进行监督和指导。社团联合会是自我协调、自我管理、自我完善的学生部门。自 2006 年成立以来，社团联合会本着“为社团服务”的原则，繁荣和发展校园文化，促进校园精神文明建设和学生社团发展。社团联合会以“社联荣辱 我的责任 社联未来 寄予胸怀”为宗旨，广泛团结各学生社团，勇于创新，积极推进学生社团工作的稳步发展，努力建设具有经贸特色的社团文化，为校园文化建设做出巨大贡献，积极开展与校内外各高校社团的交流，集思广益，解放思想。我们相信在校团委的指导下，在社团联合会全体成员的共同努力下，必将使社团成为校园文化生活的主力军，使河南经贸职业学院社团联合会成为高校学生社团活动的一面旗帜。社团联合会一般设有一名主席与两名副主席，下设有理事会、社专部、办公室、宣传部、财务部、新媒体、涉外部七个职能部门。

1. 理事会

(1) 促进各社团活动健康有序开展以及建设社团公正和谐的组织氛围，理事会不仅和各社团保持紧密联系，始终站在社团活动的第一现场，负责对各社团进行组织及监督管理和对日常活动进行监察，还负责监督社联内部各部门的工作，对其进行必要的监督与管理。

(2) 社团的相关评比工作，协助主席并与各部门配合完成社联重要活动。

(3) 负责监督管理社团的日常，跟进活动以及维护社团和社团成员的权益。时时刻刻维护着河南经贸职业学院社团联合会、社团和社团成员的权益并提供各项服务，加强与学生社团的双向沟通与交流，并且及时有力地给予社团及其成员帮助，全心全意地维护着社团联合会、社团及其成员的权益。

(4) 定期召开社团联合会社团工作会议，商讨社团联合会提交的各项管理制度的草案，民主表决通过社联各项管理制度及重要决议，收集社联负责人的意见和建议，研究解决方法。

(5) 举办活动期间，联系各个相关社团出节目，并督促其加强训练，分配社团场地，督促其保持卫生，并考核社团出勤。

2. 社专部

社专部主要负责专业社团。目前专业社团有 45 个，与综合社团不同的是，专业社团有指导老师(具体工作和理事会工作相同)。

3. 办公室

(1) 部门定期召开会议，定期上交总结，商讨活动工作事宜且发布相关通知。

(2) 定期更新社联、社团人员资料，保证人员数据准确。

(3) 社团出勤方面统计提高速度，按时按量做好出勤。

(4) 制定出详细的对社联、对社团的年度考核评定标准并按此标准执行。

(5) 对社联活动编写策划、活动结束后的新闻稿和通讯稿，以及对场地的申请。

(6) 对社团及社联活动结束后的总结认真分析。

4. 宣传部

(1) 管理社联 QQ 公众号，不定期地推送各社团活动以及社联所举办的活动。

(2) 每次活动前期制作海报、展板等。

(3) 活动中进行现场直播。

(4) 活动后期对活动进行收尾工作。

5. 财务部

(1) 财务部以“管理社团，服务社团”为宗旨，一切工作服务于社团，充分维护社团各成员的利益，并严格执行社团联合会有关的财务制度和财务纪律。

(2) 协助各社团以及其他部门顺利开展各项活动。

(3) 根据各社团的实际情况科学合理地安排资金，充分发挥资金利用效率，积极提供全面准确的经济分析。

6. 新媒体

(1) 负责社团联合会及社团活动拍照。

(2) 日常公众号的推文(微博、微信、贴吧公众号)。

(3) 负责社团联合会及社团活动前中后期的文案及推文工作。

7. 涉外部

(1) 制订与各大兄弟院校联谊计划和对外校嘉宾的接待计划。

(2) 定期与各大院校外联部进行交流，取长补短，促进我校社团联合会与外校外联部的共同发展。

(3) 组织本部门成员寻求赞助，在锻炼部门人员的沟通能力的同时，为社团联合会举办活动提供赞助。

(4) 社团联合会办活动时做好本职工作，维持活动现场秩序并协助其他部门办好活动。

通过学习大家对社团都有了一定的了解，下面为大家介绍一下美国的大学社团。

美国的大学社团

美国的大学社团文化由来已久，有些社团甚至有着 100 多年的历史，而众多的政界、商界知名人物作为这些社团中曾经的一分子，也使得这些社团声名远扬。“无社团不大学”是美国大学生活的真实写照，美国大学中各种类型的社团可谓五花八门，种类不胜枚举。这些社团在帮助学生放松身心、广交朋友之余，还让学生开阔眼界、长知识，建立紧密的人际关系网络，为将来的职业生涯做准备。

基于兴趣爱好的文娱类社团。在美国的大学校园里较为受欢迎的艺术性社团基于专业性要求程度不同一般分为两大类，即业余俱乐部和表演比赛队。业余俱乐部面向所有的学生开放，俱乐部不以比赛或表演为目的而进行授课，通常由高级成员或教练执教，所以俱乐部的气氛相对轻松活泼，每月要求的训练时间也不多。这些俱乐部存在的目的主要是让

更多热爱艺术的人通过社团活动享受艺术。

与文艺性社团类似，在美国大学校园里深受男同学欢迎的体育型社团也分为专业和业余两种级别。业余体育俱乐部相对轻松，主要是以强身健体为目的，通常只有业余比赛或没有比赛。俱乐部的训练强度不大，任何级别的学生都可以参加。在美国大学的体育型社团中，囊括了几乎所有的体育项目，不仅有美式橄榄球、足球、篮球、排球等常规项目，还有马球、攀岩、皮划艇等相对小众的项目，可谓应有尽有。作为体育“发烧友”，如果想参加对抗激烈的比赛，大学里还有众多的专业体育队可供选择。

助益职业规划的学术专业社团。在美国的大学校园里，除了基于娱乐活动和社会活动而创建的社团，还有不少基于职业目标和学术兴趣而建立起来的学术专业社团，以丰富在课堂之外的学术生活。这类学术专业社团，倾向于深入了解在课堂中的学习内容来为将来的学术研究做准备，比如美国大学里经常有的编程社团、化学社团、数学和物理俱乐部等。有的大学的青年企业家社团会邀请已经获得创业成功的青年企业家来到学校，向大学生分享创业经验，举办考取相关行业执照的说明会甚至举办人才招聘会等。美国的大学社团还是社团与企业相合作。比如有的社团为了给某一个国家的难民进行募捐，到学校附近的餐厅低价购买食物，然后高价向同学卖出，通过赚取差价的方式为难民筹款。学生在这样的社团中从事慈善活动，不仅锻炼了营销技能，而且培养了社会责任感。

聚焦具体问题的非主流社团。除了公众印象中较为普遍的大学社团外，美国的大学校园中还有很多非主流甚至充满奇思妙想的社团，他们让大学生活变得更加丰富多彩。多数大学支持学生创办具有创意性的社团，以鼓励学生关注社会和开发自身潜能。这类社团有的是建立在对某一方面的特殊兴趣而存在，如动漫俱乐部、模拟联合国、翻译社、电影社、文学社、户外俱乐部和烘焙俱乐部等。这类社团的成立为志同道合的人走在一起搭建了交流思想和共同创作的平台。美国很多大学社团的创办充满了想象力，很多是基于对某一个看起来有点奇怪的共同嗜好而成立，甚至会让人感到“奇葩”。密歇根大学有个闻名遐迩的松鼠俱乐部，据说创始人在 2002 年组建该社团的背景是大家经常半夜边喂松鼠边聊天。就该松鼠俱乐部的活动而言，除了俱乐部成员每个星期在固定时间和固定地点喂松鼠外，还会对外销售印有松鼠图案的衣服。松鼠这种在美国随处可见的小动物颇得同学们的欢心，而密歇根大学的同学喂松鼠的历史甚至可以追溯到 100 年前。因此松鼠俱乐部仅用了两年时间就发展成为该校名列前茅的社团。

(资料来源：美国的社团. 新蓝网. http://www.cztv.com/news/12726269htmz)

第二节　社团招新与社员

一、社团招新

(1) 各社团只能在社团联合会规定的时间、地点统一招聘新成员，不能擅自招聘新成员，如有特殊情况要另外招聘新成员时，须向社团联合会申请，经批准之后才能招聘新成员。

(2) 各社团应有专人负责维护招聘新成员工作现场的秩序。

(3) 招聘新成员时，各社团负责人必须认真回答各种咨询并指导其填写好报名表。

(4) 招聘新成员工作结束后，各社团要如实地向社联上报确定的社员。

二、社员

(1) 参加学生社团组织的条件如下。

① 凡河南经贸职业学院全日制在籍在校学生均可按自愿原则申请参加社团。

② 承认社团章程，参加社团活动，服从组织领导，履行社团成员义务。

(2) 社员以社团为单位，以社团负责人为代表，享有社团联合会规定的各项权利，并履行各项义务。

① 会员的权利：会员享有参与所在社团的活动，服从所在社团的管理，接受所在社团的监督等权利。

② 会员的义务：首次参加社团的社员应主动接受所在社团的管理，积极参加社团的各项活动，遵守社团联合会的章程和该社团的章程。

(3) 社团负责人的权利：享有组织管理所在社团的权利，享有组织所在社团开展活动的权利(其活动需有团委及社团联合会批准后方可举办)，享有向社团联合会工作提出批评和建议的权利。

(4) 社团负责人的义务：必须遵守社团联合会章程，实践社团联合会宗旨。①必须按时参加社团联合会召开的会议，汇报社团活动的开展情况，反馈社员意见和建议，安排社团的重要活动；②必须积极配合社团联合会的各项工作，执行社团联合会的各项决议。

(5) 社员管理制度如下。

① 社团必须每月至少召开一次全体成员会议或举行专题讲座，开会或举行讲座时必须有 2/3 以上社员参加，并提前跟社团的社联分管理事汇报，社团联合会须派人到场指导、考核。

② 社团联合会将根据会议及讲座到会的人数和会议记录情况对各社团进行检查、考核，了解各社团对社员的管理情况及社员流失情况，并纳入社团月评考核表。

③ 各社团的每位成员都具有监督本社团社长及其他负责人的权利，经 1/2 社员提议、2/3 社员同意，可向社团联合会弹劾本社团无作为社长及其他负责人，经查证核实之后，社团联合会上报团委批准后，方可更换社团负责人。

④ 各社团的每位成员若发现本社团有不正当行为及活动可上报社团联合会，经查证核实之后，社团联合会将报校团委，并对该社团、社团社长及相关负责人做出相应的处理。

通过以上对社团招新的学习，相信同学们都对社团招新有了一定的了解，那么同学们都适合加入什么样的社团呢？让我们来测一测吧。

哪个社团/组织最适合你？(结果仅供参考)

1. 你会想和哪一种异性约会？

a. 看起来老实又内向的(接第 2)

b. 会玩又懂得打扮的(接第 3)

2. 有个人边看表边跑，他迟到了 5 分钟，你觉得他心里会怎么想？

a. 才 5 分钟不算迟到(接第 4)

b. 糟了！迟到了！(接第 5)

3. 有个家庭主妇正在打扫，你觉得她正在怎么想？

a. 我要扫得一尘不染(接第 6)

b. 差不多做完就行，做完去看小说(接第 4)

4. 有个女生从你身旁经过，飘来一阵很香的味道，你觉得会是哪一种香味？

a. 甜甜的果香(接第 7)

b. 清淡的花香(接第 9)

5. 你去吃饭，付了钱走出餐厅才发现店员少找了你 10 元，这时你会怎么做？

a. 折回去向他要回来(接第 9)

b. 才 10 元就算了(接第 8)

6. 有一只鸟从鸟笼飞走了，你会怎么认为？

a. 这只鸟一定会再回来(接第 7)

b. 不会回来了(接第 10)

7. 看到有人顺手把垃圾丢在路上，你有什么感受？

a. 不能原谅这种人(接第 12)

b. 没什么感觉(接第 10)

8. 朋友到你家做客，你喜欢收到哪一种礼物？

a. 鲜花或装饰品(接第 16)

b. 蛋糕或食物(接第 11)

9. 你在半夜边看书边窝在棉被中想事情，后来……

a. 多半会睡着(接第 12)

b. 会越来越清醒(接第 8)

10. 你现在正在逃命，你认为是什么强迫你呢？

a. 狮子或老虎(接第 13)

b. 哥斯拉(科幻电影中的怪兽)(接第 14)

11. 你看到地面上有洞时你会怎么想？

a. 洞里有什么东西？(接第 15)

b. 太危险了，还是赶快盖起来吧！(接 A)

12. 书架上的书倒了，看起来乱七八糟，这时你会马上整理吗？

a. 会(接第 16)

b. 不会(接 A)

13. 有个人正对另一个人说悄悄话，你认为他听了之后的反应是什么？

a. 忍不住大笑(接第 17)

b. 皱起眉头一脸沉重(接第 18)

14. 有个女子拿刀对着另一名男子，这女子会对他说什么？

a. 我恨你，所以我要杀了你！(接第 18)

b. 再过来我要刺过去了！(接 D)

15. 你想找工作，会选下面两家公司中的哪一家？

a. 能让人成长的公司(接 E)

b. 稳定的公司(接 B)

16. 朋友请吃晚餐，你已经很饱了，他却一直劝你吃甜点，这时你会怎么做？

a. 再饱也会吃(接 E)

b. 很果断地拒绝(接 A)

17. 买新电器时，关于说明书，你会怎么做？

a. 使用前一定先看仔细(接 C)

b. 根本很少会看(接 A)

18. 下面哪一种人令你无法忍受？

a. 小气又啰唆的人(接 D)

b. 做事随便的人(接 C)

A. 公益生活类社团。你是一个热心社会公益事业，热爱生活的人 ，但是你在一些事上会表现得很别扭，不过只要在陌生人面前就会表现一副坚强的样子。你比较适合 AIESEC、九九公益、筑梦支教社、绿色发展协会等。

B. 艺术类社团。你和人相处最重视的就是兴趣和感觉合不合，并对文学艺术保持着高度敏感性，富有艺术细胞，追求浪漫的生活气息，懂得在人与人的交流中提升自己的艺术品位，渴望在艺术的殿堂里展翅翱翔。你比较适合起点话剧团、森林音乐社、书画协会、羽田动漫社、舞蹈协会、吉他社、摄影协会、街舞社等。

C. 学术类社团。你具备一种从事科学研究的潜质，所谓独学而无友，则孤陋寡闻也。你适合参加学术类的社团，这样可以拓展你的学术视野，提升学术交流的能力。你比较适合金融投资协会、金融分析协会、中国家庭金融调查协会、ERP 沙盘俱乐部等。

D. 实践类社团。你具备一个社会活动家的潜质，能言善辩，像你这样集体活动的活跃分子应该参加实践类的社团，去挥洒你的热情，发出你的光和热。你比较适合 AIESEC、Enactus 创行、JA、模拟联合国、TED、学生广告实验公司等。

E. 体育类社团。你具备成为体坛明星的潜质，生命中充满运动的激情，在各种运动竞技比赛中，你活力四射，挥汗如雨，享受着一种无与伦比的运动快感。你比较适合棒垒协会、排球协会、轮滑社、羽毛球协会等。

第三节　学生社团的成立、注册、变更及注销

一、学生社团的成立

学生综合类社团成立应按照文化艺术类、体育健身类、社会实践类、公益服务类、兴趣爱好类五个门类进行申报；学生专业社团成立应以二级学院专业和学生特点为依托，能够充分服务于相关专业学生专业技能培养。学生综合类社团归校团委社团联合会管理；专业社团由校团委管理、二级学院指导，并由专人负责，社员以二级学院内成员为主，可以

适当地吸收其他二级学院的学生。成立社团要经过二级学院党总支书记或二级学院院长的审批，接受二级学院书记和院长的指导。

(一)学生社团成立应具备下列条件

(1) 有15名以上学生发起成立。

(2) 有筹备组专门负责筹建事宜。

(3) 完成制定章程等准备工作，章程应包括学生社团的名称、宗旨、主要任务、活动内容和范围、组织机构，经费来源及物质条件和其他应说明的事项。

(4) 专业类社团审批成立有一名或一名以上的指导教师。

(5) 综合类社团审批成立无须指导教师。

(6) 社团负责人条件：学籍满一年、学业积分达到42分、表现积分18分以上且无挂科现象。

(二)学生社团成立应履行下列手续

(1) 由筹备组主要负责人向社团联合会提交申请报告、章程草案和发起人名单。

(2) 筹备组领取并填写《河南经贸职业学院学生社团信息登记表》和《河南经贸职业学院学生社团负责人登记表》《河南经贸职业学院学生社团注册登记表》一式两份，经学生社团联合会初步审核后，履行正式审批手续。

(3) 经校团委审查并报请主管学校领导批准后，学生社团方可正式成立。

(4) 学生团体应尽快以公告或公开会议的形式宣布成立。

(三)社团依据的标准

学生社团组织方式和机构设置应依照社团宗旨、性质及工作需要成立相应部室，成立之前报社团联合会审批。学生社团组成人员具体情况应报社团联合会备案。

(四)社团负责人的选定

学生社团负责人依据学生社团章程从本社团中产生，并报经学生团体联合会同意，由校团委认可。学生社团负责人任期一年，连任不超过两届。有下列情况之一者，不得担任学生社团负责人。

(1) 留(降)级学生。

(2) 受到留校察看以上处分者。

(3) 曾因违反有关规定，被指导单位撤职的学生社团负责人。

(4) 曾因违反有关规定被责令解散的学生社团中原负责人或主要成员。

(5) 外出(未毕业)实习学生。

(6) 有其他不宜担任学生社团负责人情况的。

(五)社团名称的标准

学生社团名称应体现社团宗旨，符合法律、法规的规定，不得使用对国家、社会或者

公共利益有损害的名称，不得违背校园文明风尚，学生社团名称中应冠有我校校名。

(六)社团指导教师的要求

学生社团可聘请若干政策水平较高、学术造诣较深或在某些方面有专长，关心学生社团活动的专家、学者或教师，担任指导教师、顾问或名誉职务，并报学生团体联合会备案。学生专业社团指导教师原则上为我校在职教职工，聘请非我校教职工的学生专业社团要专门提出申请，待批复同意后方可聘任。接受聘任的社团指导教师要具备指导社团开展工作的能力，在社团相关知识和业务方面有一定的专长和研究，各专业社团指导教师要如实填写《学生社团辅导老师登记表》，并认真履行辅导职责。

(七)社团标识的要求

学生社团在征得学生团体联合会同意后，可自备各种形状的艺术图章或其他标志，以便开展工作，但不得刻制任何公章。

(八)凡属下列性质之一者，不得成立社团

(1) 危害国家和社会安全。

(2) 妨碍学校秩序。

(3) 有碍校园的治安管理。

(4) 不利于师生员工团结。

(5) 同乡会、同学会。

(6) 不遵守社团联合会章程。

(7) 社团活动不利于学生成长成才，甚至危及学生生命健康和财产安全。

(8) 其他特别规定的情况。

二、学生社团的注册

批准成立的社团每年必须到社团联合会注册方能开展活动，社团注册时间为每学年第一学期招新结束后的第二周，由社团负责人向社团联合会提交本学年的活动计划和上学期工作总结、人员变动情况，并填写注册表，如不按期注册则不允许开展活动，不注册则视为自动解散。凡未经注册以社团名义开展活动者，社团联合会将报校团委严肃查处。

三、学生社团的变更

(1) 学生社团的登记、备案事项需要变更的，应当在形成决议后 7 个工作日内向社团联合会申请变更登记；学生社团修改章程，应将修改意见报学生社团联合会审核后方可提交会员大会或会员代表大会审议，社团联合会对学生社团提交的章程修改意见应于 7 个工作日内给出答复意见。

(2) 学生社团更换负责人，应于会员大会或会员代表大会通过起 7 日内递交《河南经

贸职业学院学生社团负责人变更表》报社团联合会审核，经社团联合会批准后方可办理工作交接。

(3) 社团性质变更如下。

① 专业类社团转综合类社团：必须有指导教师签字、学院院长签章、校团委审核方可转为综合类社团。

② 综合类社团转专业类社团：必须先有社团联合会同意，然后才可自行联系指导教师，挂靠学院，再有校团委审核批准后方可转为专业类社团(提出申请的必须是该社团的负责人，否则不予批准)。

四、学生社团的注销

(1) 有下列情形之一的学生社团，应向社团联合会提出自行解散的书面申请。

① 学生社团会员大会决议解散的。

② 学生社团经社团联合会批准合并或分立的。

(2) 对于理由充分的自行解散申请报告，社团联合会原则上应予以批准，但有下列情形之一的不予批准。

① 学生社团获得社团联合会批准开展的活动仍未开展或未完全开展的。

② 对社团联合会安排的工作无正当理由推脱的。

③ 自行解散的理由不充分的。

(3) 学生社团出现下列情况之一者，校团委可以将其解散。

① 违反国家法律政策，严重触犯校规校纪、利用学生社团名义从事非法活动。

② 背离社会活动宗旨，影响恶劣。

③ 成员人数不足 15 人。

④ 连续半年未进行正常活动，机构瘫痪。

⑤ 盗用指导单位或其他组织名义，引起严重后果的。

⑥ 学生社团出现其他应予解散的情形。

(4) 有下列情形之一的学生社团，应当申请注销登记。

① 未能完成学生社团章程规定宗旨的。

② 自行解散或被强制解散的。

③ 社团合并或分立的。

④ 其他原因终止的。

第四节　学生社团活动

一、社团活动的意义及对学生的益处

社团活动就是以素质教育为核心，以学生的兴趣爱好、个性发展为基本准则，通过有组织的、有辅导的、有发展的、有实践的学生课外活动。达到全面发展学生、个性发展学

生的目的，为学生的全面、个性成才搭建平台、拓宽渠道。

(1) 在丰富的社团活动中，拓宽了学生发展的渠道，全面提高了学生的综合素质。学生们在自己的社团中，解放了自己的头脑，解放了自己的双手，充分利用自己的生活空间，把一个个社团变成自我展示的小舞台，尽情地发展个性，展现才能，培养特长，提高了自己的审美、实践、创新能力，综合素质得到了显著的提高。

(2) 社团活动也整合了社会资源，延伸了学生的学习领域，增强了学生的社会责任感。学生在课堂上学到的知识显然是不够的，“新课改”揭示了培养学生探究能力、创新能力的新路子。在各科学习中，充分挖掘本土资源，延伸学习领域，是社团活动的重要阵地。各社团成员在实地考察亲身体验中获得美的感受，提升了爱国、爱家乡的思想情感。

(3) 社团活动丰富了校园文化，提高了学校的办学水平。校园文化建设是学校建设的重要组成部分，而社团的发展极大地推动了校园文化建设。学校社团活动的时间可根据集中与分散相结合的原则，充分利用学生的课余时间，各社团利用休息日或寒暑假期自行开展丰富多彩的活动，总之，学校一切可以开展社团活动的场所都应充分发挥它的功能，使学生社团成为校园文化中一道道亮丽的风景线。

(4) 我校社团活动多种多样，举行过的活动有“我们都是追光者”首届读书校园畅聊会；“不忘国耻——祭奠南京大屠杀死难者”活动；专业社团风采展活动；学团文化节活动(经贸的社团文化盛宴)，这些都是往年比较出名的活动，还有许多的活动就不一一举出。

二、学生社团开展活动应遵循的原则

(1) 学生社团活动应依照《河南经贸职业学院学生活动管理办法》执行。活动奉行公开原则，出具广告、公告等必须署名，任何学生社团不得盗用指导部门或其他组织的名义开展活动。各学生社团开展活动要以服务学生职业素养提升为目标，以丰富校园文化内涵、提升校园文化层次为己任，不断扩大服务学生成长的影响力。

(2) 社团在举办各种活动之前，应向社团联合会提交申请报告、活动经费预算报告，活动方案经批准后方可活动。活动结束后，学生社团负责人应向社团联合会提交书面的总结汇报。

(3) 学生社团举办与校内其他单位或校外团体、单位的联合活动，应事先征得社团联合会同意后并上报合作单位的证明材料及活动方案，由校团委或有关单位批准后，方可进行。

(4) 学生社团举办的涉及宗教、民族、外事的活动，应经校团委批准后方可进行。

(5) 学生社团不得开展任何以营利为目的商业性活动，也不得开展超出其宗旨的活动。

三、学生社团举办讲座、报告应遵守的规定

(1) 学生社团邀请校外人员在校内举办讲座、报告等室内活动，应在一周前向社团联合会提出申请。申请时要说明被邀请人员的姓名、所在单位、讲座或报告的内容、时间、

地点、主要负责人等，必要时应出示被邀请人的身份证明或单位介绍信。

(2) 讲座、报告会经批准后方可举行，会场秩序由学生社团负责维持，社团联合会监督，讲座报告会的内容与申请不符者，一切后果由该社团及组织者负责。

四、学生社团举办各类培训班、学习班应遵守的规定

(1) 经校团委批准后，可以在其活动范围内，面向校内师生员工举办培训班、学习班。办班要以为师生员工服务为宗旨，必须对师生员工负责，收费标准应符合学校有关规定。

(2) 办班的学生社团需在两周前向社团联合会提出申请，申请时要提交办班的内容、人数、讲授方式、次数、教员和教材情况、收费办法、招生方式等，经校团委批准后方可张贴海报招生。

(3) 办班学生社团及组织者应负责办班秩序的维护及其他有关事宜。

五、学生社团举办群众性集会和活动(含各类沙龙、小型研讨会等)应遵守的规定

(1) 学生社团在学校举行室内外群众性集会和活动，应在一周前向社团联合会提出申请，经校团委批准后方可举行。

(2) 申请时应说明集会和活动的目的、内容、方式、人数、时间、地点、主办单位、主要负责人等。

(3) 学生社团和活动的组织者要对集会的秩序、安全及其合法性负责。

六、学生社团出版刊物应遵守的规定

(1) 校团委对学生社团刊物实行注册登记制度。

(2) 学生社团刊印刊物，应先向校团委提出申请并提交经费预算报告，申请时应申报刊物的名称、宗旨、主办单位、主要负责人、经费来源、发行范围及方式。

(3) 经校团委批准后，学生社团方可开始征稿、筹集经费等有关出版刊物的准备工作。征稿结束后社团应提交刊物的全部原稿报社团联合会审批，经审查批准后，方可印制。

(4) 学生社团刊物所登文章，作者或编者文责自负。

(5) 学生社团刊物只限于校内宣传和交流。需与校外单位和个人交流的应经校团委或指导单位同意。

(6) 凡经登记批准刊印的刊物，每期应送五份交校团委存档。学生社团刊物未经申请或申请后未批准的严禁编印。

(7) 学生社团刊物需要公开发行的，应经校团委同意，按照《新闻出版法》规定的程序报批。

第五节 学生社团管理

一、管理的意义

无论是国家还是个人，无论是古代还是现代，只要有人群的地方就有管理，管理是保证组织有效进行的必不可少的环节，即使是一个小小的家庭，也需要管理。当然，社团也需要管理，管理是协调各部分的活动，使组织与环境相适应，一切组织如果没了管理，那这个组织就会散架。大家要认真阅读对学生社团制定的一些管理制度，以避免以后产生不必要的麻烦。

二、日常管理

(1) 校团委为加强对学生社团工作的指导和管理，成立社团联合会，社团联合会负责人由校学生会的有关人员担任。社团联合会依据校团委的授权，负责全校学生社团的日常管理工作。

(2) 学生社团活动的责任由社团自行承担。学生社团负责人及其主要成员在活动过程中有错误或重大失误的，其个人也应承担相应责任。学生社团负责人或其主要成员以学生社团的名义所进行的活动视为学生社团活动。

(3) 每学年，校团委根据各学生社团活动情况，评选出优秀学生社团、学生社团活动先进个人并给予奖励。奖励方式有：通报表扬、颁发奖状、证书等。

(4) 在学生社团活动中表现突出的学生社团负责人或社团主要成员，可参加学校各类学生干部的评选与表彰活动。

(5) 校团委对违反规定的学生社团，有权予以批评教育。学生社团有下列情况之一者，校团委可责令其停止活动，进行整顿。

① 无正式负责人和组织机构。

② 从事违反法律法规及校纪校规的活动或活动范围和内容与学生团体宗旨、章程相违背。

③ 拒不接受或者不按照规定接受监督管理。

④ 组织机构瘫痪，财务管理混乱。

⑤ 骨干成员有严重违反校纪的行为。

⑥ 其他违反本办法规定的行为。

⑦ 学生社团违反规定，对该学生社团负责人及其他负有责任的成员，由校团委视其情节给予批评教育。对有严重错误者，报经学校按照《违纪学生处分条例》予以校纪处分。

⑧ 因在学生社团活动中违反规定受到校纪处分的学生，未经校团委同意，不得再参加任何学生社团活动。

三、学生社团财务管理与监督

(1) 学生社团的活动经费以学校拨付为主，自行筹集和会员会费为辅。学生专业社团不得收取学生会员会费。学校拨付的学生社团运行费用中，80%用于专业社团运行，20%用于综合类社团运行。

(2) 各社团运行费用采用服务项目申报制度，各学生社团每学年第二学期第三周提交专业社团服务项目建设申报书，由所在二级学院签署意见后交校团委审批，校团委审批后汇总上报主管校领导。

(3) 学生社团的经费必须用于章程规定的活动。经费开支应建立严格的财务管理制度，做到账目清楚，定期公布，实行民主管理并接受监督。学生社团经费应由专人保管，钱账分离，社团联合会的正、副主席不得兼任财务负责人，每项费用支出至少有3人签字，每学期必须向全体社员公布财务收支使用状况。社团联合会将根据举报或者不定期对各学生团体的会费使用和财务状况进行检查，一旦发现问题，将提请有关部门，按学校有关规定对当事人进行严肃处理。学生团体接受捐赠、资助，应向校团委报告并向本学生团体全体成员公开。

(4) 学生社团年运行费支出用途中，辅导教师课时补贴费用原则上应不超过年运行总费用的30%，其余运行费用需要正式财务票据凭票报销。

(5) 辅导教师课时补贴费用以学期为单位，由校团委统一统计、申报、制表、发放；其余运行费用报销时，应按照学校财务报销要求粘贴票据，填写报销单据审批表，经办人由各社团指导老师签字，部门审批意见由校团委书记签字，分管领导审批意见由主管学校领导签字。

(6) 实际支出金额不得超出年运行费批复数额。校团委每年年底汇总公示社团服务运行费使用情况。

第六节　学生社团日常考核细则

一、关于出勤

(一)每周出勤人数限定

社团出勤原则上不超过社团总人数的70%。各社团需要出勤请提前与社员沟通，避免与其他部门或活动出勤重复，如有重复人员，按缺勤处理且下周出勤取消。如有请假请出示假条(拍照)、班内全勤截图；其他情况按缺勤处理(缺勤情况处理请参照社团日常考核细则处理)。如有特殊情况5人及5人以下出勤名单需给分管社联理事说明出勤必要原因，如无必要，可取消社团5人及5人以下出勤。下周出勤请在本周六18:00之前发给分管社联理事并单独备注社团+出勤人数+出勤地点，未在规定时间内发的出勤名单将视为无效。

(二)出勤考核方面

一个月内出现 3 次及 3 次以上社团人员缺勤，下月出勤将酌情减半(5 人以下情况同上)，第一次社团人员缺勤-1 分，第二次-2 分，第三次-3 分，依次类推。社团每周出勤良好(无空缺出勤、无玩手机等)，日常考核+1 分。舞蹈类、音乐类、小品话剧类(申请出勤)社团每个月排出一个节目，社联工作人员将在每月的最后一周的周四晚自习进行抽查。其他类社团也可根据社团自身情况自行排节目(根据节目质量日常考核分数+2/+1)。

(三)出勤时间

夏季出勤时间 19:30～21:10；冬季出勤时间 19:00～20:40。出勤时间内未在出勤地点的即为缺勤(缺勤情况处理请参照上一条)，如社团上报的出勤地点里未查有该社团出勤人员，则该社团出勤取消两个周出勤且日常考核-3 分，如出勤地点有更换，请提前与分管理事联系。

二、社团开展活动要求

(1) 受邀参加校内活动(不需要写策划书)日常考核分数+1.5；社团受邀参加二级学院、其他部门活动，请提前给分管理事报备。活动结束后社团需交的材料：①活动照片(要求拍到横幅+社团人员参加活动时的现场)，②新闻稿在活动结束后 3 个小时内以文件夹的格式发给分管理事，以便办公室做好考核及社团活动整理。

(2) 参加校外活动或社团自主举办的活动(日常考核分数+3)，需在活动前一周向分管理事提交策划书一式四份，活动策划书经过团委审批后方可举办，活动现场会由分管理事进行考核。活动结束后社团需交的材料：①活动照片(要求拍到横幅+社团人员参加活动时的现场)，②新闻稿在活动结束后 3 个小时内以文件夹的格式发给分管理事，以便及时核对，为活动人员加分。负责人将参加活动的社员信息填写到学生荣誉积分登记表上(涂改无效)，只需填写以下栏目内容，班级：×××，姓名：×××，学号：×××，原因：×年×月×日“×××”活动，其他栏目不需填写。加分表最迟在活动结束第二天中午 12 点之前交给分管理事，便于及时上交加分表，为活动人员进行加分。逾期上交活动材料的，理事将不予受理活动加分等一系列工作。社团所有活动经校团委批准后方可举办。

三、场地卫生考核

场地卫生需要日常清理，场地卫生脏乱差(纸屑、烟头、社团设备乱摆乱放等)；社联第一次抽查社团卫生脏乱差日常考核-1.5 分，第二次-3 分，第三次-4.5 分并收回社团场地；团委抽查场地卫生脏乱差日常考核-3 分并收回社团场地。

四、每周例会考核

1. 例会时间

如无其他活动，每周周二中午为社团例会，请各位社长、副社长准时参加例会(正副社均要按时参加每周例会)。

2. 例会考核

每周例会正副社其中一方未到场，日常考核-0.5 分；如有要事，请提前向分管理事说明情况并进行请假备注。第一次没有请假且未准时参加例会的社团日常考核-1 分，第二次-2 分，三次及三次以上列入无作为社团考察名单。例会开始之前请各位正副社长在办公处进行社团负责人签到，未签到即为例会缺勤(社团日常考核-1 分，第二次-2 分，三次及三次以上列入无作为社团考察名单)。

第七节　社团与社员荣誉

一、社团荣誉

荣誉是一定社会或集团对人们履行社会义务的道德行为的肯定和褒奖，是特定人从特定组织获得的专门性和定性化的积极评价。“荣誉和美德是灵魂的装饰，要是没有它，那么，肉体即使真美，也不应该认为美。”社团也需要荣誉，团队的荣誉是团队中每一个成员共同努力的结果。无限大的万分之一等于无限大；零的一万倍仍等于零。社团荣誉感是团队建设中，事关工作成败的重要环节。社团荣誉是社团中的每一个人都应努力去取得的。学生社团是大学文化的重要组成部分，是校园生机活力和魅力的重要体现，是培养大学生综合素质的重要载体。学生社团在繁荣校园文化和丰富课余生活方面发挥了重要的作用，成为学校对外交流的重要窗口之一。为了激发各学生社团的发展潜力，调动学生社团的竞争意识，保持学生社团的生机与活力，因此校团委面向全部社团评选出一批精品社团和优秀社团。

二、社团具体评选办法

(一)申请评选精品社团、优秀社团的基本资格

(1) 学生社团组织健全、结构合理、管理制度完善。

(2) 学生社团活动积极向上、思想健康、响应国家和学校的方针政策。

(3) 指导老师能够按时授课，给予学生专业的指导。

(4) 配合校团委社团联合会的相关工作。

(二)评选办法

(1) 精品社团和优秀社团的考核评定由三部分组成，如表 7-3 所示。

表 7-3 精品社团和优秀社团的考核评定成分与比例表

项目	日常考核	社团成果展示	申报材料
所占百分比	20	50	30

(2) 日常考核包括各社团参加校团委社团联合会的例会情况、配合校团委社团联合会的工作情况等。

(3) 社团成果展示由各社团代表进行 6～10 分钟的成果展示，汇报本学年的社团建设情况，由评定小组进行评分。

(4) 各社团需提交本学年的社团建设佐证资料，包括社团指导老师授课情况、社团活动开展情况和社团获奖情况等。

(三)结果评定

根据日常考核、社团成果展示和社团申报材料，由评定小组对已申报的精品社团和优秀社团进行评选，评出精品社团 15%、优秀社团 20%，如无异议，则最后确定名单。

(四)无作为社团

本学期日常考核分数 7 分以下的社团即为无作为社团；无作为社团有一个月的调整期。校团委社团联合会将会根据调整月内社团表现商议重整或解散社团。

三、社员积分与荣誉

(一)正副社长任职分(正社长 0～10 分、副社长 0～8 分)

(1) 正副社长如有替换、辞职，请及时联系分管理事填写《河南经贸职业学院社团负责人变更表》，按流程进行注册或注销，及时更换社团负责人信息。如私自变更社团负责人，则该社团负责人加分取消。

(2) 正副社长每学年需各交一份 800 字以上的社团本学年工作总结+PPT(压缩包形式)。

(3) 校团委社团联合会将根据社团考核分数、平时配合度、执行力度及上交的社团工作总结，分别给各位社长、副社长进行任职分评定。

(二)申请优秀社员评选要求

(1) 评选对象为×级 3+2、×级全体同学。

(2) 优秀社员占社团总人数的 5%。

(3) 积极参加校园文化活动，表现积分不低于 18 分，学风端正，无不及格课程，学

业积分不低于40分。

(4) 严格服从校团委、社团联合会的正确领导，积极参与社团管理，如果社员还参加其他社团，只能在一个社团内评选。学业积分、荣誉积分可以参考上学期。

【知识拓展】

北京大学山鹰社

北京大学山鹰社成立于1989年4月1日，是全国首家以登山、攀岩为主要活动的学生社团。自成立以来，山鹰社以“存鹰之心于高远，取鹰之志而凌云，习鹰之性以涉险，融鹰之神在山巅”为社训，开展了登山、科考、攀岩、野外等各种形式的活动，攀登过念青唐古拉、格拉丹东、玛卿岗日、慕士塔格等多座山峰，足迹遍布青海、西藏、四川、新疆、甘肃、云南。截至2018年年底，已培养至少276名登山队员，其中有11名国家登山运动健将、10名国家一级登山运动员和多名国家二、三级登山运动员。

存鹰之心于高远·成立

山鹰社的成立起因于著名冰川学家、北大教授崔之久老师从北极归来的一次讲座。在讲座中，崔教授深有感触地诉说雪山攀登对于我国国民经济的重大意义，并意味深长地说：“难道中国大学生就没有一点冒险精神？北大学子就不能挑起这个重担？”在爱国激情高涨、无数青年寻找为国效力机会的年代，教室温柔的灯光顿时像道道利剑刺向一群年轻人的心。地质系86级古生物专业本科生李欣、刘劲松和陈卫华等人当即开了碰头会，决定为了北大、为了青年、为了中国走出这一步。1989年4月1日，北京大学登山协会正式成立。1990年，在李欣的建议下，社团更名为“北京大学山鹰社”。

成立初期，社团面临极大的困难。没有办公楼，宿舍便是会议厅；没有登山攀岩装备，军训用过的背包带就派上了用场；没有成熟的攀岩场地可供训练，他们就用学生宿舍楼间的裂缝作为天然的攀岩场地；没有资金赞助，他们只能走街串巷去卖赞助的方便面。每天进行六七十里的远距离长征，从北安河到妙峰山涧沟村，从北大到香山，从东灵山到怀柔，都留下了他们的足迹。

在学校领导的关怀下，在团委与体教部的支持下，在中国登山协会和社会各界的帮助下，山鹰社很快就发展起来，并于1990年首次出征。1990年8月23日，北京大学登山队在加利加(天津)有限公司的赞助下，成功攀登了东昆仑玉珠峰(6178米)，“开辟了中国群众性登山运动的新纪元”(时任中国登山协会常务副主席王凤桐语，1990年10月)。

取鹰之志而凌云·辉煌

30年来，山鹰社已经成为北京大学最具影响力的社团之一，连续多年获得品牌社团，每年招新达800人。社团开展了包括登山、科学考察、攀岩、野外生存等各种形式的活动，不仅为大批北大学子提供了接触户外的平台，也为中国的民间登山运动和高山科学考察事业做出了自己的贡献。山鹰社发掘了祖国广阔的山岳资源，培养出一大批青年登山爱好者和国家登山运动员，并深入祖国边远地区了解民情，服务当地人民，在校内外都产生了极其广泛的影响。教育部长陈至立女士、《人民日报》社长邵华泽先生、国家体育总局伍绍祖先生等知名人士均曾为山鹰社寄发贺信或题词。

作为山鹰社的核心组织，北京大学登山队克服了种种困难，在不断提高和完善自身的同时，争取社会各界的支持，向社会展示了北大这所优秀高校的学生拼搏向上、自强不息

的精神风貌。自首次攀登玉珠峰以来，山鹰社每年暑期都会组织例行攀登活动，曾完成过西藏念青唐古拉中央峰(7117 米，1992 年)、格拉丹东峰(6621 米，1994 年)、桑丹康桑峰(6590 米，2000 年)、甲岗峰(6444 米，2007 年)等多座山峰的中国首登或人类首登，也曾成功攀登新疆博格达峰(5445 米，2006 年)等高难度技术型山峰。此外，山鹰社还组织过几次特别攀登活动。1998 年北京大学百周年校庆之际，山鹰社三名队员成功攀登了世界第六高峰——卓奥友峰(8201 米)，填补了民间业余组织攀登 8000 米高峰的空白。2018 年北京大学一百二十周年校庆之际，包括七名山鹰社成员在内的北京大学珠峰登山队，从北坡成功登顶世界第一高峰——珠穆朗玛峰(8844 米)。

习鹰之性以涉险·辉煌背后

1991 年，山鹰社初试新疆境内被称作“冰川之父”的慕士塔格(7546 米)。由于种种原因，山鹰未竟而归。然而，在哪里失败就在哪里爬起来。1993 年，山鹰重返慕士塔格，十名队员成功登顶并被授予“国家一级登山运动员”荣誉称号。

1999 年，山鹰社组织的中国第一支女子登山队于暑期攀登四川雪宝顶(5588 米)，然而队员周慧霞却在登顶过程中不幸遇难。2002 年，山鹰社攀登西藏境内的希夏邦马西峰(7292 米)时，林礼清、卢臻、雷宇、杨磊、张兴柏五名队员遭遇雪崩，再也没能回来。

融鹰之神在山巅·展望

经历了 30 年的风风雨雨，山鹰依旧在向前行，而且“从无知的向往到知道代价的坚持之间，山高水长”。雪山之巅依旧是山鹰社的圣地，山鹰经历过展翅试翼、羽翼渐丰、痛苦折翼后，不执着于冰冷的雪山海拔，而是在一次又一次艰难跋涉之中，力图突破自我极限，叩问生命本身的高度。

点题成金

1. 请和周围同学交流一下，山鹰社给你留下深刻印象的是哪一部分？
2. 请和周围同学讨论一下，山鹰社有哪些精神值得当代大学生学习？
3. 如果有机会，你是否会加入山鹰社？请和周围的同学交流一下你的选择和原因。

(资料来源：北京大学山鹰社，北京大学体育教研部，新闻资讯. 教育教学，https://pe.pku.edu.cn/info/1020/1182.htm)

第八章　大学学业规划

进入大学的这些天，大家有什么样的感受吗？在进入大学之前，每个人是否给自己的大学生活定了目标呢？是成为社团达人，拓展人际关系？是成为奖学金专业户，证书拿到手软？还是成为班委，提高自己的能力？不管有什么样的目标，都说明大家是非常优秀的，因为有了目标才有努力的动力。这自然就要提到学业规划这个词，它是帮助同学们实现大学生活目标的一个有效工具，如果你能够好好利用学业规划，那你的大学一定会比想象得更加精彩！

学业规划，顾名思义，是大学生针对自己的大学生活制订的较为长远的发展计划、行动方案。规划也类似于决策，像是求学决策，包括中考志愿决策、高中分科决策、高考志愿决策、大学学业规划、终身学习学业规划等，现阶段我们现在需要面对和了解的是大学规划。学业规划是每一个大学生对自己、对未来负责的一条途径、一种方式。如果你想要度过一个充实有意义的大学，实现自己的目标和人生价值，让自己在这个过程中得到一个整体的提升，成为更优秀的自己，那么学业规划一定会是你很好的帮手。

第一节　学 业 定 位

没有一艘船能像一本书

没有一艘船能像一本书，
也没有一匹骏马能像
一页跳动的诗行那样——
把人带往远方。

这渠道最穷的人也能走，
不必为通行税伤神。
这是何等节俭的车——
承载着人的灵魂。

——狄金森

是啊，读书是每个人都能够并且可以做的事情，读书面前人人平等，更何况，他承载的是人的灵魂。一本书就像一艘船、一匹马，书把我们带到无限的远方世界。读书使人们成为宇宙的主人；读书使人距离成功这个节点更近一步；读书是学习、工作、生活的方式；读书是生活的必修课；读书是书籍成为生活的指南，是承载生命之重的砝码。让读书成为创造新生活的方式，让读书成为我们最猛的姿态，这也是我们学业中最重要的部分，那么我们首先应该准确地定位学业，进而才能制定出一个更好的学业规划。当然，大学的

学业不仅于此，还有其他，包括专业能力的培养、专业素质的提高、人际关系的拓展、沟通交流技能的提升等，这是对大学生在进入社会之前的最好的“综合技能培训”，只有当你真正合格地通过这个“培训”，你就会发现你与别人真的不同，这个“培训”对你的人生的影响意义重大。

学业是大学生立身之本，是大学生应当集中精力努力掌握的知识、能力、素质体系。具备和拥有好的学业，才会有好的就业、好的职业。同样，只有对学业准确定位，你才能朝着正确的方向进行学业规划，进而跟随正确的学业规划去完成你的大学学业。下面我们从学业定位的两个方面进行阐述。

一、大学的一个重要特征：我思故我在

身处大学校园中，同学们必须思考自己的学业。对待学业，一个重要特征就是，我思故我在。进入大学后，我们究竟应该干什么？一些大学生对此感到十分迷惑。还是那句老话：学生的天职是学习，大学是学习的天堂。人生也许很长，但只有大学这几年是可以让人充分、自由学习的时期，过了这个阶段就再也难找了。参加工作后再想学习，要么有心情没时间，要么有时间没心情。因此，你绝对不可以因为学的东西暂时没有发挥作用，或者自己不喜欢这个专业而不去学习。同学们要根据社会的需要、社会的发展趋势和个人的兴趣、特长及所学专业等确立自己大学期间努力的目标，并根据确立的目标，做好切实可行的学业规划，然后根据制定的规划，及早准备，付诸行动，只有这样，你的大学生活才不会是混日子的三年，你的大学生活才会更有价值。

二、树立正确的学业观

大学生的学业是指在高等教育阶段进行以学习为主的一切活动，是广义的学习阶段，它不仅包括科学文化知识的学习，还包括思想、政治、道德、业务、组织管理能力及创新能力等的学习。观念是行动的先导，要完成大学学业，首先必须树立正确的学业观。所谓学业观，就是对所学专业、课业的态度和认识，它在很大程度上影响着大学生的学习、生活乃至人生前景。当代大学生在对待学业问题上存在着种种误区：或将学业含义理解得过窄，或对学业生活预期过高，或学业角色定位不准，或职业期望值过高，以至学业不精甚至荒废学业。为此，我们应正确处理以下四种关系。

(1) 正确处理学业与专业的关系。珍重自己的学业，就应该学得其所，努力培养自己的专业兴趣，把自己的爱好和国家的需要及社会发展的要求有机地统一起来，掌握专业知识、专业技能和相关能力，培养自己的专业素质。

(2) 正确处理学业与职业的关系。我们都清楚地知道学业是职业的奠基石，在学习期间学生就应自觉地学好专业知识，培养职业技能，锻炼职业能力，以期在将来的从业竞争中，能够对自己的职业有选择权并立于不败之地。

(3) 正确处理学业与事业的关系。将自己现在的学业、将来的职业和未来的事业联系

起来，在学习的过程中，充分认识所学专业在国家建设和社会发展中的意义、作用和发展前景，立志献身其中，在工作中充分实现自己的人生价值。

(4) 正确处理学业与就业的关系。就业与学业存在着密切的关系，就业是学业的导向，学业决定了就业。以就业为学业的导向，有利于大学生专业的选择、学业目标的调整、学习方式的改变、学习外延的拓展以及综合素质的提高。与此同时，就业也构成了衡量学业成就的重要标志。想要更好地就业，必须具备强烈的事业心、广博精深的专业知识、较强的沟通协调能力、良好的心理素质和强健的体魄以及创新精神。

第二节　学 业 规 划

大学能培养一切能力，包括愚蠢。

——契诃夫

前面我们提到了学业规划的大概意思，那么本节我们就来学习学业规划是什么，如果做不好学业规划会有什么样的后果等。这位 19 世纪末俄国伟大的批判现实主义作家的话能否回答你呢？

一、学业规划是什么

你心中的大学是这样的吗：大学像是一场升级打怪不断更新自我的游戏。每个人在最初都是什么都不知道的游戏小白，但不要着急，你可以向其他人学习升级通关秘籍，平静淡然地接受当下的自己，然后去追求更好的自己。

几乎所有的人在高中时代都相信并期待着老师口中轻松自由的大学生活，那就像是前方的一片梅林，望一望似乎就能止住当前埋头题海的劳累。但直到闯过了千军万马的高考独木桥，踏入大学校门后才悲伤地意识到，高中老师说的话不过是个赤裸裸的“谎言”：大学没有比高中轻松，甚至还要辛苦得多。大学第一课，老师的话一定是这样语重心长的：“大学三年很短，一定要找好自己的方向，早做规划早准备。”然而，作为一个对自己所学专业知之甚少，甚至不知道这个专业的意义的新生，自己是否擅长这个方面尚是未知数，如何摆正自己的位置、找好方向，更令人一头雾水，不知如何下手。除了迷茫，焦虑也仿佛影子一般如影随形。新的生活需要处理的事情总是那么多：是该像高中一样把大部分时间花在学习上，还是应该多去参与学生会工作和社会实践呢？

一件又一件事情，逼着你对自己的生活做出规划。

学业规划概念：是指为了提高同学们的人生职业(事业)发展效率，而对与之相关的学业所进行的筹划和安排。换言之，就是通过解决求学者学什么、怎么学、什么时候学、在哪里学等问题，以确保用最小的求学成本(时间、精力和资金)通过学习成长为满足阶段性职业目标要求的合格人才，从而最大限度地提高求学者的人生职业(事业)发展效率，并实现个人的可持续发展。

学业规划四大要素：求学决策、学业管理、规划主体(求学者)、规划客体(学业路线)。

学业规划是通过求(升)学决策与学业管理来实现和完成的，即规划过程，这是学业规划中的核心要素。求(升)学决策与学业管理是学业规划的具体化与日常化：求(升)学决策是指求学者(中学毕业生)在求(升)学时对下一阶段学习专业、学校与方式的选择；而学业管理则是通过学生对自己每天、每时每刻的学习计划与安排，通过品德修养、智力开发、身体锻炼及其他方面素质的全面提高，以确保其完成学业后，成长为适应社会经济(人才市场)需要的合格人才，进而顺利实现自己的阶段性职业或事业目标。学业规划中另外两大要素是规划主体与规划客体：规划主体是指求学者本身，即最终的选择与决策权一定是求学者掌握；规划客体是规划内容，即通过怎样的方式实现学业目标，即学业路线。

二、为什么要进行学业规划

为什么要进行学业规划？让我们来看一组数据。美国哈佛大学曾经对当时的在校学生做过一份调查，发现没有做学业规划的人占 27%，学业规划模糊的人占 60%，有短期学业规划的人占 10%，长期学业规划清晰的人占 3%。30 年后追踪调查结果表明：第一类人几乎都生活在社会的最底层，长期在失败的阴影里挣扎；第二类人基本上都生活在社会的中下层，他们没有多大的理想和抱负，整日只知道为生存而疲于奔命；第三类人大多进入了白领阶层，他们生活在社会的中上层；只有第四类人，他们为了实现既定目标，几十年如一日，努力拼搏，积极进取，百折不挠，最终成为百万富翁、行业领袖或精英人物。由此看来，大学生尽早地进行科学的学业规划十分必要。

三、学业规划中的六何问题

正如学业规划中提到的，学业规划的过程，就是解决问题的过程，即求学者通过科学来解决学什么、怎么学、什么时候学、在哪里学、为什么学、谁来学等问题，以确保让求学者以最小的投入获得适应人才市场需要的能力和素质的过程。这些问题可以归结为“六何”问题，即何人、为何、何时、何地、如何、学何。这是为自己制定的大学三年的一个整体规划。规划可以分为自我认识、职业生涯条件分析(包括家庭条件、个人兴趣、学校条件、社会环境、职业环境等)、学业目标定位和具体规划。这几个部分是紧密联系在一起的，学习、生活、娱乐和工作是相互联系、密不可分的一个整体。这不仅是一个学业生涯的规划，也是决定你人生的一个规划。

我们始终相信：路，就在脚下，需要你一步一步自己去走；路，就印在坚定的决心之中，脚踏实地、决不放弃；路，是汗水筑起的一片肥沃土壤，它会为你的梦想开花、结果提供必需的营养；路，是每个人自己走出的人生。大学，便是这漫长人生路的其中一段。走好大学的这一段路，让自己的价值充分体现，让人生不留遗憾！

第三节　经贸学业规划

一、经贸学业规划路线图

经贸学业规划路线图如图 8-1 所示。

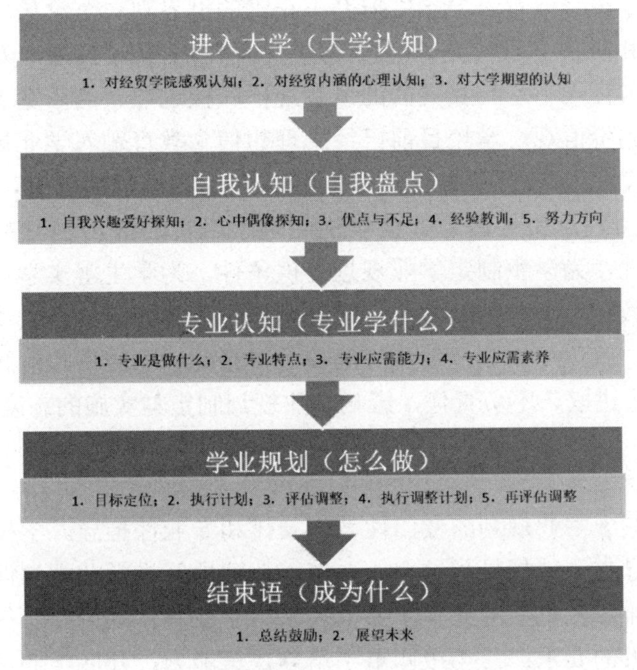

图 8-1　经贸学业规划路线图

图 8-1 是我们经贸的学业规划基本路线，大家可以按照图中的步骤指示来思考一下自己的学业规划大致是什么样的。学校鼓励大家做出学业规划，也期待大家能够通过这样一个学业规划成就自己的美好人生。

正所谓青年兴则国家兴，青年强则国家强。为深入学习、贯彻落实党的十九大精神，夺取新时代中国特色社会主义伟大胜利，党和人民对新时代青年大学生寄予殷切期望。随着高等教育由精英小众向日益大众化的转变，大学生实际上成为社会丰富的人力资源。大学生的培养实现了由一般意义上的普通人力到专门人才，由备选资源到有用、好用以至可堪大用之材，影响因素众多，需要做的工作更是不少，加强对大学生学业规划的引导和指导是高等院校重要的基础性工程和有效举措。所以我校针对这一问题提出了对大学生学业规划的指导策略。

二、学业规划指导策略

所谓指导策略，不是针对特定学生、特定专业、特定学业开展的指导，而是原则性、

方法论的思考，是对关键环节的把握和对有效路径的梳理。它重点包括以下 8 个层面。

(一)观念先导

制定并实施学业规划，观念是基础、认识是前提。要加强“三观”教育引导。世界观、人生观、价值观是思想和行为的总开关。世界观决定人生观、人生观决定价值观。“三观”如何，决定着一个人的思想境界、道德情操和行为准则，影响一个人的人生高度、宽度和深度。学校将教育引导学生摒弃不正确的世界观、沉沦颓废的人生观、取舍失当的价值观，反对和防止享乐主义、拜金(拜物、拜权)主义、极端个人主义和利己主义；同时引导学生树立胸怀天下、物我关联的世界观；积极进取、利乐宽宏的人生观，服务奉献、以作为求定位的价值观。学校目前已经把理想信念教育融入学业规划观念引导之中，第一要加强学业规划观念教育引导，提升学生认知学业规划的意义，珍视学业规划的价值；第二要加强学习观念引导教育，使学生明确学习目的端正学习态度，增强学习自觉性、主动性、积极性，为学生制定学业规划提供条件，为学生落实学业规划奠定基础；第三要加强就业观念教育引导，帮助学生处理好个体小我与国家社会大我、学业与就业、先期就业与后期发展、就业与立业及创业等的关系，帮助学生转变和消解唯我独尊、好高骛远、不切实际、不思进取、不负责任，影响学业规划制定与实施的态度和观念。

(二)技术指导

技术指导是指关于学业规划的专门性教学安排和专业性指导。学校把握了以下三个结合：第一是普遍指导与个性指导相结合。系统、普遍地开设学业规划课程，针对不同年级特点进行教学：一年级侧重于专业与学业的关系、学业基本理论；二年级侧重于引导自我塑造，了解学业对人的要求；三年级侧重于培养决策能力，开展学业探索实践，主要讲授学业道德、求职心理准备、技巧等；注重个体特性，有针对性地开展学业规划指导。第二是注重内容与注重方法相结合。既把学业规划要素内容诸如自我评价、确立目标、环境评价、学业定位、实施策略、评估与反馈等讲透彻，又把制定学业规划的方法诸如调查法、访谈法、讨论法、计算机辅助系统法、见习实习法、测评法以及对比排序法、筛选法、权重计分法、综合归纳法等方法讲明白。第三是引导学业追求与把握学业要求相结合，使学业基于学业，学业成就学业。

(三)学业辅导

关于学业生涯的学业辅导，第一要坚持学业主导原则：以学为主，打牢基础知识和专业功底，毕竟学习是学业的基础，不能轻慢课业、忽视学习而空谈学业，前后失序，本末倒置。第二要优化改进课程设置体系：对接经济社会发展和学生未来就业需要，优化学科专业设置，建立专业设置、学生就业与社会人才需求相衔接的预测预警和专业动态调整机制；有效构建“通识课程+专业课程+创新创业课程+学业规划指导课程+实践实训教学”的模块化课程体系。第三要注重促进学生学业素质提升的工作创新：放宽大学生休学创业的年限和次数，建立支持学生创新创业学分转换的制度，既重视不落一人的全面学业关注，

也注重因人而异、因材施教的个性化学业辅导。

(四)实践训导

实践训导是大学生由学习到学业，由知识掌握到知识运用、由学校到社会的培训过程和衔接环节，是训练学生知识应用和学业适应的教学过程。要将校内实训和校外实训结合起来，开展好教学见习、教学实训和准岗实训；要将技能鉴定达标实训和岗位素质达标实训结合起来，注重通用技能实训和专项技能实训；要将动手操作技能实训和心智锻炼实训结合起来，提升综合素质和创业就业能力；要注重产学合作，加强实训基地、场所设备条件、师资队伍等建设，优化实训项目、创新实训方式，充分发挥实践训导提升学业素质和学业能力的作用。

(五)评估督导

评估督导既是纠偏措施，也是落实机制。开展评估是发现薄弱环节，调整目标路径和行为偏差、补足条件短板、改进工作措施的有效方式。学校十分注重学业规划的可行性评估。学业规划的可行性建立在学业目标的合理性和实施路径的科学性基础之上，学校会利用专业测评工具和测评方法对学生学业素质进行测评，以学业素质测评为基础，以环境测评为依据，对规划目标和路径不断匡正纠偏，增强规划实施的可行性。学校同时对学业规划执行的有效性进行评估。通过评估，掌握规划执行进度和实现程度。相应建立规划检验标准和执行量表，既有自律措施，也有他律机制。另外，学校会注重社会因素变化影响的损益性评估，针对变化的环境，找出偏差所在，并做出修正，力求趋利避害、增益减损。

(六)问题疏导

学生思想认识不高、规划文本质量不高、规划执行度不高是比较普遍的问题。首先是思想认识问题，学业规划意识淡薄，或茫然不知学业规划的功能，或不屑学业规划的作用，不能有效利用学业规划为学业发展做分析和谋划。对此，学校从大学生进入校门起就将学业规划作为新生教育的开门课之一进行安排，在整个大学学习生活期间进行统筹递进式、理论和实际相结合的教育指导，注重发挥学生社团组织及朋辈群体积极影响和环境营造作用，提升学业规划意识和能力。其次是自我认识不清、发展定位不准、学业理解不够、社会环境不明，再加上规划编制要素不清和方法不当，致使学业规划文本质量不高。学校会指导学生对自己、对学业、对社会有全方位的认知和深层次的分析。学校要提升专业教师的指导水平，加强实践检验纠偏工作。最后是关于学业规划执行度不高的问题。要合理设定规划目标，科学设计规划路径，如果目标桃子是跳起来可以摘得到，路径就是合适的跳板。要针对懒惰懈怠的不作为、学艺不精准的作为影响既定规划实施打折扣的问题，培养学生执着坚毅、守信重行的意志品质和践诺能力。如因社会变迁、经济转型影响学业规划的执行，要注重调整方案，主动适应，因势利导。如受家庭因素的影响，学校则在尊重家庭意见的同时，增强自主性，避免受到不当干预。

(七)典型宣导

学生要注重工作总结。学生要对已定学业规划以及执行情况进行及时总结，扬长补短，完善思路、完善文本、改进落实举措；学校要对制定和实施学业规划总体情况进行分析、总结和把握，提炼模式、树立样板，同时注意发现问题、解剖问题、由点及面、探究规律。要组织交流互鉴，针对学业规划制定理念、制定方法、实施路径、保障措施、共性问题等开展多形式、分专题的研讨交流，分享经验、集成智慧、共同提高。要推介宣传典型，注重发现、注重挖掘、注重宣传在学业规划理解认知和制定实施以及通过学业规划促进思想进步、学业进步、学业发展等方面的先进典型，发挥好典型引领效应和示范带动作用。要推进形成重视学业规划的浓厚校园氛围和学业规划促进学生成长成才的育人文化。

(八)跟踪引导

跟踪的对象是已毕业的学生，一是了解毕业生职业发展状况，掌握毕业生当前状况与其在校时学业理想、学业目标、预设路径的关联度、吻合度、匹配度、流变度及其影响关联因素，分析主客观原因，总结经验和教训，作为对在校学生开展学业规划指导的鲜活案例和生动教材；二是延展学校的责任和义务。在跟踪过程中，也充分利用学校条件和资源，诸如先进理论、专家知识、科研成果、实训条件、集成信息等对入学新生进行必要的指导，掌握学生的实际学业发展状况，给予可能的帮助，使其学业规划实现得更好、学业生涯发展得更为顺畅。应当建立“学生学业生涯数据库”，适时请毕业生返校或“充电”，或传帮带，这也是人才培养方式的有效创新。

大学生学业规划在我国高校还处在增强理念、完善理论、探索实践的过程中，理论体系、实践体系、政策体系、课程体系、师资队伍体系、评估评价体系等都还不完善、不配套。虽然众多学者都认为学业规划重要，但解析众说纷纭、指导五花八门。实现期待的比较完善、比较配套的目标，既是一个系统工程，也是一个相对长期的过程。学校和学生共同对学业规划价值意义、影响因素做一个归纳性梳理，对学业规划指导策略做一个方向和基调性的总体把握，希望能够为大学生和学校提供一个具有独特角度及相对深度的参考和借鉴，以期共同努力，更好地发挥学业规划功能，加强育人工作，为实现中华民族伟大复兴培养和造就更多合格建设者和可靠接班人。

三、学业规划对于学校的现实意义

(一)做好学业规划有利于完善高等院校管理制度

高等院校目前对大学生执行的是制度管理，制度管理只是告诉大学生不应该做什么。大学生应该做什么、怎么做是制度管理所不能体现的。目标管理则引导大学生应该做什么，并激励大学生努力去做，大学生学业规划正是目标管理的具体应用。所以，进行大学生学业规划教育是把高等院校制度管理和目标管理结合的具体体现，是对高等院校管理制度的进一步完善。

(二)做好学业规划能增强学生生活与学习的主动性

一份有效的学业规划，能够引导学生认识自身的个性特质、现有的和潜在的资源优势，对自己的综合优势与劣势进行对比分析，树立明确的学业发展目标与未来职业理想，评估个人目标与现状之间的距离，学会运用科学有效的方法，采取切实可行的步骤和措施，不断增强学生的学业竞争力，实现学业目标与职业理想。从根本上解决学生读大学迷茫的问题，也更有利于学校的管理和教育。让学生明白自己想要干什么，改变以往的被动局面，从“要我学”变为“我要学”。

(三)做好学业规划能促使大学生积极向上和自我完善

学业规划是学生努力的依据，也是学生对自我的鞭策。随着学业规划的每一个具体目标的实现，学生就会越来越有成就感，学生的思想方式及心态就会向着更积极向上的方向转变。好的学业规划为学生提供了完成学业的清晰路线，使学生对学业的实现过程有了清晰透彻的认识，进而更有信心、勇气，达到自我完善。大学生学业规划使得大学生心中的理想具体化，更容易实现，对学业的顺利完成做到心中有数、热情高涨，这就从学生角度更好地解决了学生发展的问题，也就达成学校教学目标的一部分。

第四节　我的学业规划

一、学业规划的意义

大学，对于你而言依然是一个不太熟悉的名词。轻松的学习生活，丰富多彩的娱乐生活，这样一种悠闲的氛围对你来说是充满了诱惑。大学，意味着不需要再埋首于题海了，不需要再徘徊于三点一线的生活中了，可以随心所欲地逃课，可以自由自在地上网，自己的生活自己做主，无拘无束。只是，时间多了，太多了，太自由了，心就开始茫然了，日子也开始变得空虚了。而这时，一份具体且适当的大学学业生涯规划就显得十分重要了。大学，是一个人从半成熟走向成熟的过程，是一个人人生观、价值观、世界观逐渐成熟的过程，是一个人人格形成和完善的过程。当然，在大学里你也可以选择漫无目的，整日无所事事，吊儿郎当，三年以后回首时，发现自己一事无成，留下的是三年的苍白甚至是一生的遗憾。

希望你能够通过为自己制定一个学业规划，并且能够按照你的期望去实践、去完成它，三年以后你可以很满意地对自己说：这三年我没有浑浑噩噩，这三年我学会了很多，这三年将对我的未来产生积极而深远的影响，这三年是我人生中值得回忆的三年！

二、大学学业规划五步骤

(一)学业规划选定

首先，分析自己的兴趣爱好，认定自己想干什么。兴趣是理想产生的基础，兴趣与成功概率有着明显的正相关性。要择己所爱，选择自己喜欢的专业方向和研究领域进行钻研和学习。其次，分析自己的能力、特长，确定自己能干什么。能力是人的综合素质在现实行动中的表现，是正确驾驭某种活动的实际本领、能量和熟练水平。能力是实现人的价值的一种有效方式，也是支配人生命运的一种主导性的积极力量。因为任何一种职业都要求从业者掌握一定的技能，具备一定的条件，所以结合自己的兴趣爱好，在认定自己想干什么的基础上确定已经具备的能力和应该培养的能力。再次，分析未来，确定社会要求干什么。着眼将来、预测发展趋势，立足于社会不断发展变化的需求。避免盲目跟风，最热门的并不是最好的，选择社会需要又最适合发挥自身优势的专业方向和研究领域才是最好的。要把自己的兴趣爱好、能力特长同社会需要结合起来，把想干什么、能干什么、社会要求干什么有机地结合起来，几方面的结合点和链接处正是我们学业规划的关键所在。

(二)强化学业规划

当学业规划选定以后，很多大学生或束之高阁，或虎头蛇尾，结果导致有了学业规划却不能实施或实施后不能持久，最终无法实现既定的学业。这些现象的出现是因为大学生在制定学业规划时缺少一个重要环节，即对学业规划的强化。强化学业规划就是规划执行者在执行之前充分运用想象，详细地罗列出达成学业规划的好处，从而培养出积极的心态，进而增强动力、产生更大的执行力，确保学业规划顺利完成。

(三)学业规划分解

学业总目标制定出以后，要能自上而下地分解，即制订学习计划。可以按照以下思路进行：三年的总学习目标——一年的学习目标——一学期的学习目标——一月的学习目标——一周的学习目标——一日的学习目标，使得学业规划落实到学习生活的每一天，确保学业的规划严格执行。

(四)学业规划评估与反馈

在实施过程中，要及时地对环境和条件做出评价和估计，对自己的执行情况做出评估。由于现实生活中种种不确定因素的存在，学业规划的设计需要具有一定的弹性，因此评估结果出来以后应该进行反馈，以便自己及时反省和修正学业目标，变更实施措施与计划。同时应做到定期评估与反馈：每年、每学期、每月、每日进行检查评估与反馈，进而分析原因与障碍，找出改进的方法与措施。

(五)激励与惩罚

激励措施能将人的潜能和积极性激发出来，惩罚可以防止惰性的产生。一定要制定出完成阶段目标后对自己的奖励和惩罚措施：完成后怎样奖励自己，完不成将怎样惩罚自己，这样更有助于学业规划的实施与完成。

三、制订计划

大一时：初步了解自己所学专业以后可以从事的职业，提高人际沟通能力，了解自身情况，例如兴趣爱好等。其具体实施内容有：和师兄师姐们进行交流，询问就业前景；通过参加学生会或社团等组织，了解自己的兴趣爱好，锻炼自己的各种能力，从中寻找自己的努力方向；参加学校活动，增加交流技巧，结识更多的朋友；学习专业知识，为以后的工作打下基础。

大二时：提高基本素质，提升专业技能，了解社会情况。其主要实施内容有：参加专业考试，例如英语等级考试、计算机等级考试等；尝试兼职、社会实践活动等，从中学习一些以后工作中可能要遇到的处理事情的方法以及初步认识了解社会；认真学习专业技能，扎实地掌握专业知识，让自己和别人拉开距离，提高自己的核心竞争力。

大三时：提高求职技能，搜集实习机构信息。其主要实施内容有：认真参加实习活动，积累相应的工作经验，学习学校里学不到的知识，为以后的工作打基础，同时能够积累一定的人脉；撰写专业毕业论文，结合所学知识和实习经验提出自己的见解；提前参加和专业有关的暑期工作，多和同学交流求职工作、心得体会；掌握简历、求职信的写法及其技巧，了解并搜集工作信息的渠道，并积极尝试；对前三年的准备做一个总结，开始毕业后工作的申请，积极参加招聘活动，在实践中检验自己的积累和准备；预习或模拟面试、参加面试等；积极利用学校提供的条件，强化求职技巧、进行模拟面试等训练。

四、执行计划

大一：①尽可能多地参加社团活动，找寻自己的定位，增长自己的见识，提高自己的能力，加强与同学之间的交流，建立自己在学校的关系网。②学好专业知识，为将来的就业打好基础。③积极地与即将毕业的师兄师姐沟通，了解就业前景，为自己的未来做好准备。

大二：①努力学好各门必修课和选修课以及技能培训课程，积极参加社会实践活动，珍惜每一个锻炼自己的机会。②加深对专业的大范围学习及其课外深广度学习，争取比书本知识更进一层，能更好地驾驭书本知识。③通过专业证书考试，提升自己。④尽可能多地尝试不同的兼职，区分各个职业的侧重点，对照自身需求增强优势、消减劣势。

大三：①开始为就业积极做准备，学会简历的撰写，把所学的专业知识与现实相结合，理论联系实际。②锻炼自己的工作能力及应聘能力，巩固扎实专业知识并应用到实习中。③继续对目标完成情况做出判断及总结并及时修正目标计划，使得各项准备更加科学化。④寻找合适的工作岗位投递简历。

五、大学生学业规划影响因素

所谓影响因素，是指对大学生学业规划制定和实施具有关联意义，起到影响作用的各种因素。大学生学业规划有制定和实施两大环节。现在我们从对影响学生学业规划制定和实施的关键因素进行分析，从学生本人、学校、社会这三大因素出发。

(一)学生因素影响学业倾向

学生因素是指学生个体因先天禀赋、个性特质、后天知识与能力养成对学业规划制定和实施可能产生的影响。在诸多影响因素中，学生自身因素是第一位、根本性的。先天禀赋影响学业意愿。在体育艺术等领域，天赋与学业密切关联的案例众多。个性特质关联学业性质，如较真型，学习并从业律师、警察比较恰当；开放融通型，做营销、外交工作比较适合。知识能力关乎学业命运、知识能力需要后天习得。知识扎实能力强者学业期望相应高、实现可靠程度相对大，规划方案更好做，未来发展更可期；而知识欠缺、能力较弱者，学业选择、学业期待自然会受到自身竞争力的限制。知识能力关乎学业平台宽度、学业生命长度和学业成就亮度。

(二)学校因素影响学业方向

学校对学生学业生涯的影响至关重要。大学专业一般性锚定了学生未来职业领域，学校对学生的知识教育、技能培育奠定其学业生涯的基础，而人格塑造更是深度影响学生的人生。①解惑促“学”。古人云，立业百行，以学为基。学校的主要职能是教学生“学”，教什么，怎么教，谁来教，影响学生学什么、如何学、学到什么，影响学生对知识的掌握和对专业与职业的认知。②授业赋“能”。能力是开启职业之门的钥匙，其内涵是以专业知识为基础，以与职业关联的专门技能为主导，辅之以反映综合素质的语言、文字、沟通、协调以及外语、计算机、网络、文宣等能力为支撑，掌握程度越高，被认可度和接受度就越高。学校是传授专业能力的场所，也应当是培养综合能力的沃土。③传道塑“格”。人格，也可理解为德行，为立业之魂。知识能力属于智商范畴，道德人格属于情商范畴。在知识能力一定的情况下，情商指数、道德人格往往更被看重。有道是做事先做人，做人德为先。立德树人、人格塑造是学校的根本任务，做得好坏，不仅影响学生立业，还将影响学生立身。

(三)社会因素影响学业定向

社会因素是指除学生个体、学校教育之外的一切因素，如时代环境、文化传统、家庭状况等影响重大，甚至成为影响学生学业定向定位的关键因素。①政治经济形势决定就业大势。政治主导就业政策，就业影响政治稳定。经济产业政策更是关系行业发展，无论是国家发展战略性新兴产业的决定，还是“三去一降一补”的部署，都会使学生的专业志趣、从业意向发生调整，可谓大势所趋。②传统观念施加择业干预。我国地域辽阔、学业价值观存在区域差异，有的地方营商氛围浓厚，求学不如立业从商，外有期待，自有认同；有的地区，对走仕途、谋国有、求稳定情有独钟，无形影响不可小觑。③家庭意见或成规划前提。许多学生学习条件源于家庭，完成学业的目的一定程度上也是为了家庭。学生总是或主动或被动地受到家庭期待(职业体面度、舒适度、地域、待遇等)、家庭状况(经济条件是否需要应急回馈、家庭成员是否需要贴近照顾)、家庭资源(可否提供就业帮助)等因素影响，或必须顾及，或无所顾忌。

以上三个方面较为全面地叙述了大学生学业规划的影响因素，作为大学生，应该客观分析、理性看待这三个方面的因素，才能不被其影响，从而制定出合理正确的学业规划，并使其更好地引导你的大学生活。

六、学业规划对于大学生的现实意义

(一)可以更好地迎接社会挑战

学业规划是做好职业生涯设计的前提和基础，也是它的一个组成部分。从企事业单位的发展和对人才的要求来看，他们越来越依赖于员工的主动性与创造性才干，他们更欢迎有准备的人才。从大学生就业调查情况看，目前大学生普遍存在对市场需求不了解、职业发展方向不明确、职业规划知识相当缺乏以致影响整个大学期间学习的现象。另外，因扩招带来的高校毕业生数量的大量增加，使就业形势更加严峻，学校在临近毕业时的短期就业培训已不能满足需要。再加上大学新生在高中时就对大学生活充满幻想，一到大学，面对新的学习方式和丰富的课余时间，除了学习，学生实在不知道还需要做些什么，显得十分茫然。因此，在学生入学时，对学生进行何为学业规划和职业规划、如何进行有效的学业规划和职业规划设计、什么是影响学业和职业规划实现的因素、如何从现在做起以及怎样树立正确的职业观念等的教育，可以使学生对自己的认识及学业和职业规划必须从现在做起有新的感悟，同时也使学生感受到自己对个人、对社会以及国家的责任，有助于学生的学习与发展，更好地迎接时代的挑战。

(二)有助于发掘自我，促成自我实现

一份有效的学业规划，能够引导大学新生认识自身的个性特质、现有的和潜在的资源优势，帮助学生重新认识自身的价值并使其持续增值；引导学生对自己的综合优势与劣势进行对比分析；引导学生树立明确的学习发展目标与未来职业理想；引导学生评估个人目标与现状间的距离；引导学生学会如何应用科学有效的方法、采取切实可行的步骤和措施，不断增强自己的学业竞争力，实现自己的学业目标与理想等。马斯洛的五个层次需求理论指出，高层次的认识需求能否实现，在很大程度上依赖于我们的职业生涯进展状况，而一个科学可行的职业生涯又是以一个良好的学业规划为前提和基础的。我们很难想象，一个抱着“和尚撞钟”的心态浑浑噩噩度日的人能实现自己的高层次需求，能感受到人生成功的快乐。

因此，大学生都应该是自己人生、学习、事业的规划者和耕耘者，设计自我发展的蓝图，为实现自我价值准备机会、创造机会。或许没有学业规划，个人也可能获得学业上的成功，但有了有效的学业规划，获得的成功将更快、更大。

马斯洛需求层次理论

马斯洛需求层次理论是行为科学的理论之一，由美国心理学家亚伯拉罕·马斯洛于1943年在“人类激励理论”论文中所提出的。书中将人类需求像阶梯一样从低到高按层次

分为五种，分别是：生理需求、安全需求、社交需求、尊重需求和自我实现需求。

马斯洛理论把需求分成生理需求(Physiological needs)、安全需求(Safety needs)、爱和归属感(Love and belonging)、尊重(Esteem)和自我实现(Self-actualization)五类，依次由较低层次到较高层次排列。在自我实现需求之后，还有自我超越需求(Self-transcendence needs)，但通常不作为马斯洛需求层次理论中必要的层次，大多数会将自我超越合并至自我实现需求当中。

通俗理解：假如一个人同时缺乏食物、安全、爱和尊重，通常对食物的需求量是最强烈的，其他需要则显得不那么重要。此时人的意识几乎全被饥饿所占据，所有的能量都被用来获取食物。在这种极端情况下，人生的全部意义就是吃，其他什么都不重要。只有当人从生理需要的控制下解放出来时，才可能出现更高级的、社会化程度更高的需要，如安全的需要。

五种需要像阶梯一样从低到高，按层次逐级递升，但这样次序不是完全固定的，可以变化，也有种种例外情况。需求层次理论有两个基本出发点，一是人人都有需要，某层次需要获得满足后，另一层次需要才出现；二是在多种需要未获满足前，首先满足迫切需要；该需要满足后，后面的需要才显示出其激励作用。一般来说，某一层次的需要相对满足了，就会向高一层次发展，追求更高一层次的需要就成为驱使行为的动力。相应地，获得基本满足的需要就不再是一股激励力量。

(资料来源：[美]马斯洛. 马斯洛人本哲学[M]，唐泽编译. 长春：吉林出版集团有限公司，2013.)

(三)做好学业规划有助于自我定位

作为一名大学生，你们都有远大理想，有较高的期望值，有强烈的独立意识，但不少人缺乏自律自控能力，学习缺乏主动性和自觉性。制定好学业规划，你们就可以清楚地知道自己现在应该做什么，能够做什么，想要做什么，接下来需要达到什么样的目标。它相当于一个约束与激励机制，由一个个阶段性目标组成，能指引你们前进。当你们在达到阶段性目标的时候，会看到自己明显的进步，成就感的获得可以激励你们更加努力地去实现下一个阶段性目标，从而更好地完成学业，对就业竞争力的提高也具有积极作用。

所以同学们要不断地了解自己、发掘自己的特点，进而进行不断地调整与修正，找出自己感兴趣的领域，确定自己能干的工作即优势所在，明确切入社会的起点，其中最重要的是明确自我人生目标，即自我定位。而学业规划确立的过程是一个有弹性动态的规划过程，是一个对自己进行 SWOT 分析的过程，即认识自身优势与弱势、机会与挑战的过程，是一个自我定位、规划人生的过程，就是一个明确自己“能干什么”“社会可以提供给我什么机会”“我选择干什么”“我需要做到哪些才可以得到自己想要的工作”等问题的过程，进而使理想具有可操作性，为进入社会提供明确方向。

SWOT 分析法

SWOT 分析法，即态势分析，就是将与研究对象密切相关的各种主要内部优势、劣势和外部的机会和威胁等，通过调查列举出来，并依照矩阵形式排列，然后用系统分析的思

想，把各种因素相互匹配起来加以分析，从中得出一系列相应的结论，而结论通常带有一定的决策性。

运用这种方法，可以对研究对象所处的情景进行全面、系统、准确的研究，从而根据研究结果制定相应的发展战略、计划以及对策等。SWOT 分析法常常被用于制定集团发展战略和分析竞争对手的情况，在战略分析中，它是最常用的方法之一。

成功应用 SWOT 分析法的简单规则：①进行 SWOT 分析的时候必须对分析对象的优势与劣势有客观的认识。②进行 SWOT 分析的时候必须区分分析对象的现状与前景。③进行 SWOT 分析的时候必须考虑全面。④进行 SWOT 分析的时候必须与竞争对手进行比较，比如优于或是劣于你的竞争对手。⑤保持 SWOT 分析法的简洁化，避免复杂化与过度分析。⑥SWOT 分析法因人而异。

(资料来源：[美]斯蒂芬 · P. 罗宾斯. 管理学[M]. 13 版. 北京：中国人民大学出版社，2017.)

(四)做好学业规划有助于认识自我

学业生涯规划对于学生如何认识自我有着很好的作用，它的好处就是能够通过对未来的规划而更深层次地认识自我，并且找到正确的价值观。因此，高职学院十分重视对于学生的学业规划，通过学业规划还能够让学生了解自己的实际能力、自身的兴趣爱好等。同时，正确的价值观对于生涯规划也十分重要。进入大学后，学生面对众多必须由自己来决定的选择往往不知所措，一部分学生目标模糊，对自己没有清醒的认识，不知道自己适合做什么。还有一部分学生目标多变，今天觉得“专升本”有出路，明天又想多学点技能找工作，到头来目标都没有实现。因此，制定学业生涯规划的前提与关键是做好自我认识与自我评估，要从兴趣、特长、性格、能力、道德水准、自我评估等方面深入了解自我，分析自己适合做什么，对什么感兴趣，最想做什么以及自己有哪些性格弱点，然后确定发展目标。只有在充分认识、分析自己的基础上确定的发展目标才是科学的、可行的。同时应该注意的是，既不能把目标定得太低，使学习达不到一定的紧张度，影响成就感的获得；也不能把目标定得过高，力所不能及，导致挫折感与自卑感的增强。

(五)做好学业规划有助于正确抉择和增强自我约束

在对未来进行一个合理有序的规划，并且通过规划对自己有更深的了解，才会具备做出相对正确选择的能力。因此学校会对学生进行相关方面的协助，让学生能够结合自身的能力与社会的现状，权衡利弊，做出正确的选择。

如果在自由的大学里没有学业规划，我们的时间、精力容易处于荒废和散乱之中，生活漫不经心，心态消极怠慢，很容易陷入跟学业无关的琐事中，虚度大学美好光阴、浪费青春。而大学生学业规划对大学生的日常学习具有指导作用，学业规划也能让我们明白现在做的每一点都是实现未来目标的一部分，从而珍视现在、把握现在，集中时间、精力和资源，选定学业，进而使大学生更热衷于自己的大学生活。

(六)做好学业规划有助于开发潜能

每个人都是一个不同于他人的个体，所具有的能力和潜能都不一样，而潜能对于每个人来说都是很重要的东西，所以认识自我的潜能就显得格外重要。在大学里，你会拥有很多展示自己的机会和场合，以便在发挥才能的同时认识和开发自己的潜能。大学生学业规划在帮助学生有效完成学业方面作用突出，而个性化、分层次的人才培养模式在为学生提供自由选择空间的同时，也为大学生学业规划带来了挑战。所以大家应该以认真的态度去对待自己的大学规划，它不再是你中学时期一个单一的计划那样简单，它应该是以客观求实的态度去看待你所处的社会环境、你面临的机遇挑战、你拥有的条件和未来发展的方向，由此出发以你期望的未来为航向标制定的一个意义深远而又重要的规划。

七、自我认识

认识你自己，是一项美德，也是成功者的必备要素。

自我认识是自我意识的认知成分。它是自我意识的首要成分，也是自我调节控制的心理基础，它又包括自我感觉、自我概念、自我观察、自我分析和自我评价。自我分析是在自我观察的基础上对自身状况的反思。自我评价是对自己能力、品德、行为等方面社会价值的评估，它最能代表一个人自我认识的水平。

中国古代思想家历来重视自我修养。如孔丘强调立志，要求人们“志于道”“择善而固执之”。他还提倡“内自省”“内自讼”，要求人们自觉地改过向善。《大学》说的“君子必慎其独”，也是一种自我修养的功夫。孟轲强调德行涵养要依靠“自得”，他说：“君子深造之以道，欲其自得之也。自得之，则居之安；居之安，则资之深；资之深，则取之左右逢其源。故君子欲其自得之也。”马克思主义者的德育论认为，认识同自我认识是统一的过程；自我认识在一定意义上来说是认识的结果，又是进一步认识的条件或内部动力。因此在认识过程中要充分发挥受认识者自我认识的主体作用。毛泽东提倡在人民内部让人民“用民主的方法，认识自己和改造自己”，提倡“人民内部的自我认识工作”，并且指出：“批评和自我批评的方法就是自我认识的基本方法。”

也许，我永远无法认清我自己、看透我自己，但走在认识自我的路上永不放弃，便是一个追求真理的过程。也许每个人永远成不了一个完美的人，但我们都希望，在大学的三年里，自己的优势能够得到发挥、得到增强，而劣势能够得到扭转，化劣为优。我想这也是大学教育的目的之一吧。在以后的三年里，希望大家能更多地参与学校的活动，在参与的过程中更多地与老师同学交流，提高自己的技能，增强自己的组织能力，同时这些活动也将丰富你的大学生活。在学习的同时，你也会融入社会，可能会做一些兼职，在增加收入、减轻父母负担的同时，丰富自己的社会阅历，加深对社会的认识。人们常常说，社会是一个调色盘，什么样的人都有，只生活在大学的象牙塔里，不在社会里锻炼的人是不能适应这个社会的。深入社会，形成自己的思想，对将来的发展有极其重要的影响。人生就是一个不断认识自我、不断成长、不断成熟的过程。只要梦想还在，希望就在！

八、大学生学业规划现状及存在的问题

(一)大学生学业规划和社会需求相关的关系

1. 社会需求为大学生学业规划制定最终的目标

大学生在大一的时候应该对职业进行初步的了解，最重要的是要增强人际沟通能力。除了专业课程的学习外，学生还应该积极地参加学校的社团组织和学生会，以求更好地使自身的能力得以锻炼，而不是单纯地学习书本上的一些知识。此外，在大学生的学业规划范围内，学生还应该多了解与自己的专业对口的公司的信息，可以在暑期做一些兼职，锻炼自己的能力。初步掌握简历和求职信的写法。可能的话，尝试不同种类的工作，一方面可以使自己各方面的能力得以提升，另一方面可以发现自己的特长、兴趣爱好和性格特征等。在大三的时候就应尽可能地多争取就业的机会，一方面通过多参加招聘会的方式把自己的简历投递出去，另一方面可以通过学校提供的各种渠道强化自己的求职技巧，进而更好地进行相关的模拟面试。所以，在这样的背景下，社会需求为大学生的学业规划指引了最终的方向，学生三年的大学生活都是根据自己的学业规划来度过的。

2. 学业规划与社会需求催生出新的行业

虽然说社会需求在很大程度上影响着学生的学业规划，但是一些学生在社团学习或者自己的实践中往往开发出很多种新的社会需求。例如，现在社会上比较热门的新型职业——网红、职业玩家、职业收纳整理师等，这就是一些学生在学习的规划中不断学习到的一些新的技能，这些技能又正好能够满足社会的新需求，从而催生出一些新职业。这也就是说，在很多情况下，学业规划和社会需求往往能够催生出新的行业。

3. 学业规划应该根据社会需求的变化而变化

对于刚进大学的大学生，一些学校要求学生填写学业规划。学业规划应该根据社会需求的变化随时调整。例如，从调查数据看，会计是一种需求量非常大的职业，但是由于现在市场竞争加剧，很多企业对高级财务会计师、审计师和税务师等专业人才的需求更高，所以学生在进行职业规划的过程中，应该根据社会需求的变化调整自己的规划。此外，智商、情商和逆商对大学生整体的发展都相当重要。所以，大学生在进行职业规划的过程中可以把这些因素归纳其中。

(二)学生学业规划目标不明确

大学生根据高考招生时所报志愿进入大学的相应学科大类进行学习，除少部分学生对本学科有较为深入的了解之外，大部分学生的志愿选择来自自己通过网络搜索、家长或老师的意见，对所学学科缺乏了解或者存在错误认识。在进入大学之后，很多人还没有做好准备，结合个人与专业的特点做好个人在专业内发展目标的规划。在大一的适应期，学生在高中时期的他律几乎已经消失，由高中每天紧张的课程安排转变为较多的课余时间，面

对多种选择的大学学习与生活，学生往往对大学的发展感到迷茫，找不到目标，更不要说目标规划。虽然学分制给予了学生更大的自由选择空间，但是它需要能够准确认识自身特点、充分把握专业内涵，详细了解专业的发展前景及就业方向，并拥有比较和选择能力。所有人对自我的认识和约束能力、对专业的了解程度均存在个体差异，导致有相当一部分同学在专业分流时随波逐流，在自由选课上表现出明显的目标缺乏性不适应。

(三)学生专业选择不理性

进入通识教育培养阶段，学校将各专业基础课程打通，有意淡化了专业之间的差异，保证学科通识教育培养顺利进行，若缺乏有效的引导，则学生对专业了解相对减少；然而，由于学生没有分专业，专业教师也难以像原来一样在大一就给予学生专业内的发展指导，缺乏明确目标和深入了解的选择难免导致“冰火两重天”。以武汉某个机电学院为例，从该学院 2011 级学生在 2012 年下半年专业分流来看，过程控制专业报名扎堆，而成绩相对较低的学生大多集中在工业工程及包装工程专业。数据显示，该学院 2012 届毕业生就业情况良好，五个专业的供需比均在 1∶10 以上，特别是工业工程专业的供需比高达 1∶26.22；五个专业的就业率均在 90%以上，测控专业就业率最低为 92.96%，机械工程专业就业率最高为 98.53%。从以上数据可以看出，机电学院五个本科专业的就业状况差距不大，进一步说明，学生在制定学业规划时，应该结合自己的学习兴趣和长远发展规划，理性选择专业。

(四)学生学习动力不充足

对专业认识的不清晰，淡化了部分同学的专业认同感，从而失去学习的内在兴趣和动力，出现厌学、考试不及格等现象，进而影响学业规划的合理制定。特别是专业分流以后，进入热门专业的学生往往认为自己已经拿到就业的先行证，能够高人一等，学习动力不足；而进入冷门专业的超过半数学生都是被调剂过来的低分学生，学习成绩较差，个人学习习惯与学业规划能力较差，面对家庭和社会的压力，难免会有学业焦虑情绪，严重的甚至影响心理健康，容易抱有一种“破罐子破摔”的心态，再加上专业课程选择不同，同学之间缺乏学习上的沟通，致使部分学生学习动力不足，学习兴趣下降，最终形成学业困难局面，某些学校甚至有的学生收到学业警示。

针对以上问题，大家可以对照自身的情况以及制定的学业规划，不断地调整自己的方向，修正自己的规划，避免出现类似问题。当然，上面提到的问题还不够全面，大家在整个大学生涯中应该一直秉持着“吾日三省吾身”的态度，每到一个阶段就回顾一下本阶段自己的目标达成情况、影响或促进目标完成的因素，以及为下一阶段的规划及时做出调整。

九、评估调整

计划永远也赶不上变化。但是没有计划，人生就是一片混乱，大学的三年也许就会漫

无目的地虚度过去。给自己一个目标，定一个计划，就是给自己增加动力。计划可能还不是很完善，也不是很细致，但在不断的学习和生活中调整，计划也会一点一点地完善改进。你不用多幻想你成功了怎么样，只要这个实施过程，在靠近自己的目标的时候，所学到的东西就会对今后的人生受益。每位同学都早已意识到自己的奋斗过程是很艰辛的，但要相信只要踏踏实实走好每一步，迟早会成功。无论你当前抱着怎样的心态看待这个目标计划，请相信自己，坚定决心，一步一步、脚踏实地地去实施计划，鼓励自己！有目标有计划就是成功的一半！

泰山不让土壤，故能成其大；河海不择细流，故能就其深；王者不却众庶，故能明其德。水无点滴量的积累，难成大江河。人无点滴量的积累，难成大气候。没有兢兢业业的辛苦付出，哪里来甘甜欢畅的成功的喜悦？没有勤勤恳恳的刻苦钻研，哪里来震撼人心的累累硕果？只有付出，才能有收获。未来，掌握在自己手中。只说不做到头来都只会是一场空，永远记得“Action speaks louder than words”。人生犹如是海上的波浪，有时起，有时落，三分天注定，七分靠打拼！爱拼才会赢，天道酬勤，请相信，只要你一直努力，一定会闯出属于自己的一片天地！

你的未来不是梦。然而，现实是未知多变的。定出的计划随时都可能受到各方面因素的影响。这一点，每个人都应该有充分的心理准备。因此，在遇到突发因素、不良影响时，要注意保持清醒冷静的头脑，不仅要及时面对、分析所遇到的问题，更应快速果断地拿出应对方案，对所发生的事情，能挽救的尽量挽救，不能挽救的要积极采取措施，争取做出最好矫正。相信如此一来，即使将来的作为和目标相比有所偏差，也不至于相距太远。其实，每个人心中都有一座山峰，雕刻着理想、信念、追求、抱负；每个人心中都有一片森林，承载着收获、芬芳、失意、磨砺。但是，无论眼底闪过多少刀光剑影，只要没有付诸行动，那么，一切都只是镜中花、水中月，可望而不可即。一个人，若要获得成功，必须得拿出勇气，付出努力、拼搏、奋斗。成功，不相信眼泪；成功，不相信颓废；成功，不相信幻影。成功，只垂青有充分磨砺、充分付出的人。

三年，1095 天，26 280 个小时，选择了充实，就抛却了虚度。我们不能成为统领他人的帝王，但我们可以做自己的帝王。不惧怕独自跨越狭长黑暗的隧道，将血肉之躯铸成英勇的箭镞，带着呼啸的风，携着永不坠落的梦想，全力地穿透命运设置的重重险阻，义无反顾地射向那辽阔美丽的长天，划出一道亮丽的弧线……

每一条规划都是一个目标，等待着我们去完成。在完成规划的过程中，健康的身体、积极的心态、敏锐的思维、坚定的信念是每一位规划者必备的法宝。

学业规划劝学歌

打竹板，响连天，听我给咱说快板。今天不把别的谈，学业规划来宣传。
小学生、中学生，天天学习不轻松。起得早，睡得晚，夜夜都把作业赶。
分是命、考是宝，大考小考离不了。如有一天考砸了，家长抱怨老师恼。
书山题海每日游，学习机器要加油，青春年华苦度过，眼睛近视身体弱。
若要问这为什么！都是为了考大学。考上大学前程好，大家都挤独木桥！

蛟龙遨游在大海，雄鹰搏击在长空，因材就学谋发展，条条道路可成功。
过去毕业包分配，现在就业靠自己，过去上学少花钱，现在上学要缴费。
教育实在是投资，与时俱进正当时。买电脑、买手机，我们从东走到西，
看了这家看那家，看谁物美又便宜。但到高考填志愿，大学专业看花眼，
一心只想选更好，不顾就业易与难。等到跨进大学门，发现专业很烦闷，
一头扎进网游里，虚拟世界度光阴。大学不是保险箱！金榜题名很风光，
浑浑噩噩大学过，毕业失业太心伤。巨额投入付流水，黄金光阴唤不回！
为解人生路上难，学业规划作奉献！告知学业须规划，早做打算早筹划！
瞄准就业填志愿，瞄准就业读大学，选对专业选对校，学习起来兴致高，
学有所成用所学，优质就业挣钱多，经济自由身自由，梦想成真无忧愁！
活到老，学到老，学业规划不能少，小投入、大回报，人生境界步步高！
一日之计在于晨，一生之计在于勤，勤于规划勤学习，美好生活永不离，
我把大家来相告，学业规划莫迟疑，莫迟疑！

(资料来源：张恒亮的博客：学业规划劝学歌)

【知识拓展】

你想过有一天为别人制定一个生涯规划也可以成为一种职业吗

生涯规划师——根据国家新职业《生涯规划师》的定义是：生涯规划即运用心理学、脑科学和生涯发展学科的专业知识，利用脑 AT 技术、生涯规划技术、行为改变技术、潜能教育技术帮助个体发现最佳潜能优势结构，并科学地确立适合发展的核心目标，制定行动方案，提升自信、完善不足，解决在学习、工作中的各类问题。

虽然他们都是从职业人的个体利益出发，结合专业知识和相关资源，给予客户有关职业的适应、发展等方面的专业咨询、辅导、判断、建议和解决办法的专业人才。但是比起“职业指导师”，生涯规划师所关心的问题不仅仅局限于职业中，他们还会考虑客户在工作和生活中的各种角色的相互影响。同时，职业指导师主要以获得职业上的顺利发展与成功为目的，而生涯规划师在来访者愿意的情况下会全方面考虑客户的工作—生活平衡，以“幸福度”为衡量指标。

如果你的生涯规划做得好，或许以后就会成为生涯规划师哦！

点题成金

1. 和你周围的同学讨论一下，根据学业规划知识你准备为自己制定一个什么样的大学规划。
2. 结合大学生学业规划现状及存在的问题讨论你的大学规划是否可行。
3. 根据你的现状和你期望的未来，运用 SWOT 分析法为你的大学三年做个规划。

内部环境因素	优势因素(S)	弱势因素(W)
外部环境因素	机会因素(O)	威胁因素(T)

第九章　校园文化活动

如果说人生是一本书，那么大学生活便是书中最秀丽的一页；如果说人生是一台戏，那么大学生活便是戏中最精彩的一幕；如果说人生是一次从降生到死亡的长途旅行，那么拥有大学生活的我们，便能够看到最灿烂的风景。朋友们，在这人生最完美的时刻，你是否已经扬起了航帆，正奔向理想的彼岸？是否已伸开你那坚强的翅膀，正冲向自由的天空？是否因进入大学而激动万分，心中默许下一个心愿并为之奋斗？

为了这个久违的梦想，我们十年寒窗磨一剑，那些刻骨铭心的日子如今仍旧历历在目。然而在大学生活的画卷铺开时，你是否发现此刻寻寻觅觅的尽头，并不都是以往心里的“那人却在灯火阑珊处”的喜悦。梦里寻他千百度，却是犹抱琵琶半遮面。这个时候，我们迷茫过、徘徊过，然而时间从不会停下它的脚步，正像朱自清写的那样“洗手的时候，日子从水盆里过去；吃饭的时候，日子从饭碗里过去；默默时，便从凝然的双眼前过去。我觉察他去的匆匆了……”是啊！时间如流水，而我们的人生还有很多要做的事，让我们珍惜时光，从此刻开始一点一滴地积累吧！让我们的大学生活变得更加充实、丰富、有节奏。

第一节　校园文化简述

对一个国家来说，文化是综合国力竞争中维护国家利益和安全的重要精神武器。而对于现代社会文明的重要组成部分——学校来说，文化已经成为一个学校综合实力的重要标志，成为一个学校兴衰的决定性因素。校园文化建设，越来越显示其独特的一席之地。校园文化建设的基本任务就是通过合理和进步的教育制度培养社会主义一代新人，并用健康的文学艺术和生动活泼的文化活动来陶冶大学生的情操，培养大学生高尚道德品质。因此，加强校园文化建设，创造一种优良的适合学生发展的文化氛围，令其在培养具有较高综合素质与熟练专业技能的应用型人才中发挥重要作用。

一、什么是校园文化

《辞海》对文化的定义是：“从广义来说，指人类社会历史实践过程中所创造的物质财富和精神财富的总和；从狭义来说，指社会的意识形态以及与之相适应的制度和组织结构。”所谓校园文化，就是校园人以社会文化为背景在学校教育过程中形成的校园环境文化、校园精神文化和校园制度文化的总和。

(一)校园环境文化

校园环境文化是学校在实施教育过程中所创造的物质财富。

1. 校园建筑文化

不同学校有不同的特色，即使是标准化学校建设也各有所异。从房子建筑风格来讲，它可能是中式建筑，也可能是西式建筑，房子本身还是房子。但从人们对它的欣赏品位来讲，它可以是一件精美的艺术品，也可能只是一幢普通的房子。

2. 校园绿化文化

一所学校漂亮与否，校园绿化是它的主要文化元素。绿树成荫、花草点缀可为花园式的学校，但它未必具备校园绿化文化的元素。四季有绿树、有花，同时也有花开花谢，树木落叶的校园绿化搭配方式才具备校园绿化文化的元素。随着花草树木的生长变化，校园人可以体会到四季的气候特点，同时也可以体会到各种花草树木具有的人格品质。

3. 学校卫生文化

学校是我家，整洁靠大家。讲究卫生是人们生活中的细节要求，也是人们周而复始要做的工作。这项工作要求我们不断地去做，也要不断地去维护，这样才能保证校园卫生的整洁。

学校建筑文化、绿化文化和卫生文化体现了学校领导者管理教育艺术。以学校环境文化为载体，在潜移默化中对校园人的鉴赏能力、人格品质和卫生习惯进行培养，是校园文化向校园人传递文化的脉络精髓。校园文化环境是隐性课程，它对校园人具有潜移默化、传播精神文明的作用。学生凭听觉和视觉接收信息，周围所有的人、事、物、语言都能成为信息源。校园环境是校园人学习、工作和休息的地方，对校园人的身心健康、智能发展和形成校园人特色有很大影响和制约作用。一个赏心悦目、和谐奋进的校园环境，使人受到美的熏陶，产生巨大的、奋进的力量。校园环境建设除了应遵循系统性、互不相干性、安全健康性、量力性原则外，特别要重视“超前性原则”。社会人注重现实，校园人则应重视对未来社会人的培养。校园是培养创造未来社会人的场所，学校环境建设要有超前意识。另外，从广义的校园文化来说，它是学校实践教育过程中所创造的物质财富和精神财富的积淀，这种积淀越久，校园环境文化就越深，感染力就会越强。

(二)校园精神文化

校园精神文化是学校在实施教育过程中所创造的精神财富。

校园精神文化是校园文化的灵魂，包括了办学指导思想、教育观、道德观、价值观、思维方式、校风、行为习惯等。阎德明在《现代学校管理学》中论述：“我们认为，从组织文化的角度看，学校精神就是一所学校在长期的教育实践过程中所创造和积淀下来的并为其师生员工所认同和遵循的文化传统、价值观念和行为习惯等方面的一种整合和结晶，它是学校文化的内核和灵魂。”

校园中塑造的点睛之笔——名人雕像、科技象征和名人名言，代表了一所学校的精神崇尚。如何把这些点睛之笔所蕴含的精神表现出来，不仅要让校园人知晓他们的精神，而且让他们能够在工作中时时刻刻去践行这些精神。这就要求学校的设计者在创造校园精神

财富的过程中，不是为了塑造而塑造，而要去挖掘他们所蕴含的精神，真正把它们变成学校精神教育的财富资源，否则，雕像还是雕像，名言还是名言，永远停留在表面上，没有实际的精神教育意义。

从狭义的文化来说：“文化是指社会的意识形态以及与之相适应的制度和组织结构。”那么，校园文化就是指学校的意识形态以及与之相适应的制度和组织结构。

学校的意识形态是什么？学校的意识形态，从教育者来讲就是全面贯彻党的教育方针，即“坚持教育为社会主义现代化建设服务、为人民服务，把立德、树人作为教育的根本任务，全面实施素质教育，培养德智体美全面发展的社会主义建设者和接班人，努力办好人民满意的教育。”从受教育者来讲，就是要做到德智体美全面发展。另外，就学校而言，它属于社会的一部分，它的意识形态与它所属的社会意识形态是一致的。教师作为教育者，应该坚信中国特色社会主义的意识形态，增强对中国特色社会主义的道路、理论和制度的信心。只有树立正确的意识形态，才能全面地贯彻落实好党的教育方针。

校园中的名人雕像、名人名言、模范人物，他们弘扬的是中国特色社会主义意识形态，是每个校园人学习的榜样。教师只有对中国特色意识形态认同，对学校意识形态认同，对名人精神认同，才愿意去学习、去讲，把意愿变成工作中的动力，使校园人真正成为富有校园精神文化的人。

(三)校园制度文化

制度文化是学校育人的制度保证，包括学校的组织机构、规章制度、课程、教材以及人际关系的模式等，目的在于完善学校管理并使之规范化。学校规范化就是学校管理常规。阎德明在《现代学校管理学》中论述：“学校管理常规就是一所学校在长期的教育实践过程中形成、积累下来并行之有效和相对稳定的一整套规范、章程和制度等的总称。”

完善学校管理常规要注意科学性、政策性、教育性、严肃性和稳定性。①科学性就是学校管理常规要反映学校教育、教学的基本规律和学校的实际情况，对师生员工的工作、学习、生活、劳动、文娱、体育等活动要统筹安排，提出严格合理、切实可行的要求，科学性，才能为师生员工所接受，并具有约束力。②政策性就是学校管理常规要根据党和国家的宪法，方针、政策制定，它的各项要求都要符合党和国家的宪法，政策、法令、法规，符合教育方针、政策，符合国家颁布的有关条例、守则。③教育性就是学校管理常规是师生认同、遵守的行为准则，每一项常规的内容要求，都要从教育的目的出发，有针对性地对师生员工进行教育。④严肃性就是学校管理常规一经公布实施，就必须做到令行禁止，赏罚分明，不能马虎，任何人都必须遵守。⑤稳定性就是学校管理常规，使学校处在静止状态的大量的反复出现的日常事务，按其各自内在规律而制定出来的师生都必须遵守的规定和法则。它应该是稳定的，不能朝令夕改。

我校有着丰富而完善的学生工作制度，包括学籍管理制度、日常管理制度、学生资助制度、教学管理制度、班级管理制度、评优评先制度、团学相关制度、学生工作质量考核相关规定和综合服务制度等，为广大同学在校生活和学习提供了重要保障。完善的学生工作制度是我校学生工作的一大特色，为维护学校安全稳定、促进学生全面发展发挥了重要而积极的作用。了解我校学生工作制度，是广大同学适应学校、适应大学生活的基础，是同学们融入我校校园文化的基本要求。严格遵守各项制度，是同学们的责任与义务。

二、校园环境文化、精神文化、制度文化之间的关系

校园环境文化是看得见的、表象的，对校园人具有潜移默化的教育作用；校园精神文化对校园人具有引领导向作用，是校园文化的核心，也称为软管理文化，是校园文化的"魂"；校园制度文化同样是看得见的、表象的，具有对校园人的规范强制性作用，所以制度文化也称为硬管理文化发展。

总之，校园文化是学校教育实践过程中所创造出的物质财富、精神财富、学校意识形态以及与之相适应的制度和组织结构。懂得了什么是校园环境文化、校园精神文化和制度文化，也就懂得了如何培植、营造良好的校园文化的方法。

三、校园文化现状

在当今社会，大学校园文化建设与思想政治教育相结合，是将大学校园从平面走向立体化、从单一走向多元化的重要举措，对于校园文化建设具有推陈出新、革故鼎新的重要意义。学校校园文化建设，在丰富学生的精神文化生活的同时也培养了其高尚的道德品质。当代大学生的知识水平、社会地位及年龄心理特征，都使我们向往高尚的文化生活，寻求高层次的精神享受，形成高雅的文化生活氛围。高尚的文化生活，必然是向上的、充满青春活力的，因而在校园文化建设中，应把娱乐学生的身心、潜移其品性、陶冶其性情、培养其情操、塑造其灵魂作为指导思想。在种种校园文化活动中，积极引导学生，逐步孕育一种浓厚的文化氛围，使之去抵御社会上的不正之风。一所大学，若能把学生的学业与校园文化活动妥善地结合起来，便会有力地推动校园内的精神文明建设。共同的文化活动，往往能使大学生产生极大的凝聚力与荣誉感，使校园内的生活更为和谐轻松，更为活跃高雅，青春的活力便得以高度发挥。校园的文化活动是自发的也是自觉的，是受社会生活影响，也受自我心灵主宰的，是充满现代意识的，也反映大学生复杂心态的，是心灵的自然袒露，也是充满创造力的。因此，加强校园文化建设，培养学生高尚的品质情操，是刻不容缓的事情。

四、校园文化建设

党的十六届六中全会审议通过的《中共中央关于构建社会主义和谐社会若干重大问题的决定》明确指出："建设和谐文化，是构建社会主义和谐社会的重要任务。"高校校园文化始终处在社会文化的前沿，既承担着育人的重要职责，也承担着引领社会文化的重要任务。优秀的校园文化不仅是大学精神的具体体现，而且是培养独特文化素质和创新人才的沃土，对于全面提高大学生的素质和能力，促进大学生全面发展具有不可替代的作用。任何一所学校的校园文化总是要经过世代相传，好的校园文化会在当代、造福于世。所

以，在面对校园文化建设时，“要以创新文化为引领”，加强校园文化的思想政治工作。物质文化是校园文化的表层结构，制度文化是校园文化的中层结构，精神文化则是校园文化的深层结构。校园文化作为一种环境教育力量，对学生的健康成长有着巨大的影响。校园文化建设的终极目标就在于创设一种氛围，以陶冶学生情操，构建学生健康人格，全面提高学生素质。

首先，深入加强物质文化的建设工作，切实落实校园文化建设工作。在校园文化建设上，须知建设完备的物质文化是必要的前提，为其他两种文化建设提供了基础性的准备工作。完善大学的校园文化设施是物质文化建设极为关键的环节，为大学生构建了一个设施完备的和谐校园环境。其次，深入加强制度文化的建设工作，切实落实校园文化建设工作。高校必须加强校园组织管理，制定各种有利于学生的规章制度，把各种规章制度予以完善和落实，严把各项纪律工作关，加强大学生精神文化的思想工作，积极落实和发动宣传加强思想政治的工作，做到“人人为校园，校园为人人”的思想。在日常的校园生活中应该根据专家和教育研究者的建议，制定一系列完整的规划，要根据“以人为本”的原则，来规范学生和教师的日常生活行为，大力推进日常的管理和监督。在进入大学校园之初，接受校歌的培训；建设现代大学制度，有益于高校的治理和发展，可以更好地加强校园制度文化的长效管理工作。最后，深入加强精神文化的建设工作，切实落实校园文化建设工作。精神文化是经过长时间积淀和提炼而成的，具有浓重的文化风格和精神风貌。高校需要开展各种关于加强思想政治建设的讲座、比赛和社团活动，充分发挥校园文化的功能，力争校园文化多样性。由此可见，在新形势下，高校应以创新性的思维方式，推动大学的校园文化建设。

五、校园文化建设的必要性

(一)校园学生文化建设是学生自身发展的客观需要

(1) 在校园文化建设中，学生既是校园文化建设的主力军，又是行为主体，是校园文化的参与者和组织者。丰富多彩的校园文化既可培养学生的兴趣特长及创造能力，提高学生的动手能力，掌握多种技能，树立热爱劳动的观念，还可以磨炼学生的意志，提高学生的组织管理能力，为以后走向社会奠定坚实的基础。

学生作为未来社会的公民，要想在社会上生存，除了素质全面发展，具备创新精神、实践能力外，还必须具备浓郁的人文素养，懂得“何以为人”“为何而生”，具备与人为善的品质，求真的精神，爱国报国之心，自埋、自立、自强的能力，具备对他人、对自然、对社会、对世界承担责任的人生态度，具有开阔的胸怀、健康的心理和完整的人格。

(2) 根据心理学的“同伴群体的自我对象作用”，人在自我发展中，除了通过与身边的重要成人建立自我对象关系，将他们的力量内化，促成独立性发展以外，还有一个非常重要的力量来源，那就是同龄人群体。学生的发展，唯有在同伴当中，才可能形成真正意义上的相互支持。同伴关系可以产生社会化行为，但并不必然促进积极的社会化，需要学校为学生建立一种积极的同伴关系。

(3) 学生文化对学生具有导向性、潜移性的影响。积极健康的学生文化可以给学生树立起一种正确的导向，帮助学生树立起积极的生活、学习模式，对学生的心理、思想、行为产生积极的影响。反之，消极的学生文化则可能使学生走向堕落。

(4) 规范学生的行为。健全的规章制度及健康的集体舆论对学生的学习、生活及思想言行具有规范作用。当学生的思想言行不符合制度规范及集体舆论的要求时，他就会自我调节矫正。学生有时可能不接受老师的教育，但却不能反驳同学们的批评，谁都不愿意成为“众矢之的”。优美的校园环境同样能规范学生的行为，试想：你会在地面光洁、环境优美的场所乱扔纸屑、随地吐痰吗？你会在雪白的墙壁上乱涂乱画吗？不会！这些不良行为都会自动消失。

(5) 培养学生的集体意识和协作精神。校园文化建设是以学校集体为单位，注意学校的集体形象。这就要求学生必须处理好个人和集体之间的关系，注意相互间的协作，必要时为了集体利益要牺牲个人利益，否则就会受到来自集体的人际压力。这种来自外部环境的压力和自身发展的需要都要求学生处理好个人和集体的关系，以建成一种友好互助的群体氛围。反过来，一个充满理想、团结友好的集体会使学生亲身感受到集体的温暖，体会到集体力量的伟大，从而树立个人要服从集体、严于律己、宽以待人、“国家兴亡，匹夫有责”的集体主义思想观念。

(二)校园学生文化建设也是实现学校特色的重要部分

(1) 校园文化是一个学校的灵魂。学生文化则是校园文化的核心。不同的校园文化构成了不同学校的个性风采。走特色化道路是一个学校的生命力所在。“一所优秀的学校必然有其特色所在，优势所在，风格所在。一所学校如果没有特色，就没有强劲的生命力，也就没有优势”“一个学校的品位反映在学生的品格上。学校不但要传输知识，更重要的是要塑造人品人格”，培养时代所需的人才，这是一所学校的生命线所在。有特色的校园学生文化，无疑是一所学校的生存源泉。

(2) 随着教育改革的深入，学生自主学习、活动的时间增多，学校隐性教育因素对学生的影响越来越大。而校园文化活动是学校学生素质德育的一个重要实践载体，组织开展文化活动要与学校素质育人内容进行有机融合。高校素质教育包括：知识素质、思想素质、心理素质、道德修养、意志品质、文明习惯等内容，积极鼓励和推动学生在德、智、体、美、劳等方面得到全面发展和提高。通过多样化文化活动调动专业老师和学生参与的积极性并注重开展素质教育，不仅是 21 世纪时代发展对加强素质教育的诉求，也是打破传统教育模式开创素质教育新局面的重要途径。高校在设计和开展文化活动时要将德育的功能作为活动的基础，校园文化活动为素质教育的实施提供了多元化平台，对于推动素质教育有效落实和完善具有重要意义。

(3) 高校校园文化的建设包括了高校物质、高校精神和高校制度的建设，优质的校园文化活动有助于推动校园文化的建设，营造积极和谐的校园文化氛围，树立完整的校园文化形象。校园文化是一所高校发展的灵魂，可以陶冶学生情操、提高文明素质、凝聚学校人心、增进师生情谊、展示学校形象。校园文化氛围不仅对学校学生道德素养的培养、综

合素质的提升、学习视野的拓宽具有深远的意义，也对学校师生的人生观和价值观产生着潜移默化的影响，并激励师生进行不断的反思和不断的超越，始终保持校园文化的生机与魅力。

第二节　我校的校园文化活动

我校目前的校园文化活动丰富多样，主要形式有：文化节、校运会、文艺会演、各类竞赛、读书活动、知识讲座等。我校的校园文化经过多年的积累沉淀，目前已形成一批在全省影响较大的校园品牌活动，如："双百"工程(即学生在校内做一百个小时志愿服务，校外进行一百天社会实践)、"两操一舞"全民健身舞蹈大赛、"毕业生唱毕业歌"毕业晚会等，"双百"工程荣获校园文化建设优秀成果一等奖、"两操一舞"全民健身舞蹈大赛荣获校园文化建设优秀成果二等奖、"毕业生唱毕业歌"毕业晚会荣获校园文化建设优秀成果三等奖，如图 9-1、图 9-2 所示。

图 9-1　军训运动会

图 9-2　健美操表演

为了调动我校学生参加校园文化活动的积极性，制定了校园文化建设举措、《荣誉积分管理规定》和《第二课堂人才培养方案》，具体方案如下。

一、经贸校园文化活动路线图

经贸校园文化活动路线图如图 9-3 所示。

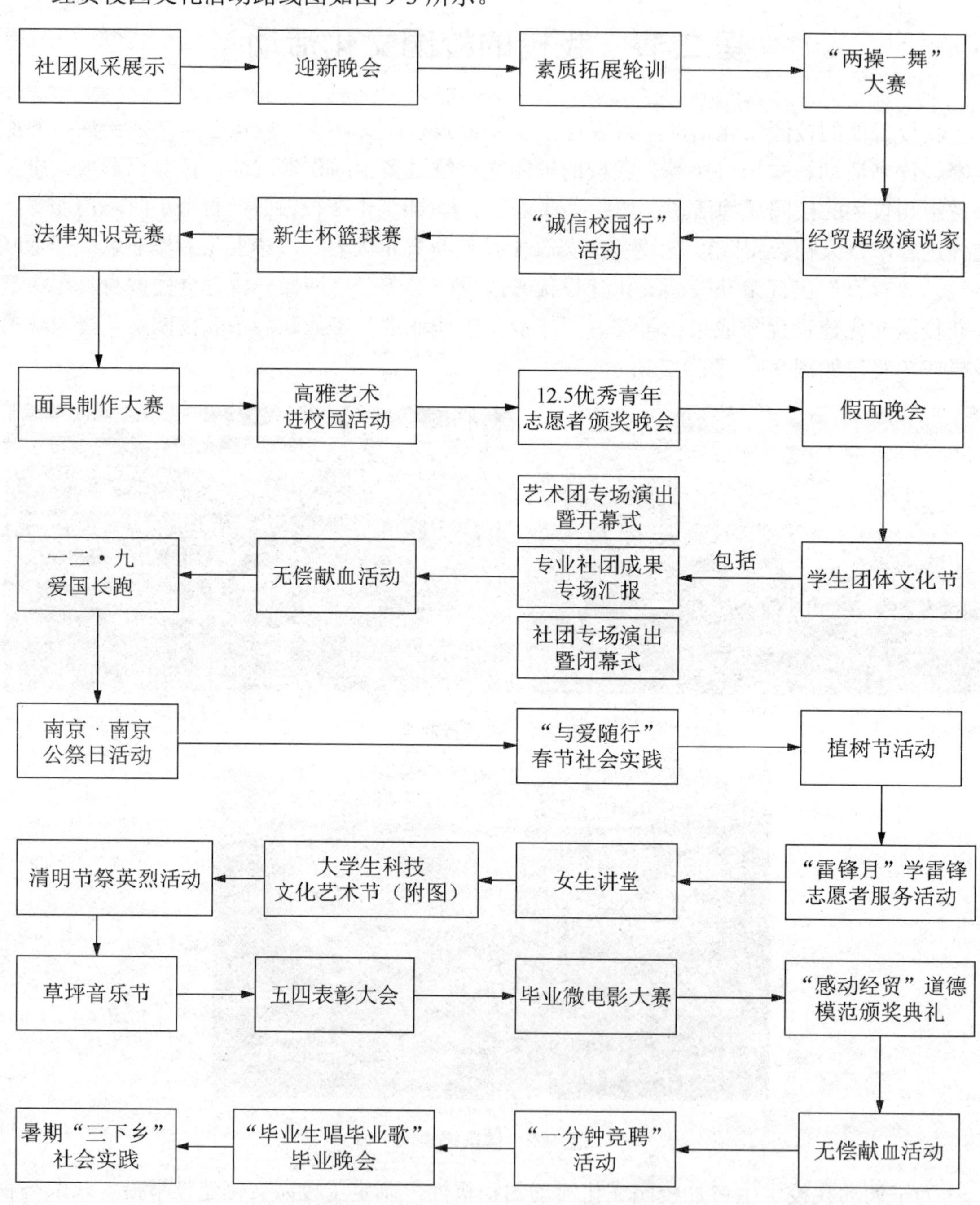

图 9-3　经贸校园文化活动路线图

大学生科技文化艺术节内容如图 9-4 所示。

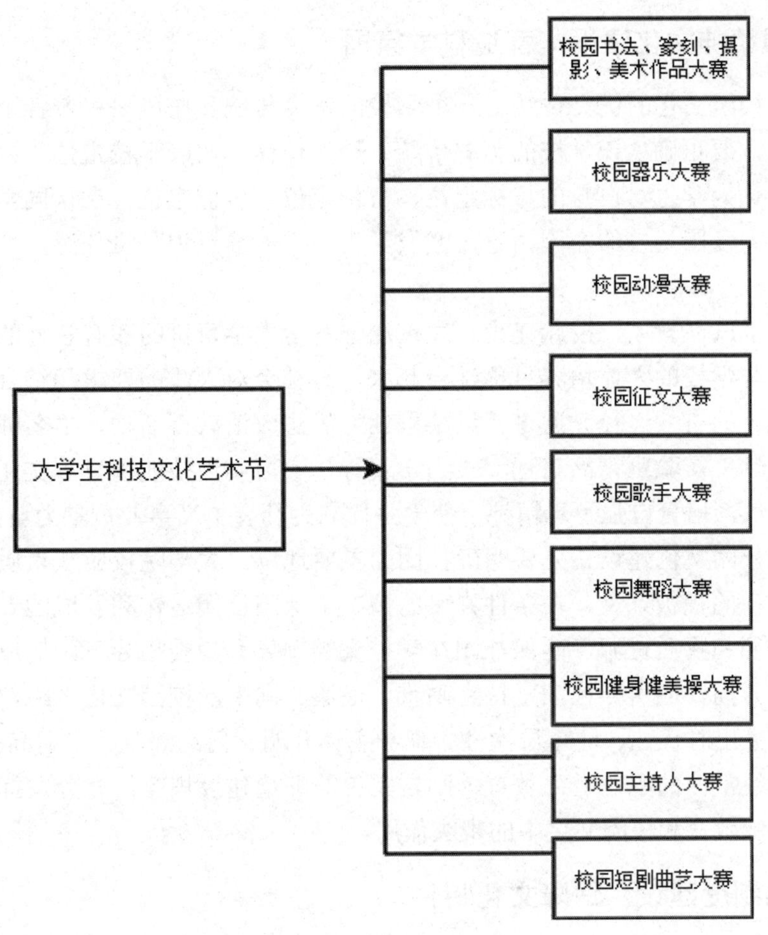

图 9-4　大学生科技文化艺术节内容

二、校园文化建设的途径与措施

(一)夯实物质文化建设，强化育人环境

(1) 做好校园建筑的规划设计。校园整体规划布局过程需要融入学校发展历程、治学理念、办学精神等人文价值，让校园建筑在与校园环境融合的过程中突出学校自身的色彩基调以及规划特色。注重建筑与景观小品在精神层次上的一致性、内容形式上的差异性，让师生在建筑规划设计中体验学校的人文情怀。

(2) 完善教学文化设施及阵地建设。加强对教育教学、科技创新、实验实践、文艺体育、饮食起居等场所的规划设计，完善电视广播、网络媒体、校报校刊、宣传橱窗等固有阵地的建设，积极拓展文化建设的新渠道，为开展校园文化建设提供物质基础与保障。

(3) 注重校园环境的园林绿化。高校校园物质文化建设坚持“因校制宜”，在绿化设计的生态性、美学性、延续性等原则下，力求与校园的各类建筑与设施上达到实用与审美的有机结合，体现校园物质环境的场所精神。

(二)加强精神文化建设，营造科学氛围

(1) 弘扬校园文化的优良传统。一个学校的优良传统和作风累积着各个时期的校园文化生活，因此，要正确认识学校的历史传统、历史使命，明确学校定位、办学理念、治学精神，进而转化为学生对自身的目标定位、身份定位、价值定位。在认同学校优良文化传统的过程中培养爱国爱校的家园情感，激发学生的主人翁意识和责任感，增强凝聚力和向心力。

(2) 抓好学风、教风、校风建设。注重加强对学生学习目的和有意义的教育，引导他们将自身学习与学校的人才培养目标结合起来，与社会对人才的要求相结合，找到真正适合学生成长成才的有效途径。通过“进德修业”思想政治教育活动、“名师导学”专题辅导、“弘毅致远”实验班精品工程、“力学笃行”实习实训技能项目等文化建设工程，营造浓厚学习风气，培育自强不息精神，使学生树立为社会主义事业贡献力量的共同理想。

(3) 加强社团文化建设首先要明确社团的重要地位。大学院校应从素质教育的高度认识学生社团存在的积极意义，在条件许可的情况下保障社团运作和发展的专项经费，社团发展的人力资源和物质资源，确保社团在学校党委领导和团委指导下，健康发展。其次要引导社团发展方向。应引导社团坚持走高雅、健康、向上的校园文化之路，要强调社团活动的思想性、突出时代性、注重层次性、倡导主体开明、内涵深刻、格调高雅的活动。

(4) 开展经常性的职业道德教育，制定完善的师德建设规范，充分发挥辅导员、教师在学校思想政治教育和校园文化中的带头作用。

(三)加强制度建设，保障文化特性

(1) 建立科学有效的高校校园规章制度。制度建设坚持“以师为本、以生为本”的理念，制定出符合教育发展规律的、师生实际的、科学性的规章制度。善于将校园文化融入制度建设之中，利用文化上的归属性凝聚、激励师生的积极性。

(2) 建立引导激励机制。根据学生的具体情况，恰当运用激励机制，利用“奖优济困”奖助学金体系，引导学生端正学习态度，注重学习过程，促进学生积极主动地参与校园文化活动，激发学生的拼搏精神、进取意识。

(3) 建立与时俱进的制度创新。结合时代的变化和社会的要求，结合校园文化的发展轨迹，结合学生的性格特征，创新教育教学管理制度，引导学生不断地提高自身专业技能，强化创新能力，发展自身特色，提升综合竞争力。

(四)构建网络文化，发挥新媒体优势

(1) 加大校园网络建设力度，建设一批学校学院德育网站，打造新闻信息平台，使学校网站成为校园网络文化建设的主阵地。同时充分研究学生层次和学生心理，发挥校园网络在思想政治教育工作的针对性和时效性，营造良好的校园文化建设氛围。

(2) 利用现代网络信息便利、高效、灵活的特点，不断创新教育教学形式，拓宽教育

的纵向横向空间，促进高校文化建设新的飞跃。

(3) 加强校园网络建设的制度管理，发挥社会主义核心价值观在网络文化中的积极作用，优化学生在校园网络文化建设中的媒体环境。

三、河南经贸职业学院第二课堂人才培养方案(试行)

为深入学习贯彻党的十九大和全国高校思想政治工作会议精神，落实中共中央、国务院《关于加强和改进新形势下高校思想政治工作的意见》，共青团中央、教育部《关于在高校实施共青团“第二课堂成绩单”制度的意见》，牢牢抓住人才培养这个核心任务，围绕学校“德才兼备、领袖气质、家国情怀”的立德树人教育目标，深入持久、扎实细致地推进第二课堂人才培养工作科学化、体系化，河南经贸职业学院团委修订第二课堂人才培养方案。

(一)培养目标

优化第二课堂的内容结构，提高第二课堂的质量水平，构建与第一课堂相互融合的育人体系，通过第二课堂教育充分发展个人的潜能以培养完整个体，完善学生个人人格、智能、情智、体能等诸方面的发展。

(二)培养规格和制度

围绕学校和学院的人才培养目标，学校通过丰富多彩的第二课堂活动实现对学生的思想引领、价值引领、知识引领和文化引领，致力于培养学生的以下知识、能力和素质。

(1) 学生应接受思想教育与引导，进行一系列爱国爱校教育，提高社会责任感。

(2) 学生应接受综合素质培养，在校期间发展自己的兴趣爱好，提高自身文化素养和综合素质。

(三)学分置换管理办法

(1) 校团委和各二级学院分别开设“综合素质课”“职业素养课”，此课程分为必修课程和选修课程，必修课程为学生必须参加的课程，完成课程可获得相应学分，选修课程为学生自主选择参加的课程，参加课程可积一定的表现积分，表现积分加分办法按照《河南经贸职业学院荣誉积分管理规定》执行，学生所积表现积分均可置换学分。

(2) 两门课程共 4 个学分，其中校团委 2 个学分、学生所在二级学院 2 个学分，学生修满 4 个学分方可毕业，未修够 4 个学分学校予以延期毕业。在校期间未修满学分者，大三可参加校外社会实践、志愿者活动获取学分(此类活动若在校外进行，需要社会专业机构开具有效证明)。

(3) 校团委“综合素质课”中必修课程共七门，分别是：新生军训、新生开学典礼、新生军训会操、新学期升旗仪式、素质拓展训练、大学导航学习、主题班会，所占学分共 0.8 分，学生在校期间校团委共组织开展主题班会八次，每次积 0.04 学分，其余六门课程每门积 0.08 学分，无故未修则需参加补考，补考通过方可取得学分。选修课程所占学分为 1.2 分，每学期末学生本学期所得表现积分自动转化为学分，学生可在学校指定学分系统中查询自己所得学分，每学期的选修学分可累积，学生在校四个学期选修学分累积修够 1.2 分即可，多出学分作为评优评先的重要参考条件。

学分置换办法为：本学期所得学分=本学期所得表现积分×0.02(例：本学期所得表现积分为 20 分，所置换的积分为：20×0.02=0.4，依次类推来计算本学期所得学分)。

注：必修课程无特殊情况不得缺勤，若出现缺勤情况，缺勤名单由各二级学院主席团统计交至校核算部，校核算部进行核实后根据规定扣除相应学分，有特殊情况可向所在二级学院学生会提交免修申请，由团总支书记签字同意后方可免修此门课程。

(四)培养内容

培养内容如表 9-1 所示。

表 9-1 培养内容

<table>
<tr><th colspan="2">教育内容</th><th>教育活动</th><th>活动次数</th><th>活动对象</th><th>备 注</th></tr>
<tr><td rowspan="17">思想教育与引导</td><td rowspan="7">社会主义核心价值观教育</td><td>新生军训</td><td>1</td><td>全体新生</td><td>必修</td></tr>
<tr><td>新生开学典礼</td><td>1</td><td>全体新生</td><td>必修</td></tr>
<tr><td>新生军训会操</td><td>1</td><td>全体新生</td><td>必修</td></tr>
<tr><td>新学期升旗仪式</td><td>1</td><td>全体新生</td><td>必修</td></tr>
<tr><td>素质拓展训练</td><td>1</td><td>全体学生</td><td>必修</td></tr>
<tr><td>主题班会</td><td>8</td><td>全体学生</td><td>必修</td></tr>
<tr><td>感动经贸道德模范评选</td><td>2</td><td>部分学生</td><td>选修</td></tr>
<tr><td>学校规章制度学习</td><td>大学导航学习</td><td>1</td><td>全体学生</td><td>必修</td></tr>
<tr><td>诚信教育</td><td>诚信校园行活动</td><td>4</td><td>全体学生</td><td>选修</td></tr>
<tr><td>安全教育</td><td>消防演练</td><td>2</td><td>部分学生</td><td>选修</td></tr>
<tr><td rowspan="3">党团教育</td><td>党团专题学习</td><td>4</td><td>党团、团员</td><td>选修</td></tr>
<tr><td>团支书面对面交流会</td><td>4</td><td>团支书</td><td>选修</td></tr>
<tr><td>五四表彰大会</td><td>2</td><td>部分学生</td><td>选修</td></tr>
<tr><td rowspan="2">社会责任感培养</td><td>“与爱随行”春节社会实践</td><td>2</td><td>全体学生</td><td>选修</td></tr>
<tr><td>大学生暑期“三下乡”社会实践</td><td>2</td><td>部分学生</td><td>选修</td></tr>
<tr><td>青马学堂</td><td>青年马克思培养工程</td><td>4</td><td>精英班学生、优秀团干、优秀团员</td><td>选修</td></tr>
<tr><td rowspan="4">综合素质培养</td><td rowspan="4">体育素质培养、展示</td><td>阳光冬季体育长跑</td><td>2</td><td>部分学生</td><td>选修</td></tr>
<tr><td>迎新杯篮球赛</td><td>2</td><td>部分学生</td><td>选修</td></tr>
<tr><td>校运动会</td><td>2</td><td>全体学生</td><td>选修</td></tr>
<tr><td>大学生心理健康运动会</td><td>2</td><td>部分学生</td><td>选修</td></tr>
</table>

续表

<table>
<tr><th colspan="2">教育内容</th><th>教育活动</th><th>活动次数</th><th>活动对象</th><th>备　注</th></tr>
<tr><td rowspan="12">综合素质培养</td><td rowspan="8">才艺培养、展示</td><td>迎新晚会</td><td>2</td><td>部分学生</td><td>选修</td></tr>
<tr><td>两操一舞</td><td>2</td><td>部分学生</td><td>选修</td></tr>
<tr><td>高雅艺术进校园</td><td>2</td><td>部分学生</td><td>选修</td></tr>
<tr><td>学生团体文化节</td><td>2</td><td>部分学生</td><td>选修</td></tr>
<tr><td>超级演说家</td><td>2</td><td>部分学生</td><td>选修</td></tr>
<tr><td>校园歌手大赛</td><td>2</td><td>部分学生</td><td>选修</td></tr>
<tr><td>主持人大赛</td><td>2</td><td>部分学生</td><td>选修</td></tr>
<tr><td>微视频大赛</td><td>2</td><td>部分学生</td><td>选修</td></tr>
<tr><td>志愿精神培养</td><td>参加志愿者活动</td><td>不限</td><td>全体学生</td><td>选修</td></tr>
<tr><td>兴趣爱好培养</td><td>参加社团活动</td><td>不限</td><td>全体学生</td><td>选修</td></tr>
<tr><td rowspan="2">创新创业</td><td>参加“挑战杯”创业大赛</td><td>2</td><td>全体学生</td><td>选修</td></tr>
<tr><td>一分钟竞聘</td><td>1</td><td>部分学生</td><td>选修</td></tr>
<tr><td colspan="5">校团委开展的其他临时活动</td><td>选修</td></tr>
</table>

注：选修课程除以上课程外，还包括上级部门通知的临时活动等，本方案解释权归共青团河南经贸职业学院委员会。

第三节　我参加过的校园文化活动

<table>
<tr><td>姓名</td><td></td><td>学院</td><td></td><td>班级</td><td></td></tr>
<tr><td colspan="6">我参加过的校园文化活动</td></tr>
<tr><td>1</td><td colspan="5"></td></tr>
<tr><td>2</td><td colspan="5"></td></tr>
<tr><td>3</td><td colspan="5"></td></tr>
<tr><td>4</td><td colspan="5"></td></tr>
<tr><td>…</td><td colspan="5"></td></tr>
<tr><td colspan="6">活动感受</td></tr>
<tr><td colspan="6"></td></tr>
</table>

【知识拓展】

北京大学的校园文化

校园文化被视为大学的风骨。

北大精神是北大校园文化的本质和核心。百年来，北大精神一代代传承，尽管在不同的历史阶段，北大人承担着不同的历史使命，但始终本着“爱国、进步、民主、科学”的传统，与祖国同呼吸、共命运。北大精神是神奇的，它使老师和学生在这里自由快乐地交流、畅快淋漓地讨论，更使他们在这里水乳交融、共同进步。

在北大的校园里，老师是一盏盏明灯，是他们为一代又一代的北大学子铸造湖光塔影的真正魅力，培养了一批又一批的高素质人才；学生是北大的主人，来自五湖四海的学子，在燕园播种理想，在这里收获希望。他们在北大的空气中自由呼吸、展翅翱翔，突破创新、碰撞出绚烂的思想火花，创造了丰富多彩的北大校园文化生活。

北京大学校园景色

一、浓厚的学习氛围

从蒋梦麟校长提出“博学、审问、慎思、明辨”的希冀，到今天“勤奋、严谨、求实、创新”的学风；从昔日“德、才、均、备、体、健、全”斋的厚重，到今日古典与现代建筑的完美交融，从沙滩红楼到未名博雅，北大人严谨务实的治学态度、追求真理的科学精神一直走到燕园，跨越历史，和锐意进取的时代精神一起，融入这一代北大学子的血液之中。

未名湖畔，“德、才、均、备”四斋低吟着前辈的期待；静园草坪弥散着浓郁的人文科学气息；而现代化的理科教学楼群则被科学严谨环绕……走在北大校园，学子匆匆的脚步，课堂上求知的眼神，实验室里专注的身影是再普通不过的特写。教室里的灯光都会亮到熄灯那一刻，图书馆的自习室总是坐满了勤奋学习的北大学子。同学之间相互学习、相互促进、相互激励，共同进步。

在北大学生自己管理的校园BBS上，“学术动态”中有数十个版面专门讨论各类学术问题，集中跟踪和宣传最新的校园学术活动；“课程特区”中有近百个版面交流和研讨各门课程的学习情况，分享学习资源。此外，学生还自发组织了很多理论学习类社团和学术科技类社团。其中，青年马克思主义发展研究会、邓小平理论与实践研究会、乡土中国学会等社团自主开展了一系列颇具影响力的学术研究和理论探索活动，获得了社会的广泛关注和好评。

沙滩红楼

AI 虚拟实验室

二、百家争鸣的学术交流与讲座

“大学的重要在其学术上的生命精神。”

进入北大，你就会发现，“学术”几乎成为最为流行的口头语之一：“我要学术”，“他真学术”。那么究竟什么才是北大人口中的“学术”？“究天人之际，通古今之变，成一家之言”，此谓学术；“兼容并包、思想自由”是谓北大学术传统。

学术是北大发展的根本动力和力量源泉，也是北大建设世界一流大学的重中之重。除日常的课堂教学之外，学术讲座、学术报告活动已经成为北大校园文化生活中最为活跃的有机组成部分和一道亮丽的风景线。校内每年举办各类讲座逾千场，讲座内容涵盖了自然科学、人文科学、社会科学等各个学科领域。

“大学之大，非谓有大楼之谓也，乃谓有大师之谓也。”在这里，你会遇到最优秀的老师，先生言传身教，教导一代代北大学子何为知识，何为学术的魅力。侯仁之、厉以宁、袁行霈、林毅夫、丁肇中、斯蒂格利茨……国内外知名学者登台开讲，为北大学生提供了极为丰富的讲座资源。“北大的讲座”被誉为浓缩精华的“知识快餐”，它是一个素质教育的开放课堂，是一次知识的饕餮之旅。这里有最广的知识领域，使学生了解其他学科的情况，激发他们的学习兴趣，引导他们更多地涉猎基本的人文社会科学和自然科学知识；这里有最快的信息来源，让学生把握当代科技的进展和社会经济发展中的热点，更好地认识社会，融入社会。由学校编辑的“北大讲座”系列丛书目前已经连续出版了 23 辑，同学们通过它，仿佛亲临现场听先生讲授，见证北大之“大”。

经济学界泰斗厉以宁

1976 年获诺贝尔奖的丁肇中

三、异彩纷呈的文体活动

早在五四时期，当时的北大校长蔡元培先生就大力提倡美育和艺术教育，在北大组织“画法研究会”“书法研究会”“音乐传习所”，聘请一大批著名的艺术家到北大授课和指导学生的艺术活动，很快北大成为全国的美育和艺术教育的中心。自那时起，北京大学也就成了艺术教育的殿堂，这才使艺术与文化在水乳交融的氛围中，延续至今。

今天，北大以“主题鲜明、雅俗共赏、精品至上”的艺术教育理念为指导，建立了由四大学生艺术团(合唱团、舞蹈团、民乐团、交响乐团)和文艺类社团、独立创作团队及学生个体创作者构成的高水平、多样化的文艺活动体系。各团还多次为学校夺得荣誉，如首都大学生原创歌曲大赛一等奖、第五届全球华语大学生影视奖优秀实验片奖、第一届中国校园戏剧节中国戏剧奖、校园戏剧奖，以及第三届全国大学生艺术展演中合唱部分、舞蹈部分获得一等奖，民乐部分获得二等奖等。

《燕园情》音乐会

舞蹈《足迹》

燕园已成为高雅艺术的殿堂，北大师生也已成为高雅艺术的知音。国内外很多艺术团体在这里举办专业水准的演出，取得良好的反响。以学生为参与主体的文化艺术活动，如新生文艺会演、迎新文艺晚会、十佳歌手大赛、朗诵艺术大赛、“红色经典”爱国励志歌会、新年联欢晚会、主持人大赛、北大剧星、“北大之锋”辩论赛、毕业生晚会、毕业生歌会、“一二·九”文化节、“国际文化节”等，都已成为校园文化活动的品牌。以校园原创音乐集《未名》、原创音乐剧《一流大学从澡堂抓起》、毕业生系列电影《离骚》、原创电影《此间的少年》、原创 MV《转身之间》为代表的一批校园原创文艺作品，集中凸显了鲜明的北大特色和强烈的时代特征，展现了北大学生较高的艺术鉴赏力和创造力。

此外，健身竞技也是北大校园文化生活中不可或缺的一部分。北大重视德智体全面发展，历来提倡体育锻炼，并且举办各种各样的体育竞技活动。从 1986 年起，北大杯足球赛开赛，随后“新生杯”“硕士杯”足、篮、排球赛也先后崛起。这些活动不但增强了学生的体魄和团队精神，也增强了北大的凝聚力，并和奥林匹克的宗旨“增强体质、意志和精神并使之全面发展的一种生活哲学”交相辉映。学校学生体育团队更是在各大赛事中屡夺桂冠，如浙江—湖州国际名校赛艇挑战赛 2000 米项目组冠军、第三届北大—清华赛艇邀请赛金牌、“京华杯”北大清华棋牌赛五连冠、2011 年巴黎公开赛个人和团体两个冠军等。2008 年奥运会在北大乒乓球场馆的成功举办，更使北京大学的体育活动向着更多彩、更健康的方向发展。

四、蓬勃发展的学生社团

从五四运动到西南联大，再到今天的北京大学，北大学子始终激情昂扬地站在时代的最前列，既有退守书斋的心性，又有改造世界的雄心。而北大的学生社团无疑是对北大学子的雄心与实干最好的见证。

北大社团已经有了 100 多年的历史，在一代代北大人的努力下，北大校园文化之繁荣蓬勃在国内堪称翘楚，使得这座百年名校无一时不焕发她的勃勃生机，无一时不散发她的无穷魅力。在北大丰富绚丽、包罗万象的校园文化中，学生社团无疑是一道亮丽的风景线。

新文化运动到五四运动期间，北大校园内出现了进德会、新闻研究会、新潮社、社会主义研究会、马克思学说研究会、学生储蓄银行、消费公社、雄辩会、画法研究会、起床协会等数以百计的学生社团。而今日的百团大战，更是吸引着人们的眼球。

北大的社团活动素有百“团”大战之称，成为活跃校园文化、传承北大精神不可或缺的力量。蓬勃发展的北大社团是“思想自由，兼容并包”成就的硕果。目前，北大共有学生社团 260 余个，每年参与社团活动的本科生有 3 万余人次，全校约 75%的同学参加了社团。

北大学生社团在百花齐放、百家争鸣的繁荣发展中，也形成了一些全国知名的品牌。山鹰社的攀登科考活动、自行车协会的长途骑行实践、爱心社的爱心服务、阳光志愿者协会的阳光骨髓库的建立推广、中乐学社的专场音乐会等社团活动，不仅活跃了北大的校园文化生活，向国内外各界展示了北大学生的青春风采，而且在全国产生了示范带动作用。青年马克思主义发展研究会是首都高校学生理论社团学会理事长单位，并被团中央授予“全国优秀青年学习组织”称号，《北京日报》曾在第一版以“未名湖畔播撒信仰”为题报道他们坚持理论学习的突出事迹，在全社会引起了强烈反响。

北大社团，这个名字永远属于敢为天下先的北大人，它凝聚着北大人的雄心和热血、坚韧和勇毅，一代代北大人从多姿多彩的社团文化中汲取营养，在社团文化的舞台上一展才华，在社团文化的沃土中崭露头角。甚至北大社团已经内化为一种组织方式，一种人群单位，成为北大这个有机体的细胞之一。在北大的辉煌与光荣中，“北大社团”时刻焕发她的夺目光彩。

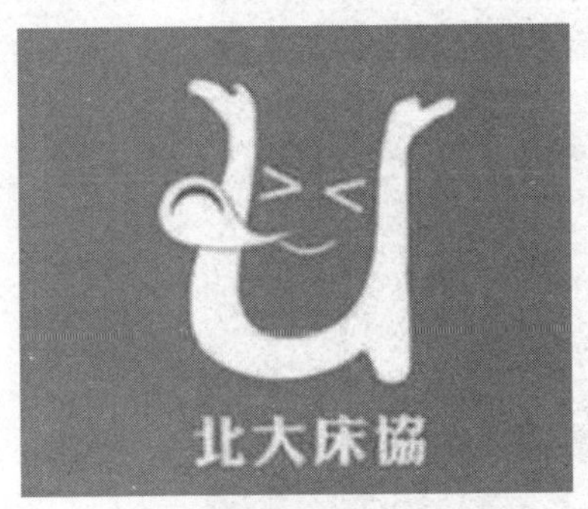

北京大学起床协会

山鹰社

五、亚洲最大的高校图书馆

经过百余年的辛勤搜求和积累，北大图书馆已经建成以文理基础学科文献收藏为主，

涵盖各学科、多语种、多种类型、多种载体、多种收藏级别的藏书体系。截至 2009 年年底，图书馆馆藏总量已达到 800 余万册。馆藏中以 150 万册(件)中文古籍为世界瞩目，其中 16 万册 5—18 世纪的珍贵书籍是中华民族的文化瑰宝，另有金石拓片近 4 万种，7.5 万件。

图书馆由中心馆、30 余个分馆、储存馆组成，总面积约 90000 平方米。北京大学图书馆目前的馆舍由 1975 年建成的西楼和 1998 年李嘉诚先生捐资兴建的东楼组成。2005 年，图书馆西楼改造工程完成，馆舍面貌焕然一新，总面积近 53000 平方米，阅览座位 4000 余个。2009 年建成的国内首例远程储存图书馆面积近 5000 平方米。

图书馆采用国际先进的自动化管理系统，利用因特网为读者提供足不出户的虚拟信息服务。通过图书馆门户主页(http://www.lib.pku.edu.cn)，读者可以检索书目、借阅书刊、浏览和下载电子资源、获取国内外文献资源，同时为学校教学科研提供深层次的咨询服务等。图书馆每周开馆时间为 106.5 小时，周借阅服务时间为 85 小时，系统与服务器基本达到每周 7 × 24 小时服务。年图书外借量保持在百万册次左右。2009 年，图书馆主页的年点击率达 2.34 亿多次，年访问量为 536 万次，日均访问量超万次。电子资源数据库检索达 2173 万次，全文数据下载量为 1281 万篇次。其中本科生是最活跃的读者群，年人均借书量在 30 册左右，本科生入馆人次历年占所有读者的一半左右。

北京大学图书馆不仅以雄伟壮观的建筑跻身北京大学著名的“一塔湖图”四景，更以博大精深的丰富馆藏、深沉蕴藉的精神魅力吸引着无数知识的追求者。多少大师在这里读书思索，无数学子在这里徜徉书海。她见证了名师的学术辉煌，传承着北大的学术命脉，她已经成为北大人心中的知识圣殿。季羡林先生曾这样深情回忆道：“我在北大五十多年的学术生涯与北大图书馆密不可分，我的学术成就的取得，得益于图书馆丰富的文献资料。”

北京大学图书馆

六、四通八达的校园网

北京大学校园网是国内规模最大的校园网络之一，也是全国教育网的一个重要节点。

自1989年参加“中关村地区示范网”建设伊始，已完成了学校多栋教学楼、办公楼、学生宿舍、教工宿舍的光纤互联，提供数万个有线信息点。2002年5月建成中国第一个校园无线局域网络，使校园网通达学校的每一个角落。目前，北大校园网主干网带宽已经超过10Gb/s，面向网内提供各种基础服务，也是目前国内试行IPv6的大型网络之一。此外，校园网不仅提供了各具特色的专业信息服务，还建有众多活跃的教学网站和学生社团网站，为学生提供丰富的资源和周到的服务。

七、丰富多彩的暑期社会实践

读万卷书，行万里路。风声雨声读书声滋润了校园之后，学子是不是该迈开脚步，将使命与爱心投入到社会之中？

暑期社会实践是连接大学生和社会的最佳纽带之一，也是大学生锻炼自我、丰富自我的一个难得的好机会。1982年，北大率先在全国开展了大学生暑期社会实践活动。在多年的发展历程中，北京大学秉承蔡元培先生“好学力行”的理念，弘扬“心系天下、知行结合、躬行实践”的传统，不断丰富实践主题、拓展实践途径，服务于青年学生的成长成才。至今，实践内容涵盖了社会调查、环境保护、“三农”问题、地方教育、红色之旅、情系四川、北京奥运、西部大开发、振兴东北老工业基地、中原崛起等诸多主题。除了暑期集中实践外，社区挂职、课余兼职、青年志愿者活动、社区援助活动等日常实践活动也蓬勃开展。近三年来，共有770支学生团队、师生累计10273人次参加社会实践活动。北大因杰出的社会实践活动，多次荣获“全国文化科技卫生‘三下乡’先进集体”“首都高校社会实践先进单位”“大学生社会实践首都贡献奖”等荣誉称号。《人民日报》《光明日报》《中国教育报》、中央电视台、新华社等多家媒体对北大社会实践工作进行了广泛深入的报道，《教育部简报》也多次对北大社会实践工作给予高度评价。

北京大学学生暑期实践活动

“深入社会和民生，进行深度观察”，这是北大团委提出的学生社会实践新口号，同学们走出校园，切身将自己融入社会的大课堂之中，始终怀抱着属于北大人的理想主义和时代使命，将爱心与责任切实落入社会基层，脚踏实地，仰望天空。

八、课外学术实践和创业活动

今天的燕园到处都弥漫着“崇尚科学，追求真知”的学术文化氛围和“勇于创新，融会新知”的创新创业风气。学校组织开展了五四学术文化节、生物医学论坛、“博士开讲”、研究生“学术十杰”评选、“素质教育一百讲”等品牌学术活动，在全校范围内营造了崇尚学术的良好风尚。此外，学校还建立起以“挑战杯”五四青年科学奖竞赛、“江泽涵杯”数学建模与计算机应用竞赛以及学生创业计划大赛为龙头、文科类大学生计算机设计大赛、跨学科学生课外学术科技作品竞赛以及 ACM 程序设计大赛、中文系原创文学大赛、哲学系“爱智杯”竞赛等一系列专项竞赛齐头并进的学生课外学术科研体系。学校通过举办创业沙龙，组织创业设计大赛，建立创业教育实践基地，为学生创业积极创造条件。

就业见习活动更为同学们提供了实践实习的广阔平台。校团委与上百家单位建立实习实践关系，为同学们建立了方便、快捷的就业实习渠道。通过暑期两个月的实习，你可以更为真切地体会校园与社会的不同，也可以更好地寻找自己未来的方向。

2004 年 6 月，学校成立了北京大学学生创业中心(见图 9-16)，免费为学生创业活动提供场地和技术支持。课外学术实践和创业活动在开阔学生视野、培养创新思维、锻造科研能力等方面发挥了重要的作用，成为北京大学全面育人工作体系中不可或缺的重要组成部分。

图 9-16　北京大学创业训练营

九、结束语

究竟什么是校园文化？也许初入燕园的学子会有如此疑问。校园文化，是湖光塔影，是“德、才、均、备”，是百“团”大战……更是每一个北大学子的青春。

北大的校园文化在传统精神中孕育着创新，保持着鲜活的生命力，“科学、严谨、求实、创新”是其最宝贵的精神内核。在“爱国、进步、民主、科学”精神传统的引导下，众多学术大师和莘莘学子活跃在校园文化的前沿，高举爱国进步的旗帜，弘扬民主科学的精神，传承着北大的百年传统。高速运转而又宽松和谐的生活节奏，极度竞争而又机会均等的学习热情，使北大人变得机智、善辩。北大自由的空气兼容了各种新奇的个性和新奇的思想。诚如著名科学家王选院士生前在谈及自己的科研成果和北大方正的事业时说：“北大浓厚的学术氛围、严谨的科学作风、创新的精神和兼容并包的传统直接影响了方正的发展。我本人就是受了北大这种风格的影响，才有了今天的成就。”

“一塔湖图”的燕园，有春的繁花似锦、夏的枝繁叶茂、秋的银杏飘洒、冬的银装素裹，每一个季节都是如此美不胜收，恰似你将要留在这里的青春年华。

点题成金

1. 请谈谈你对北京大学建设的校园文化的感受。
2. 身为当代大学生，应该怎样发扬经贸校园文化？

第十章 网 络 学 习

作为21世纪的大学生，面对的是信息透明化、全球化、共享化的高速发展社会，一方面，相比于父辈，我们能拥有更多的资源，以及更多寻找资源的方法；另一方面也因为大量信息涌来，致使其中充斥着不少垃圾信息，蒙蔽我们的双眼。因此，我们还需要具备取其精华、去其糟粕的本领。

提起网络，不少家长频频摇头，在他们心中，网络仿佛洪水猛兽一般。网络作为新生事物，在他们接受能力、学习能力最强的青少年时期没有接触，却在中年时期看到频发的网瘾少年事件，不得不使他们对网络既敬又畏。时代在进步，人们也逐渐接受了网络，网络不再是旧时王谢堂前燕，却飞入寻常百姓家。环顾周围同学，人人一部智能手机，计算机课程也不再像中学时期那样，作为一门可以被主课占掉的课，而成为一门必修课。大学期间各种大小论文，同学们大都需要“百度一下”来寻找灵感，同时，网络更是成为我们增长各种知识、传播各种信息的途径。

运用马克思主义辩证思维看待事物，我们需知网络的利与弊。其实，网络之利在此则无须多言，我们应该思考的是如何利用网络进行学习、生活和工作。

首先，我们需要探知目前存在的网络学习方法有哪些。毋庸置疑的是，只要我们愿意，网上总有大把资料供我们选择。一般情况下，大多数人都会选择通过搜索引擎搜索相关知识，搜寻关键字，然后汲取自己需要的资源，再经过自身后期加工便能成为自己的知识。而经此反复积累，我们可以构建自我知识网络体系。与此同时，网络还是个交流的平台，借此平台，我们能与他人交流心得看法，逐渐完善自我知识网络体系，通过这个平台，我们还可以找到许多志同道合之士共勉之，例如各种论坛就是各种不同人的舞台。以上方法，大都为大家主动寻找，另有一法则更考验人的恒心、毅力和抗干扰能力，那就是线上学习。只有想不到，没有做不到，有利益的地方必然产生交易，只要你有发现金钱的慧眼，而线上学习则为此现象之产物。线上学习相比实体教室学习有更大的时间和空间灵活性，辩证来看就会有其无约束性等劣势，故而需要学生拥有更高的自制力。

综上所述，网络学习大致有这些平常方法，但对我们而言，更重要的是学会如何正确地学习，才能保证我们有所学。利用网络学习虽然有较多时间、空间的灵活性，可满足我们随时随地地学习，但也需要我们拥有更强的自制力，持之以恒地学习，而不是做三天打鱼两天晒网之举。如前所述，我们需要在大量的信息中找到精华，所谓精华就是自己所需要的信息，能对自己有帮助的资源。那么我们首先要做的就是根据自己的需要，有目的地进行阅读。人的精力是有限的，我们不能将有限的精力耗费在无用功上。改善了外部环境，我们还需从内改变自己，那就是增强自己的自控力，天道酬勤、厚积薄发，知识需要不断积累，而不会在短时间内暴增，量变终会引起质变。

学习与生活和工作总是息息相关的，在生活和工作中总会体现出一个人的文化素养。网络改变的不仅仅是学习方式，还改变了我们生活和工作的方式。网络的出现，真正实现

了日行三万里，人们可以在网上随意交谈，拉近彼此的距离，但也导致了很多人在实际生活中交际无能，反而在网络上异常活跃。同时，网络的出现也衍生出了电子商务等新兴产业。网络真正渗透进了我们的生活，并慢慢改变着我们的世界。

作为大学生的我们，更需要选择正确的方式来对待有了网络的学习、生活和工作。大学生的积极探索无疑是培养网络的学习温床，我们有了更多新奇的方法来控制我们的学习、生活和工作，相应地，网络也深深地影响了我们的学习、工作和生活方式。方法总有很多，什么是对的，我们也十分清楚，但如何选择，由你决定。这一章主要围绕网络在线学习的特点、大学生在网络学习中存在的问题、如何培养网络学习的能力，以及主要的几个网络学习平台进行介绍。

第一节　网络在线学习的特点

一、国家和高校大力支持网络在线学习

首先，国家高度重视互联网在教育领域的应用。2010 年 7 月 8 日，党中央、国务院印发了《国家中长期教育改革和发展规划纲要(2010—2020 年)》，从中国现代化建设的总体战略看，该计划描绘了未来 10 年中国教育改革的宏伟蓝图，科学确定了 2020 年我国教育改革与发展的战略目标、工作方针、总体任务和改革思路。纲要首次提出：“信息技术对教育的发展有革命性的影响，必须予以高度重视。”积极推进“互联网+”行动导向探索新的互联网+教育服务供给模式，为促进高等教育改革模式指明了战略方向。

其次，自 2012 年以来，作为互联网和高等教育结合的产物，大规模在线开放课程(Massive Open Online Course，慕课)迅速在我国兴起，教育部及各地高校大力支持网络自主学习。这种新型课程及教学模式打破了教育的时空界限、学校的围墙，颠覆了传统大学课堂教与学的方式。从 2012 年开始，教育部就十分关注慕课的建设发展情况，从起步阶段，就确定了我国的慕课建设要体现中国特色、世界水平，2015 年，印发了《教育部关于加强高等学校在线开放课程建设应用与管理的意见》，提出要构建具有中国特色的在线开放课程体系和平台，以“高校主体、政府支持、社会参与”为方针，立足自主建设，注重应用共享，加强规范管理，有力地推动了我国在线开放课程的建设与应用。经过近 5 年的发展实践，取得了四个标志性的成果：一是慕课建设与应用呈现爆发式增长；二是慕课建设与应用实现了大范围的优质资源共享；三是慕课已获得高等教育界越来越多的认同；四是我国慕课建设已经走在世界前列。

二、互联网为学生的自主学习拓宽了平台

到目前为止，共有 200 余门慕课登录国际知名课程平台，“清华汉语”等中国慕课进入 2010 年国际著名课程平台前列。我国的慕课建设与应用为世界慕课的发展提供了中国方案，创造了中国模式。有关高校和机构自主建成十余个国内在线学习平台，如学堂在

线、慕课中国、爱课程网等。400 余所高校建设的 3200 余门网络课程上线课程平台，5500 万人次高校学生和社会学习者选学课程，已有 600 多万人次大学生获得慕课学分。以跨区域、跨校、跨学科、跨专业等各种形式组建的慕课联盟覆盖面逐步扩大，推动因地因校制宜、跨校、跨区域在线学习、翻转课堂、线上与线下混合式学习等共享与应用模式如雨后春笋般不断涌现，新的网络学习形式和学习平台应接不暇。

三、学生网络自主学习的课程范围广泛

现在许多在校大学生只需要一台电脑和网络连接，便可免费学习到许多大规模开放性课程，循序渐进，让学生从初学者成长为高级人才。课程的覆盖范围不仅包括数学、统计学、计算机科学、自然科学和工程学等广泛的科学技术学科，还包括社会科学和人文学科。在现有的网上公开课程的基础上，课程涵盖了所有一级学科。在此基础上，一些平台推出了以专业或职业为单位的微型专业课程，如学堂在线和清华大学经济管理学院联合推出的互联网企业管理微专业。从课程层次上讲，它涵盖了高中、大学、研究生和博士生的一般课程和专业课程，也提供了提高专业技能和学习专业知识的课程。因此，无论身在何处，学生自主学习的选择性都有了明显的提高。

四、学生通过网络得以共享优势学习资源

优质教育资源，人人均等享有，是无数家长、学生的梦。在互联网蓬勃发展的大背景下，学生在自主学习过程中，名校名师等优质的学习资源触手可及，教育的不对等性有所缓解。目前，完善的共享教育资源体系，是加快提升高校整体教学质量的重要举措，是加快提升高等教育整体质量和水平的重要依托，也是信息化时代发展高等教育的必然选择。因此，大力开展优质教育资源共建共享体系建设，提高高等教育质量、大力实施远程教育、构建终身教育体系，不仅能够在很大程度上有效缓解高等教育优质资源的不足，实现共享优质教育资源，避免重复配置办学资源，而且能极大地发挥高校现有人力、财力和物力、信息资源的作用，提高办学效益和资源利用率。“互联网+教育”最大的优势除了方便灵活外，就是可以使有限的优质教育资源得以共享，这让很多与名校无缘的求学者都可以有机会聆听名校名师的授课，这就极大地调动了求学者的学习积极性，学生在这种情况下进行自主学习，能够获得更好的学习效果。

五、网络自主学习更具灵活性、自由性

在互联网应用和技术快速发展的时代，大学生可以利用小型化的无线便携移动设备(如手机、平板电脑、笔记本电脑等)进行移动式学习，移动设备能够为学习者带来一种随时随地学习的体验。学习者不再被限制在教室里、电脑桌前以传统的方式学习，而是可以自由自在、随时随地以不同的学习目标、学习方式进行自主学习，整个学习的环境是移动的，

所以，学生可以更好地利用碎片时间进行学习，更好地掌控时间。你可以在感兴趣的领域进行深入研究，可以获取到大量的网络学习资源，可以在任何地方、任何时间针对不同的学科、课程进行自主学习，避免了传统学习方式带来的束缚，提高了学习的自由性、灵活性。

第二节　大学生在网络学习中存在的问题

一、不善于利用网络学习资源

(一)网络学习资源获取途径较为单一

调查研究发现，大学生最常用的搜索引擎排名第一的是百度，在学习资源的获取过程中，当搜索引擎与老师、图书馆、同学、朋友、网上专业数据库做对比时，多数学生会选择用搜索引擎作为获取学习资源的来源和途径。将搜索引擎与课程网站、电子期刊库、专业数据库、专业报刊网站做对比时，绝大多数学生依然会选择搜索引擎作为学习资源获取的来源和渠道。可见，学生在查找资源的过程中多数是运用以百度为主的搜索引擎。百度上，大部分解决学习问题的渠道依靠百度百科或百度知道，而百度百科上所能参考的资料还是比较有限的。其次依靠知乎、百度作业帮等，这些平台上的学习资源大多数来源于民间，不是官方渠道，信息和知识的可信度和准确性就有待商榷了，这些平台上面的信息可以作为参考但又不够权威。目前大学生很少去用甚至是不知去用专业的资源数据库、电子期刊库或是专业报刊网站，所以在学习资源的获取上有着途径单一、不专业的问题。

(二)网络学习资源搜集能力有待提高

虽然，大多数学生对于网络学习资源的查找和搜集都相对较为擅长，在资料查找的过程中，多数情况下能够找到自己心目中比较理想、合适的资料，但仍有不少学生有时不能找到自己需要的学习资源。很多大学生在网上收集资料仅仅会使用以百度为主的搜索引擎，再就是依赖于以知乎为主的问答平台，很少有人使用专业的知识检索平台。同时，利用搜索引擎搜索也是有技巧的，在输入框里加入特定的字符就可以搜索到指定的内容，但很少有人知道并使用这个方法。所以，在网络自主学习的前提下，是否能够解决自主的资料查找和搜集是相当重要的一个问题。因此，大学生对于网络学习资源的查找能力依然有待提高。

(三)对网络学习资源的鉴别能力不足

有不少的高校大学生对网上学习资源缺乏分析辨别能力，面对庞杂的网络资源缺乏思考和鉴别能力，而多数会思考的同学判断查找到的网络资源正确性的依据来源于大多数人的意见、专家老师的意见，抑或是参见信息来源是否权威，而通过自己独立思考来判断网络资源正确性的大学生屈指可数。网络资源鱼龙混杂，学习资源也是如此，网上的资源质量有高低，水平有差异，如何鉴定、辨别资源的好坏优劣，也是一种不可或缺的能力，你

学习的东西越准确、越权威，学习的价值才越大。因此，大学生对于网络学习资源的鉴别能力不足也是网络自主学习的一个问题。

二、利用网络学习的自主性不强

(一)网络自主学习时间不充足

当前大学生网络在线学习的一个普遍问题就是学习时间不充足。信息时代的大背景下，很大一部分大学生上网主要用来看电影、看剧、浏览网页、打游戏、聊天，集中于休闲娱乐方面，切切实实地通过上网来提高学习的学生还是比较少的。人都是有惰性的，有了空闲时间，可以用来上网，你会选择玩乐还是学习？相信选择休闲娱乐的会占大多数。因此，利用上网在网络学习上花费的时间都较为短暂是一个较大的问题。这就需要我们学会合理利用空闲时间，提高自我控制的能力，把有限的时间充分投入到无止境的学习提高上。

(二)网络自主学习计划不明确

学生网络自主学习计划不明确表现在两方面：自主学习目标不明确和学习时间安排的欠缺。一方面，自主学习目标不明确。很少一部分大学生进行网络学习的目标是很明确的，在整个学习过程中，明确为了学习知识的学生少之又少。这说明目前大部分学生学习的内在动力不仅仅是为了“寻求知识”，更多的是类似修学分，从而能够毕业的一种“趋利”的心态。另一方面，学习时间计划安排的欠缺。我们经常说，无论做什么事，都需要有一个规划，长远的规划和短期的规划。长远的规划又是由多个短期规划组成。而学生对于计划安排整体还处在不可以和可以之间，绝大多数大学生在没有老师的监控下不能很好地进行学习计划安排，这表明学生自主规划学习的水平还有待提高。

(三)缺乏上网学习的主动性

面对眼花缭乱的网络信息，大学生由于年龄小、心智不成熟，很容易沉迷于能够给自己感官带来愉悦的东西，比如看电影、看剧、打游戏，而真正能够主动去利用网络学习的学生寥寥无几。另外，一项调查表明，无论是在网络自主学习过程中能否积极地在平台上参加讨论，是在网络自主学习过程中遇见不懂处是否会积极处理，还是在整个网络自主学习过程中是否能经常主动与身边同学探讨交流问题，还是在自主学习过程中会经常记笔记，学生所表现出来的积极性都相对欠缺。是否能够主动上网学习是一回事，是否能够在网络自主学习的过程中充分发挥自身的主观能动性、把网络学习资源最大化利用，这又是另一回事。总之，大学生在网络自主学习的主动性方面情况并不乐观。

(四)自我控制能力不够强

互联网时代，手机和电脑占据我们的时间持续增长，几乎将要超过我们和亲人、朋友相处的时间。我们利用电脑和手机上网，进行学习、交友及娱乐活动。由于在互联网这个

平台上，学习娱乐资源是共同存在的，因此，我们在网络条件下学习需要有强大的自控能力来面对处理学习以外的方方面面的诱惑。事实上，大多数学生上网所做的事都是休闲娱乐的，不管是用电脑还是用手机。如今互联网功能如此发达，不缺的就是娱乐手段，各种视频网站、各种电子游戏，还有现在很火的抖音、快手等手机短视频 APP，学生在这些网络内容上往往自觉或不自觉地会花费大量的时间，短视频刷了一条还想刷，游戏打完一把还想打，热剧看了一集还想看。自控力的不足导致大学生在网络上耗费了大量的时间和精力甚至金钱，而不是把这些时间和精力用于上网学习、提升自我。有一句话很有道理：自律即自由。一个人只有足够自律，把时间和精力用在全方位的自我提高上，做一些对自己的学业、事业、前途有益的事情，最终才能实现真正的物质自由、精神自由、时间自由。反之，如果长期把时间花在一些有意思却没意义的事上，那他早晚会在人生路上落下别人一大截。互联网是一把双刃剑，大学生应该增强自我控制能力，学会利用网络学习。

第三节　如何培养网络学习的能力

一、改变传统学习理念

自主学习是与传统的接受学习相对应的一种现代化学习方式。顾名思义，自主学习是以学生作为学习的主体，通过学生独立地分析、探索、实践、质疑、创造等方法来实现学习目标。《基础教育课程改革纲要(试行)》在论及基础教育课程改革的具体目标时指出："改变课程实施过于强调接受学习、死记硬背、机械的现状，倡导学生主动参与、乐于探究、勤于动手，培养学生搜集和处理信息的能力、获取新知识的能力、分析和解决问题的能力以及交流与合作的能力。"传统的教学强调的是接受式的、被动式的学习方式，而 21 世纪的我们提倡自主学习，是否就是否定接受式的、被动式的学习方式，一概采用自主学习的方式？根据《基础教育课程改革纲要(试行)》的精神，可以这样理解，我们只是要改变过去的那种"过于强调接受学习"的倾向，而不是完全否定接受式的学习方式，但要倡导学生学会自主学习的方式。

培养自主学习能力是社会发展的需要，面对 21 世纪的挑战，适应科学技术飞速发展的形势，适应职业转换和知识更新频率加快的要求，一个人仅仅靠在学校学的知识已远远不够，每个人都必须终身学习。终身学习能力成为一个人必须具备的基本素质。在未来发展中，我们的学生是否具有竞争力，是否具有巨大潜力，是否具有在信息时代轻车熟路地驾驭知识的本领，从根本上讲，都取决于学生是否具有终身学习的能力，使学生在基础教育阶段学会学习已经成为当今世界诸多国家都十分重视的一个问题。正如《学会生存》一书中所讲的："未来的文盲不是不识字的人，而是没有学会怎样学习的人。"而终身学习一般不在学校里进行，也没有教师陪伴在身边，全靠一个人的自主学习能力。可见，自主学习能力已成为 21 世纪人类生存的基本能力。

俗话说，观念往往是行动的先导。思想创新往往能推进制度创新。大学一年级学生相较于二、三年级的学生的自主能力较差，这是由于多数一年级新生习惯了中小学时养成的

学习习惯，由老师支配学习。很多大学生课余没学习的意识，不喜欢学习，喜欢玩网络游戏或聊天、看视频。要解决这一问题的治本之策，学生必须改变依赖老师的心理，强化自主学习的理念。变革应试灌输，要树立起自主学习的理念，明白学习是自我发展的需要，自己选择的路，知识和技能都是自己的。

二、寻找学习内驱动力

一些大学生对学习很迷茫，没有学习的自控力，空闲时以娱乐为主，也没有做计划和总结的习惯，缺乏自我评价和反馈的能力。作为互联网+时代的大学生，为顺应自主学习的潮流，适应以后的发展，势必要深入掌握本专业的相关知识和技能，而且要知道一些相近专业的动态和常识。如果没有强大的驱动力，是不可能做到的。首先，可以通过老师上课时安排的任务、习题及对课堂上问题的反思来进行。因为这些问题、任务的答案并非整齐划一的，方便了学生自主学习能力的养成。其次，学校开设的选修课和讲座也能促进自主学习，虽然有的学校的公共选修课门类不多，但这些课程是多年教学实践后精心设置的，也基本满足了一些学生的学习要求。学校的讲座能让学生了解各学科发展的最新动态及行业动态，能拓展他们的视野。各种社会实践活动，如社团活动，这些都能让学生深入了解社会，丰富他们的阅历。

学习驱动力是保证较好学习效果的一个重要因素。为了达到深度学习的目的，就需要借助网络学习空间提高自身的学习驱动力。学习投入度是学生保障学习效果的一个前提，为了更好地激发学生的学习动机，应该从内部动机和外部动机两个方面进行讨论。充分利用网络学习空间的优势，科学合理地利用学生的好奇心、期望教师、家长、同伴的认可、想要取得好成绩、希望能够实现自我价值等外部动机，与内部动机相结合，激发学生的学习兴趣以及对知识的求知欲，促使学生在情感、行为、认知三方面有更高的投入。提高学生主动学习的主动性、积极性，促进学生自主学习的有效开展。每一位学生都有自己的学习习惯和自己喜欢的学习方式，在整个学习过程中，不能一味地相提并论，要关注不同学生的学习兴趣和学习需要，结合他们个性化的学习特点，为学生提供优质的服务，使学生能够主动地、有意义地建构知识。例如教师可以利用微信、QQ、网络学习空间的交流讨论区与学生互动，这样不仅可以了解学生的学习情况，而且也可以锻炼学生的交流能力，促进学生的学习兴趣。在学习发生的不同阶段，应根据具体情况为学生提供学习支架，保证学生的学习热情，调动学生的学习兴趣，进而提高学生的学习投入度。

三、优化自主学习计划

大学生应该积极地参加校内校外的志愿者活动、生产性实习、勤工俭学等活动，进一步促进自主学习能力的养成。首先，要养成做计划的习惯。目前大学生愿意做总结和学习计划的较少。其次，计划要遵循规律，有科学性和兼顾个性。学生应当在分析自己的个性的基础上做出三年学习生涯的整体规划，然后再做好阶段性学习计划和每日学习

计划。做计划时要分析你是哪种类型的，如有人习惯静坐，有人喜欢运动；有人早起，有人晚睡。

再次，制订和学校教学计划相协调的学习计划。自主学习并不是主张学生抛弃学校的课程不管，而是在学校教学计划许可的限度内，用好课堂上教师不讲课时或课后的闲暇时间进行学习，以达到在最少的时间内掌握最多的知识量的目标。最后，建立可量化的可评估和调控的自主学习计划。只有能量化的计划，才具有操作性，更加能方便学生了解自己的情况和调整自己的学习进度。

四、培养整合性学习方式

网络学习空间的诸多优势，有利于大学生深度学习的开展，学生充分利用网络学习空间中多样化的资源进行自主学习，有利于学生在已有理论的基础上建构自己的知识体系；学生通过获取有价值的信息，不断更新和完善自己的知识体系，实现新旧知识的融合；充分利用网络学习空间中的可视化工具，帮助学生理解复杂、混乱的问题。例如，学生会通过多种搜索引擎收集各类学习资源，学习资源变得多样化、解决问题的方式也变得多样化，这时就需要学生能够高度概括总结相关内容，提炼出最好的方案和资源。利用网络学习空间的交流互动平台，促进学生与教师、同学更好地交流，相互汲取有用的学习经验，分享彼此的学习心得，有利于学生进行有意义的学习。学生应该敢于直面问题，勇于探索问题，在理解的基础上进行新旧知识的联系，通过更深层次的加工实现深度学习。学校也应积极采取有效的相应措施，举办有利于大学生整合性学习的活动，并发挥网络学习空间的突出优势，更好地促进深度学习的开展。

五、注重自我监督评价

首先是自我监督方面。我们可以把大学生的自我监督分为学前监督、学中监督和学终监督三步。学前监督中，就是定好要学习的任务和计划。计划应当富有规律性和可操作性，可量化评估。学中监督，估计学习中的执行情况，考虑对目标的完成进度和实效来修正自己的行为。学终监督，通过对结果的自我检查、自我评价，查漏补缺，修正自身的行为。小结和反省自我的行为及其效果，可以为下一次做自主学习计划奠定基础。

其次是在自我评价方面。一方面，要参考同学、老师对自己的评价。不能太过自卑，认为自己没优势；也不能太自命不凡，故步自封，轻视他人。虽然他人可能并不完全了解你，但他人对自己的评价相对来说较客观公正。另一方面，大学生应当重视自我评价，学生对自我有一个清醒的认知后，就更能承担自己的责任，主动地通过评价来改进自主学习。当然，科学的自我评价需要有合理可执行的计划来支撑。因此，应当有一个符合个人实际的、可量化的自主学习计划。为了精准地评估学习的进程和结果，学生可以建立一个量化表对自己学习过程的每一步量化打分，然后根据评分来查漏补缺，改进优化。

六、加强反思巩固学习

学习评价与学习反思是对学生能力内化的一个过程，有利于提高学生的学习效率。网络学习空间下的深度学习同样也需要关注学习评价和反思。合理公平地对主体进行全面的评价是得到有效评价效果的保障，综合任课教师、学习同伴、学生的自我评价，对整个教学过程做出客观真实评价。学生在学习过程中敢于提出自己的观点和见解，充分利用网络学习空间找到自己的理论依据，在此基础上对教师讲授的内容提出自己的质疑，并且认真听取、虚心接受教师以及学习同伴对自己优缺点的点评，学生能够及时有针对性地对自己的学习方式做出调整和改善，不断地完善自己的学习体系。通过各个方面的学习评价能够综合地得到自己的学习评价结果，学生能够对自身学习效果的好坏、学习方式的合理性、学习内容的准确性、学习目标的科学性有一个客观的认识。例如可以通过小组合作学习，给每一个同学都分配不同的任务，在完成自己的任务后，小组同学之间进行讨论与交流，并对自己和他人做出评价。充分利用网络学习空间带来的诸多便利，结合自身个性化的学习习惯和特点，合理地调控和规划自己的学习活动。

学习反思主要从三部分进行，第一部分就是对学习某个内容或问题的反思，即在教师讲解结束后，学生再次主动审慎思考这部分学习材料，最后能够高度概括学习内容。第二部分就是学生从自己的学习行为、学习经验、学习问题等方面思考，通过总结和借鉴他人的学习经验，修改自身的不足之处。第三部分就是学生对整个学习内容、学习方式、学习策略等综合的思考。即在这部分学习内容全部结束后，对自己的学习有一个全面的总结。充分发挥学生的主观能动性，完善学生的自我认知，拓展学生的自我评价，从而促进学生的高阶思维的养成，为深度学习的开展提供有效的保证。

【知识拓展】

主要网络学习平台介绍

一、Moodle

Moodle 是 Modular Object-Oriented Dynamic Learning Environment(模块化面向对象的动态学习环境)的缩写，是一个在线的学习平台，社会建构主义是 Moodle 的教育理念，师生之间可以进行交流和讨论，发现并且解决问题。在与他人或与教师的互动过程中，他们能够创造出一个在其中可以产生沟通的崭新世界。Moodle 不但能够对传统课程进行补充，而且 100%适合在线课程。学生之间可以通过 Moodle 课程设计模块将自己的课程设计模块相互进行测试、沟通、提交和批阅。用户可通过多种方式来发表自己的意见，一起开发、寻找和利用网络上的教育资源，从而最大限度地发挥网络在教学上的作用；Moodle 拥有所有 e-Learning 平台的功能；它具有良好的扩展性，很容易创造出新的功能模块，而且操作简单，Moodle 的系统结构是模块化的，便于修改和扩充。它还支持多类语言。它是一个针对学生自主学习(如课前预习、课后复习、相互交流)的学习平台；Moodle 平台采用 PHP 技术来进行开发和设计。

二、学堂在线

学堂在线是由清华大学推出的一个优秀的在线教育平台。这是清华大学未来的战略部署。学堂在线网络平台坚持教育资源的精细化和多样化。该平台的国内课程来自清华大学、北京大学、复旦大学、西安交通大学、中国科技大学，以及中国台湾的多所著名大学。所有课程都遵循慕课的教学特点和规律进行设计和制作，以保证课程的质量和教学效果。此外，学校网络平台也积极利用网络教育资源，促进混合式教学模式的创新。混合教学旨在通过更有效、更灵活的学习，充分利用并结合线上和离线学习的不同特点，提高学习效果。到目前为止，学堂在线为超过 100 所高等院校和机构设立了小型私人在线课程(SPOC)，使其能借此开展慕课建设并推进混合式教学实践。

三、爱课程

爱课程网是教育部和财政部“十二五”期间支持建设的高等教育课程资源共享平台，已在高等院校教学质量与教学改革项目中启动实施。负责全国精品课程的建设、应用和管理工作。其目的是利用现代信息技术和网络技术，促进高校教育教学改革，提高高等教育质量，建设一个可持续发展的机制，并提供高质量的教育资源的共享，为教师、学生和社会学习者提供高效、个性化的教学服务。目前已和清华大学、厦门大学等近 200 所大学进行了合作。

四、超星学习通

超星学习通是一款适应教师移动教学和学生移动学习的综合性移动学习产品。其支持 iOS 和 Android 两大主流操作系统，同时满足手机、平板电脑智能移动终端使用。超星学习通包含六大子系统：“移动课堂互动系统”“移动修学分系统”“移动阅读系统”“移动开放课程”“移动教务系统”和“移动社交系统”。

超星学习通实现了学生随时随地地在线学习、做作业、课程讨论、小组讨论、答疑、笔记、消息推送、考试、通知和成绩查询等诸多学习功能。在课堂互动中可以进行签到、抢答、投票、投屏等互动功能，同时在移动端的学习进度要自动同步到 PC 端，学生在任何终端上，都可以实现学习记录的持续性。

超星学习通支持自我专题创作，同时还对接课外学习的很多专题市场和移动图书馆资源，在超星学习通上可以自建专题创作，也可以去名师创建的专题市场或图书馆订阅自己感兴趣的刊物。

五、Coursera

Coursera 是大型公开在线课程项目，由美国斯坦福大学两名计算机科学教授创办。旨在同世界顶尖大学合作，在线提供免费的网络公开课程。Coursera 的首批合作院校包括斯坦福大学、密歇根大学、普林斯顿大学、宾夕法尼亚大学等美国名校。

Coursera 是大型开放式网络课程中最为人熟知的一种，即 MOOC(Massive Open Online Courses)。2012 年，美国的顶尖大学陆续设立网络学习平台，在网上提供免费课程，Coursera、Udacity、edX 三大课程提供商的兴起，给更多学生提供了系统学习的可能。这三个大平台的课程全部针对高等教育，并且像真正的大学一样，有一套自己的学习和管理系统。再者，它们的课程都是免费的。

2012 年夏天，Coursera 与另外 12 所大学达成合作协议。其课程报名学生突破了 150 万，来自全球 190 多个国家和地区，而网站注册学生为 68 万，注册 124 门课程。目前新

增的大学包括了佐治亚理工学院、杜克大学、华盛顿大学、加州理工学院、莱斯大学、爱丁堡大学、多伦多大学、洛桑联邦理工学院(瑞士)、约翰·霍普金斯大学公共卫生学院、加州大学旧金山分校、伊利诺伊大学厄巴纳—香槟分校以及弗吉尼亚大学。

六、学习强国

“学习强国”学习平台是由中宣部主管，以习近平新时代中国特色社会主义思想和党的十九大精神为主要内容，立足全体党员、面向全社会的优质平台。2019 年 1 月 1 日，“学习强国”学习平台在全国上线。“学习强国”学习平台由 PC 端、手机客户端两大终端组成。

平台 PC 端有“学习新思想”“学习文化”“环球视野”等 17 个板块 180 多个一级栏目，手机客户端有“学习”“视频学习”两大板块 38 个频道，聚合了大量可免费阅读的期刊、古籍、公开课、歌曲、戏曲、电影、图书等资料。PC 端用户可登录网址或通过搜索引擎搜索浏览，手机用户可通过各手机应用商店免费下载使用。该平台首次实现了“有组织、有管理、有指导、有服务”的学习，极大地满足了互联网条件下广大党员干部和人民群众多样化、自主化、便捷化的学习需求。

“学习强国”学习平台是贯彻落实习近平总书记关于加强学习、建设学习大国重要指示精神、推动全党大学习的有力抓手，是新形势下强化理论武装和思想教育的创新探索。该平台致力于打造内容权威、特色鲜明、技术先进、广受欢迎的思想文化聚合平台，有效地丰富了网络学习平台的学习内容和资源，创新学习方式和组织形式。

(资料来源：知网、百度百科)

点题成金

1. 你对以上几种网络学习平台有过了解吗？你使用过其中几种？
2. 除了文中提到的几个平台，你使用过其他网络学习平台进行学习吗？
3. 你觉得哪种网络学习平台更适合自己？打算如何利用它来提升学习效率？

第十一章　平 安 是 福

“平安最好，平安是福，平平安安过日子比什么都幸福。”这是歌曲《平安是福》的一句歌词。对于父母来讲，子女的平安是最大的幸福。然而身为大学生的我们以前基本是在父母的细心呵护下和老师的关怀下长大的，对于社会的复杂性知之甚少，一旦离开父母和老师，开始独立面对纷繁复杂的社会时，对可能发生的各种安全问题往往缺乏必要的重视和警惕，给违法犯罪分子以可乘之机。

校园中大多数案件的发生与损失都是由于大学生们安全防范意识差、自我保护能力弱所致。所以，对大学生进行安全教育是保障大学生健康成长，保障身心发展，顺利完成学业的一项重要措施。

第一节　政 治 安 全

一、维护国家安全，人人有责

【案例】

卢某某，某高校在校学生。卢某某家境贫寒，在大学期间曾多次在校园论坛上发布求职信息。2013 年 5 月，卢某某接到一封 S 主编的来自境外的电子邮件。邮件中，S 主编自称主办一份学术刊物，需要卢某某协助查找某方面的资料，并许诺给予重酬。卢某某以从事学术研究为名，通过其导师和图书馆馆长的帮助，在图书馆借阅了大量内部刊物，并将有关内容拍成照片发给 S 主编。卢某某从中获取报酬 16000 元，主要用于购买手机、电脑、学习驾驶，以及支付学习期间的生活费。

2013 年 8 月，卢某某被国家安全机关抓获。因卢某某归案后如实供述自己的违法行为，有悔罪表现，其行为尚未造成严重危害，国家安全机关决定对卢某某予以警告，并没收其作案工具和非法获取的报酬。

【案例解析】

国家安全就在你我身边，我们在做兼职的时候，一定要把眼睛睁得大大的，要弄清楚哪些事能做、哪些事不能做，不能被眼前的高额利润所诱惑，而忘记作为中国公民的使命和责任。要了解关于国家安全的相关知识和政策。

(一)什么行为算是危害国家安全

国家安全听起来离我们十分遥远，其实不然，我们要明白哪些行为会危害到国家安全。权威解释：《中华人民共和国国家安全法》及其《实施细则》所称危害国家安全的行为，是指境外机构、组织、个人实施或者指使、资助他人实施的，或者境内组织、个人与

境外机构、组织、个人相勾结实施的下列危害中华人民共和国国家安全的行为。

(1) 阴谋颠倒政府，分裂国家，推翻社会主义制度的。

(2) 参加间谍组织或接受间谍组织及其代理人的任务。

(3) 窃取、刺探、收买、非法提供国家秘密的。

(4) 策划、勾引、收买国家工作人员叛变的。

(二)大学生怎样维护国家安全

每位大学生都应当成为国家安全和利益的自觉维护者，具体应该怎么做呢？

(1) 要始终树立国家利益高于一切的观念。邓小平同志指出：“国家的主权、国家的安全要始终放在第一位。”国家安全涉及国家社会生活的方方面面，是国家、民族生存与发展的首要保障。科学技术和知识是没有国界的，但知识分子不能没有自己的祖国。所以，把国家安全放在高于一切的地位，是国家利益的需要，又是个人安全的需要，也是世界各国的一致要求。

(2) 要努力熟悉有关国家安全的活动、法规。我们应该弄清什么是合法，什么是违法，可以做什么，不能做什么。对遇到的法律界限不清的问题，要肯学、勤问、慎行。

(3) 要善于识别各种伪装。现实生活中有的间谍采用五花八门的手段，套取国家秘密、科技政治情报和内部情况。如果丧失警惕，就可能上当受骗，甚至违法犯罪。识别伪装既难又易，关键就在淡泊名利，对发现别有用心者，要依法及时举报，进行斗争，绝不允许其恣意妄为。

(4) 要克服妄自菲薄等不正确思想。再富有的国家不可能应有尽有，再贫穷的国家也不可能一点没有别国羡慕的东西。中国是发展中国家，但又是不可小视的国家。所以，作为中国人要挺直腰板，决不妄自菲薄、悲观失望。要看到我们也有许多世界第一的“中国特色”，有一系列国家秘密和单位秘密。对这一切，如果没有正确的认识，就可能在许多问题上产生错误的看法，乃至做出令亲者痛仇者快的事情来。

(5) 要积极配合国家安全机关的工作。当国家安全机关需要大家配合工作的时候，在工作人员表明身份和来意之后，每个同学都应当按照《国家安全法》赋予的七条义务的要求，认真履行职责。尽力提供便利条件或其他协助，如实提供情况和证据，做到不推、不拒，更不以暴力、威胁方法阻碍执行公务，还要切实保守好已经知晓的国家安全工作的秘密。

二、认清邪教本质，正确对待宗教信仰

【案例】

湖北随县的李婷立，1996 年以全校第二名的成绩考上了一所全国知名的师范大学，大学假期在社区公园被“法轮功”成员诱惑练习法轮功，逐渐痴迷。成绩不断下降，放弃了从事教师事业的初衷，直至退学。退学后继续痴迷邪教，走火入魔，试图砍杀父母带他们一起“升仙”，在砍伤父亲、拖拉母亲跳窗未果的情况下，纵身从三楼跳下，导致身体多

处骨折，落下终身残疾。母亲为了照顾她，辞去了工作，父亲的手因被砍伤留下后遗症，被迫从一线岗位上退了下来。李婷立的美好前程和家人的幸福生活被邪教毁掉，现在她对父母满怀歉疚，对青春满是悔恨。

【案例点评】

一失足成千古恨。李婷立的案例给我们大学生敲响了警钟，这就要求我们大学生了解宗教，认清邪教的本质，学会独立思考，不要被别有用心的人蛊惑或洗脑。

作为一名大学生，对于宗教不得不知道以下这些事。

(一)什么是宗教

宗教的本质是宗教学最基本的理论问题，古往今来，不同宗教学学派都对这个问题做出过各自的回答。恩格斯在《反杜林论》一书中科学地回答了这个问题。恩格斯指出：“一切宗教都不过是支配着人们日常生活的外部力量在人们头脑中幻想的反映，在这种反映中，人间的力量采取了超人间的力量的形式。”

(二)共产党员、共青团员不能信仰宗教

宗教信仰自由是宪法赋予公民的权利，但不是说共产党员就可以信仰宗教。共产党员不同于普通公民，信仰的是马克思列宁主义，坚持辩证唯物主义世界观，主张无神论，毫无疑问，共产党员不应该信仰宗教和参加宗教活动。中国共产党明确规定：共产党员不得信仰宗教，不得参加宗教活动，长期坚持不改的要劝其退党。《团章》规定，共青团员是党的助手和后备军，坚持以马列主义、毛泽东思想为行动指南，共青团员在加入组织时就已经做出了信仰的选择，成为无神论者，因此，共青团员同样不能信仰宗教和参加宗教活动。学生党员和共青团员要树立辩证唯物主义和历史唯物主义的世界观，不信教、不传教。

(三)大学校园里不允许传教

教育部 21 号令《普通高等学校学生管理规定》第四章第四十三条：任何组织和个人不得在学校进行宗教活动。除经批准的宗教院校外，各级各类学校一律不得进行宗教活动，不得在学校成立带有宗教背景或宗教意图的社团组织，不得强迫、引诱学生信仰宗教，更不得在学校内从事任何发展教徒的活动。在校学生不准参加任何宗教团体组织的宗教活动和培训班，不得拉拢引诱其他不信教学生信仰宗教，不得开展各种包含宗教内容的集会活动，不得利用互联网、手机等现代通信手段进行宗教传播活动。

(四)我们不得不知道什么是邪教

1. 认清什么是邪教

邪教是冒用宗教、气功或其他名义的标榜，神化首要分子，利用制造、散布迷信邪说等手段蛊惑、蒙骗他人，发展并控制成员，危害社会的非法组织。世界上的邪教五花八

门，名称各异，但它们却有着共同的特点：借用宗教的一些名词术语来编造歪理邪说，散布迷信思想；在宣传世界末日、制造恐怖气氛的基础上，神话教主，鼓吹只有忠诚于教主才能在世界末日来临时获得拯救或成神成仙，推行狂热的教主崇拜；对信教徒通过洗脑、恐吓、诱骗等手段实施严酷的精神控制；建立严密的组织并进行秘密的结社活动；不择手段疯狂敛取钱财等。这些特点决定了邪教的邪恶本质，使邪教成为地地道道的社会邪恶势力。

2. 大学生如何防范邪教

——不要相信有“活神”

但凡邪教，都有一个被吹捧出来的“活神”。这个“活神”是邪教教主自我吹嘘、自我神化的结果。

作为大学生，如果有人劝你加入他们的组织，而他们这个组织的首领都是“转世”的“活神”或者“活佛”，那么你一定遇到了邪教，千万不要被他们的花言巧语迷惑和欺骗。

——不要相信伪科学

邪教打着科学的旗号，冒充科学，歪曲科学，兜售唯心主义和形而上学的伪科学。邪教教主个个都有“特异功能”和“神通”。他们不但能“挥手治病”，用“手把病根给抓出来”，而且还有“法身”“救命符”“避灾咒”“护身符”来保护弟子。这些唯心主义的伪科学被他们称为“超常科学”。只要念他们给出的“真言”一切问题都解决了。

邪教教主们个个都是鼓吹伪科学的高手，他们利用伪科学神化自己，把伪科学说成是“玄奥的、超常的科学”来欺骗民众，以此骗人、唬人。如此浅薄的唯心主义的玄学神话，很容易把喜欢探索未知世界的大学生骗进他们的邪教组织。

——不要乱交冤枉钱

邪教是个吸款机，是一个让你花大头钱、花冤枉钱的组织。凡是邪教都有名目繁多的收款项目。如果你遇到了以下这些收款项目，那么你就加入邪教了。

让你交“奉献款”。你交的“奉献款”越多，得到“神”的保佑越多，越能远离灾难。

让你交拜师费。拜师费从几千元到几万元不等。同时，还要花钱买僧衣，给师父包一个几千元的红包，才完成拜师仪式。

让你交培训费。培训费有的交 50 元或 100 元，有的在几千元左右。

让你交供养费。每每到了师父的生日，即所谓的“佛诞日”，弟子们都要出钱供养师父。神让常人供养真是天下奇观。

其他交费敛财项目。但凡邪教都让信徒交费的项目名目繁多。如交“慈惠粮”，买法器，买教义，出售师父的洗澡水、毛发等，数不胜数。如果让你交这些冤枉钱，那么你一定是遇到了邪教。

——不要签订“保证书”

比如加入全能神必须签订一份“保证书”。全能神的“保证书”写得极其恶毒，什么

“一旦泄密，全家死光，本人遭殃”，不仅如此，还要遭到“神”的惩罚和击杀。

不要被所谓的“好事”蛊惑。但凡邪教都用所谓的好事来蛊惑人，以此来吸引人加入其邪教组织。什么“信主能治病”“信教才能躲过灾难”“有病不用治”“修炼能延年益寿”“能长生不老”“能升天成神仙”等。如果有人把这些所谓的天上掉馅饼的“好事”摆在你的面前，那么这个人一定是邪教信徒。即使劝你加入他们组织的是你的父母和亲人，你也不能相信，也不能加入邪教组织。

三、注重网络安全，做文明网民

【案例一】

2005 年 10 月 8 日晚，××大学费某接到其同学的短信称：双碑特钢厂有暴动发生，还有人死亡。于是在该校 BBS 论坛 Chungking 版发了标题为：“双碑特钢厂暴动”的帖子。喻某听到同学说在网上看到有关重钢厂暴动的帖子，喻某没有经过证实，便在该校 BBS 论坛发了题为“重钢惨案”的帖子。费某、喻某两位同学在 BBS 上散发不实言论，引起骚动事件，造成了公众的恐慌，被公安机关进行了警示教育，学校针对以上事件，给予费某、喻某两名同学记过处分。

【案例点评】

当下网络是网友们获取信息的重要途径，由于网络的方便性、快捷性、广泛性，各种虚假信息能够在短时间内被迅速、广泛地传播，产生极其恶劣的影响。警醒同学们：无中生有、传播虚假信息，不仅会对当事人造成恶劣影响，更是对自己言行不负责任的表现，我们应引以为戒。

【案例二】

某大学学生张某在 2011 年 7 月参加军训期间，于 7 月 3 日在天涯论坛上发表了题为《大学军训期间死了三个了》的不实帖子，严重扰乱了学校的正常秩序，在社会上造成了不良影响。该生利用网络发布虚假信息，散布谣言的行为违反了计算机网络管理的相关规定，属于严重违纪。

事后，该生如实陈述违纪事实，积极配合调查，对所犯错误认识深刻。为严肃校规校纪，教育本人及广大学生，该学校决定，给予张某同学记过处分。

【案例点评】

作为一名大学生应该爱校、护校、荣校。捏造事实，胡乱散布谣言，严重损害学校的形象和声誉，是极不负责、极不道德的行为，属于严重违纪，望同学们引以为戒。

【案例三】

犯罪嫌疑人贾某，家住山东，案发前是西安某高校计算机专业大四学生。2008 年汶川发生地震后，贾某于 5 月 29 日 20 时 30 分许，抱着恶作剧的心态，利用所学的计算机知识，进入省地震局网站信息发布页面，编造并发布了标题为《今晚 23:30 陕西等地会有强

烈地震发生！》的虚假恐怖信息。这条虚假恐怖信息发布后，10 分钟内有 700 余人次点击，引起上百名群众的恐慌，群众纷纷拨打陕西省地震局电话询问，案发后，西安警方将犯罪嫌疑人贾某抓获，陕西省西安市雁塔区法院公开审理此案后认定，贾某对陕西省地震局网站进行黑客攻击并故意传播虚假恐怖地震信息，一审被判处有期徒刑一年零六个月。

【案例点评】

网络是交流观点、发表看法、交流感情、认识世界、探索未来的重要工具，我们应该合理合法地利用网络资源，严禁制造谣言。案例中贾同学已构成编造、故意传播虚假信息罪，倡导广大同学做一个文明发帖、文明回帖的优秀网民。

随着网络的快速发展，人们获得信息的渠道大大拓宽，速度迅速提高。然而，遗憾的是，有些同学不能够正确使用网络，甚至天真地以为可以在网上随意自我发挥，发表任何言论而不会受到惩罚！从某种角度说，这是一种法律意识淡薄的行为。网络世界虽然是虚拟世界，但更是一个真实的公共信息交流平台，我们上网的每个人都是真实地存在于网络这个平台，要对自己的言行负责任，甚至是法律责任。因此，网络应该成为广大学生交流思想，获取知识的园地，成为校园文明建设的阵地，而绝不能让它变成加速人们精神家园荒芜的毒剂！正确合理地使用网络是每一位经贸学子义不容辞的责任！

(一)大学生必须了解的网络安全法规

(1) 为了保障互联网的运行安全，对有下列行为之一，构成犯罪的，依照《刑法》有关规定追究刑事责任。

① 侵入国家事务、国防建设、尖端科学技术领域的计算机信息系统。

② 故意制作、传播计算机病毒等破坏性程序，攻击计算机系统及通信网络，致使计算机系统及通信网络遭受损害。

③ 违反国家规定，擅自中断计算机网络或者通信服务，造成计算机网络或者通信系统不能正常运行。

(2) 为了维护国家安全和社会稳定，对有下列行为之一，构成犯罪的，依照《刑法》有关规定追究刑事责任。

① 利用互联网造谣、诽谤或者发表、传播其他有害信息，煽动颠覆国家政权、推翻社会主义制度或者煽动分裂国家、破坏国家统一。

② 通过互联网窃取、泄露国家秘密、情报或者军事秘密。

③ 利用互联网煽动民族仇恨、民族歧视，破坏民族团结。

④ 利用互联网组织邪教组织、联络邪教组织成员，破坏国家法律、行政法规实施。

(3) 为了维护社会主义市场经济秩序和社会管理秩序，对有下列行为之一，构成犯罪的，依照《刑法》有关规定追究刑事责任。

① 利用互联网销售伪劣产品或者对商品、服务作虚假宣传。

② 利用互联网损害他人商业信誉和商品声誉。

③ 利用互联网侵犯他人知识产权。

④ 利用互联网编造并传播影响证券、期货交易或者其他扰乱金融秩序的虚假信息。

⑤ 在互联网上建立淫秽网站、网页，提供淫秽站点链接服务或者传播淫秽书刊、影片、音像、图片。

(4) 为了保护个人、法人和其他组织的人身、财产等合法权利，对有下列行为之一，构成犯罪的，依照《刑法》有关规定追究刑事责任。

① 利用互联网侮辱他人或者捏造事实诽谤他人。

② 非法截获、篡改、删除他人电子邮件或者其他数据资料，侵犯公民通信自由和通信秘密。

③ 利用互联网进行盗窃、诈骗、敲诈勒索。

(5) 《全国人民代表大会常务委员会关于加强网络信息保护的决定》规定，任何组织和个人不得窃取或者以其他非法方式获取公民个人电子信息，不得出售或者非法向他人提供公民个人电子信息。

(二)大学生如何文明上网

(1) 争做网络文明使者。我们要认识网络文明的内涵，懂得崇尚科学、追求真知的道理，增强网络文明意识，使用网络文明语言，倡导文明新风，营造健康的网络道德环境。

(2) 遵守《全国青少年网络文明公约》，争做网络安全的卫士，我们要了解网络安全的重要性，合法、合理地使用网络的资源，增强网络安全意识，监督和防范不安全的隐患，维护正常的网络运行秩序，促进网络的健康发展。

(3) 正确处理好上网与工作、学习、生活的关系，自觉以工作、学习为重，善于利用网络资源提升自身素质，怡情怡趣，张弛有度，反对长时间沉迷于网络世界，反对沉迷于网络游戏、网络聊天。

(4) 提倡诚实守信，摒弃弄虚作假，促进网络安全可信；人类最珍贵的基本权利之一是思想与言论自由，但是并不意味着任何信息的发布都可以不受约束。要坚持客观、公正、自由，发表客观、真实的信息，拒绝虚假新闻和有害信息在网上传播。

(5) 提倡社会关爱，摒弃低俗沉迷。互联网应该是宣传科学理论、传播先进文化、塑造美好心灵、弘扬社会正气的阵地。我们要坚持传播有益于提高民族素质、推动经济社会发展的信息，努力营造积极向上、和谐文明的网上舆论氛围。

第二节　人 身 安 全

【案例一】

2011 年 6 月 15 日傍晚，某高校某专业学生徐某在银滩度假区外东侧非游泳区游泳时溺水身亡。

当天下午课后，徐某与同班黄某、钟某两位同学到银滩东侧“非游泳区”海边游泳。由于当时风大浪急，三人被海浪卷拖往深海。随后黄某自救，飞跑向银滩游泳区的救生塔求助。救生队赶赴现场，将钟某安全营救上岸。徐某在溺水失踪10多分钟后，在大浪中被找到，经救护队和博铧医院医护人员抢救无效后，于晚上7:40左右死亡。

【案例点评】

该生私自到非游泳区游泳，造成严重后果，令人痛心，也给了我们警示。我们在日常安全教育的时候，签订的安全承诺书中有一条就是不到黄河、龙子湖等非游泳区游泳，就是杜绝这种安全隐患，确保我们的人身安全。

【案例二】

祥鹏航空公司的空姐李某，2018 年 5 月 5 日晚在河南郑州乘滴滴打车时遇害。2011 年 2 月 1 日凌晨，广州某高校女教师刘某回铜陵老家过年，在乘坐出租车回家途中，被出租车司机张飞抢劫后杀害。2012 年 10 月 2 日，北京 22 岁女孩小桑凌晨 4 时许搭乘出租车，司机用电棍威胁小桑，并用手铐将她的双手反铐后，拉至出租屋内，将小桑强奸后杀害，并将尸体肢解后掩埋。

【案例点评】

网约车等交通方式的兴起给我们带来了很大的方便，但是带来的安全问题不容我们忽视，作为经贸的学生在乘坐交通工具的时候，一定要有安全意识，女生不单独深夜乘车、不乘坐有安全隐患的车。

【案例三】

1994 年 7 月，湖北某高校学生放暑假后，7 位老乡约好一起乘一辆车回家。途中要经过一个汽渡码头，按安全管理规定汽车过汽渡码头，乘客必须下车。但乘客认为上车下车麻烦，就没有下来，司机见他们都不想下来也没有再坚持。汽渡船离岸后，由于江面上风大浪急，加上汽车制动不灵、车轮下又没有塞三角枕木，停在尾部的汽车从汽渡船上滑入江中。车上 45 名乘客，25 人死亡，3 人下落不明，只有 17 人获救，7 位学生无一生还。

【案例点评】

大学生离校、返校，外出旅游、社会实践、寻找工作等都要乘坐各种长途或短途的交通工具。全国各地高校大学生因乘坐交通工具发生交通事故的情况时有发生，有时甚至造成群体性伤亡，教训十分惨重，所以我们出行时一定要注意交通安全。

一、交通安全

(1) 提高交通安全意识。不管是校内还是校外，发生交通事故最主要的原因是思想麻痹，安全意识淡薄。乘坐交通工具，应该依次上下，不挤不抢。车辆行驶中不得把身体伸出窗外，乘坐长途客车、中巴车不能贪图便宜，不要乘坐车况不好的车，不要乘坐“黑巴”“摩的”“网约车”。乘坐火车、轮船、飞机时必须遵守车站、码头和机场的各项安全管理规定。

(2) 自觉遵守交通法规。除提高交通安全意识，掌握基本的交通安全常识外，还必须自觉遵守交通法规。在道路上行走，应走人行道，无人行道时靠右边行走。走路时要集中

精力，“眼观六路，耳听八方”；不与机动车抢道，不突然横穿马路、翻越护栏，过街要走人行横道。不闯红灯，不进入标有“禁止行人通行”“危险”等标志的地方。

二、消防安全

【案例】

2012 年 12 月 7 日下午，某高校一学生与同班同学打篮球至晚上 6 点多，由于天气较冷且出汗较多，故使用违章电器——热得快在宿舍烧水洗澡。然后室友提议外出吃饭，该同学忘记将热得快的电源拔下，致使热水瓶烧坏，差点引起大火，酿成大错。

【案例点评】

在日益强调安全重要性的今天，该同学忽视了存在于身边的安全隐患，违规使用大功率电器，差点导致火灾等恶性安全事故。杜绝安全隐患，保障学生们的安全就是我们学校严查违规电器和宿舍抽烟的出发点。

分析此案例的时候，发现同学们欠缺一些关于防火的常识，这也是我们学校在消防演习中可以学到的东西：如果着火了，怎么办？发生火情，同学们一定要保持镇静。火灾初发阶段，一般是很小的一个小点，燃烧面积不大，产生的热量不多。这时只要随手用沙土、干土、浸湿的毛巾、棉被、麻袋等去覆盖，就能使初起的火熄灭。如果火势十分猛烈，正在或可能蔓延，切勿试图扑救，应该立刻逃离火场，打 119 火警电话，通知消防队救火。

遇到火灾时如何逃生

(1) 火灾袭来时要迅速疏散逃生，不可蜂拥而出或留恋财物，要当机立断，披上浸湿的衣服或裹上湿毛毯、湿被褥勇敢地冲出去，但千万不要披塑料雨衣。

(2) 如遇到身上着火，可就地打滚，或用厚重衣物覆盖压灭火苗；如遇到在浓烟中避难逃生，要尽量放低身体，并用湿毛巾捂住嘴鼻。

(3) 大火封门无路逃生时，可用浸湿的被褥衣物等堵塞门缝，泼水降温，呼救求援；火灾袭来时，身处楼上的人员应判清火情，保持镇静，不可盲目跳楼，可用绳子或把床单撕成条状连起来，紧拴在门窗框和重物上，顺势滑下。

(4) 当被大火围困又没有其他办法可自救时，可用手电筒、醒目物品不停地发出呼救信号，以便消防队及时发现，组织营救。

第三节　财 产 安 全

一、防盗窃

【案例一】

2001 年 11 月至 2002 年 6 月初，某高校食堂在中午学生就餐时间陆续发生丢失书包的案件 50 余起。该校保卫处经过调查和蹲点守候，2002 年 6 月某日将正在食堂实施盗窃的某院学生田某当场抓获。经审问，其交代 2001 年 11 月份的一天，在食堂看见有人用书包占座位，书包内有 200 元现金，便见财起意，将书包顺手偷走，过一段时间未见东窗事发，尝到了甜头的他便使用同样的手段在食堂、教室、图书馆屡屡作案，共作案 50 余起，盗得现金数千元、手机五部、文曲星、随身听多部。

【案例点评】

这类案例经常发生。经常因为东西放在桌子上，人不在，给他人顺手牵羊的机会。如果同学们都能做好安全防范，保管好自己的钱物，离开自习室时随身带好，对于犯罪分子来说，没有东西可拿，也就做不成案，或因为东西太难偷，也就自动放弃作案。这样的人经常选在食堂、教室、图书馆作案。时机选在同学去打饭和教室内的同学只顾自己，不管其他与自己无关的事情时下手，由于没人注意，在给同学们造成财产损失的同时，也给公安保卫部门的破案造成了一定困难。我们在生活中应时刻提高防范意识，在各类公共场所，不要将自己的东西放在某处就离开或睡觉，书包及物品要随身携带，也可请同学看管，不给犯罪分子以可乘之机。

【案例二】

2012 年 4 月，某高校保卫处通过调查，将盗取同学存折后取走现金的关某抓获。在审讯时，关某还交代了曾五次到附近寝室“串门”，趁门未锁而室内无人之机，共盗走手机两部、现金 1300 元、随身听一部的犯罪事实。另外，关某还交代了一次在寝室正欲实施盗窃时，该寝室回来人而盗窃未遂，便借口“串门”稍做交谈后溜走。

【案例点评】

作案分子都是采取溜门的手段作案，如果这些寝室门已上锁，案件便不会发生。大学生宿舍，几个人同住一室，相互间有很大的依赖性，在安全防范上大多数有麻痹的心理。同学们为了避免自己和他人的财产不受损失，要养成随手拿钥匙、随手锁门的好习惯，也要有一份责任感，对自己负责、对其他人负责。

(一)关于财产安全，在宿舍防盗方面的几点建议

(1) 要养成最后离开的随手关、锁门的习惯。据调查，有不少学生在暂时离开(到其他宿舍去借资料或聊天等)时往往是不关门、锁门的，大演“空城计”，而盗贼就可能在此时乘虚而入。

(2) 不要留宿他人。教育部明确规定，不得在学生宿舍留宿他人。留宿他人，是极为不妥的，一来违反教育部的规定，二来为自己乃至整个宿舍的安全埋下隐患，给大家造成不应有的损失。

(3) 对形迹可疑的陌生人应格外提高警惕。外来人员有的是兜售物品的商贩，如果是房门大开没有人，往往会顺手牵羊偷走衣物、现金、贵重物品等。还有人打扮成学生模样，在宿舍里到处乱窜，一有机会就下手盗窃。我们一定要提高警惕。

(4) 我们一定注意保管好自己的钥匙，不要随便借给别人。要时时防范，事事小心，

防人之心不可无。

(5) 注意保管好自己的物品。尽量做到“物品入柜”，不随意将贵重物品置于桌上等显眼处，放假离校、实习期间应将贵重物品带走或交同学保管。现金应存在银行，尤其是数额较大时要及时存入，切不可贪图方便而将现金放在宿舍里，存入时应加密，最好能不定期更换密码，身份证不与存折放在一起。

(二)学生宿舍里发现可疑人怎么办

如果在宿舍里发现可疑的人，怎样才能做到处理适宜，既不冤枉好人，造成矛盾，又不放过坏人，导致损失呢？

(1) 发现可疑人应主动上前询问或秘密观察。询问时态度应和气，但问得应细致些。如果来人确有正当理由，一般都能够讲清楚。如来探亲访友的多半能说出他要找的人的姓名及所在院系、年级、班级等基本情况，如果支支吾吾什么也说不出，应特别注意，并进一步盘问，必要时还可帮其找人，以便进一步证实。

(2) 如果来人经盘问疑点很多，不肯说出真实身份或身边携带疑是赃物、作案工具等物品，应一面设法将其拖住，一面马上打电话报告学校保卫部门，由保卫部门尽快来人查处。

(3) 盘查时要注意几个问题。一是态度始终要和气，即使可疑人气愤争吵，也应按宿舍管理规定与之说理，切不可动手；二是不能随意进行搜查，因为非法搜身是违法的，必要时可请可疑人自己将口袋或包中物品拿出来看一下；三是如果可疑人真是盗窃分子，还要防止其突然行凶或逃跑，在盘问过程中一定要注意人身安全，防止出现嫌疑人因心虚急于逃窜而做出伤害学生的行为。

(三)猝遇盗贼如何应对

(1) 因地发挥集体力量。宿舍里绝大多数情况下或多或少总留有一部分同学，不管认识与否，只要听说宿舍里进来小偷，大多是会挺身而出的。在宿舍里发现盗贼，要根据当时的具体情况设法尽快告知同学们，并及时采取控制盗贼逃脱的有效措施。如果盗贼未被惊动，应一面守住门或通道(包括后窗)，一面就近叫同学帮忙，来个瓮中捉鳖。如果盗贼已被惊动，则应大呼抓小偷，但要做好自我保护。

(2) 要鼓足勇气，以正压邪。盗窃分子做贼心虚，在学生宿舍这种寡不敌众的特定环境中，绝大多数盗贼是不敢轻举妄动的。如撞见盗贼正在作案应克服畏惧心理，鼓足勇气，尽快拿起手边可以用于自卫的工具，如棍子、凳子等，堵住盗贼逃跑的出路，大声呵斥、警告之，对其形成威慑，同时大叫捉贼招来同学援助。如果盗贼胆敢行凶，在自保的情况下可进行正当防卫，一般只要拖延一两分钟，同学们和门卫值班人员就会纷纷赶到。

(3) 要随机应变，注意安全。在援兵未到之前，要和盗贼保持一定距离，谨防狗急跳墙行凶伤人，以能控制盗贼逃跑为目的。万一盗贼夺路而逃，应紧追其后盯住目标，同时呼叫“抓贼”！校园里师生众多，只要盗贼不脱离视线，就有机会抓住他。如遇两个以上的盗贼结伙作案，在他们分头逃跑时，要集中力量抓住其中一个。团伙作案被发现后，行凶伤人夺路而逃的可能性更大，应随机应变，注意安全。

(4) 要沉着冷静，急而不乱。突遇盗贼正在作案一定要沉着冷静，采取对策。有时盗贼虽能冲出宿舍，但不一定能逃出，现在学生宿舍大多只有一个出口，如果同学们闻声出来得快，来不及逃走的盗贼往往会溜进厕所、阳台、空房等处躲藏，这时首先要尽快安排同学守住宿舍出口和所有能够逃走的通道，如后窗、可翻越的围墙等。防止盗贼趁机逃跑。在追赶和搜寻盗贼过程中要注意盗贼“贼喊捉贼”蒙混过关。

(5) 抓住窃贼，妥善处理。一旦抓住窃贼，最好的办法是一面采取强制措施将其控制住，一面通知学校保卫部门来人处理。必要时可直接扭送学校保卫部门。

抓住盗贼后要注意以下两点。

一是不能疏忽大意，要预防盗贼乘机逃走或猝起伤人。

二是强制程度要适当，不能随意殴打辱骂，如将盗贼打伤致残致死将要承担法律责任。

(6) 在无法当场抓获盗贼的情况下，应记住盗贼特征，包括年龄、性别、身高、胖瘦、相貌、衣着、口音、动作习惯，以及身上的痣、瘤子、斑、文身、残疾等各种特征，佩戴的戒指、手镯、项链、耳环等各种饰物的情况，以便向公安、保卫部门提供破案线索。

被盗后应注意的问题如下。

(1) 保护现场，立即报案。发现宿舍被盗窃，先报给辅导员老师，同时报学校保卫部门。保护现场应注意以下几点。

① 封锁现场不准任何人进入，并迅速向学校保卫部门报告。

② 不得翻动窃贼可能接触过的任何物品，切不可心急去查看物品丢失情况。

③ 若现场在室内，对于窃贼可能留下痕迹的门、柜子、窗户等处不得触摸。

(2) 全面、客观地回答前来调查的保卫人员提出的问题。

(3) 积极主动地向保卫人员提供线索。

(4) 如发现存折或银行卡被盗或可能被盗，应尽快到银行挂失。

二、防诈骗

【案例一】

王某通过寝室姐妹认识了一位风流倜傥、谈吐不俗的邻校大学生周某，之后周某经常约王某到市内一些娱乐场所游玩，经常请王某吃饭并给王某买小食品和衣物，两人很快就坠入爱河。过了一段时间后，周某突然对王某说家里发生了一些事，向王某借钱，王某很爽快地答应了。一次、两次……半年内，周某共从王某处借走了6000多元，王某越来越觉得不对劲，就去找邻校的周某，结果见到他正和另一个女孩亲亲热热。王某哭着跑回寝室后对同学说明了情况，在同学的鼓励下，王某向公安机关报了案。公安机关经过查证，周某说的家里有事是骗王某的，周某通过这样的手段曾与几个女孩建立了恋爱关系并骗得钱财。

【案例点评】

周某因涉嫌诈骗受到了法律的严惩，给同学们留下的是很好的警示：谈恋爱要理智，谈恋爱是心灵的沟通，而不是经济上的互通有无。无论男女同学，在和对方确立恋爱关系前一定要充分地了解对方，不要盲目追求浪漫，在恋爱时也不要有较大金额的经济往来，以免被骗后，给自己身心带来伤害的同时造成财产的损失。

【案例二】

2013 年 3 月，陈某到学校保卫处报案称：前几天收到一条手机短信，内容是陈某的手机号在某公司举行的某抽奖活动中获得了一等奖，有丰厚的奖品让他通过所留下的咨询电话(手机)与该公司联系领取奖品的事宜。在陈某与对方联系时，对方告诉他中的是一台电脑，公司将按所提供的地址给陈某邮去，但要先将邮寄费、个人所得税等费用共计 1000 元汇到公司的账号上，收到汇款后即邮寄电脑。陈某信以为真，便往对方提供的账号上汇了 1000 元，过了两天，当陈某打电话询问是否收到汇款时，对方告诉陈某，由于公司职工弄错了，他中的是特等奖，奖品是一辆价值 30 余万元的汽车，让他补交邮寄费、个人所得税等几项费用 26000 元，款到发货，陈某向同学借钱再次汇了款。但等了一段日子也没有收到货，当陈某再打电话询问时，对方手机已经停机。陈某才觉得可能上当被骗，遂决定报案。

【案例点评】

目前手机在大学生中的使用相当普遍，短信业务也成了手机业务的重要组成部分。一些不法之徒乘机经常大量地往别人手机里发送代办文凭、证照及中奖之类的短信息，有些社会经验不足的同学便轻易相信，一步一步地走入犯罪分子事先设置好的陷阱中。俗语说“天上不会掉馅饼”，商品经济社会也不会有那样的好事发生，同学们在遇到类似情况时，千万不要相信，也不要去理会这类短信息。

(一)常见诈骗类型

1. 防诈骗之中奖型

借公司庆典或新产品促销抽奖为由，通过拨打电话或发送短信的形式通知手机用户中了大奖，一旦回复，便称兑奖必须另外缴纳所得税或手续费等相关费用，否则不予兑奖。按照法定的相关中奖程序，个人所得税或相关公证费用都应当是主办方直接在中奖金额内予以代扣代缴的，不存在由中奖人事先缴纳的问题。

2. 防诈骗之勤工俭学型

利用学生勤工俭学的心理，以招聘、代售为名，骗取学生介绍费、押金、报名费等相关费用。由于大学生社会经验少、法律意识淡薄、存在急于赚钱补贴生活的心理，常以公司名义、真实的身份让学生为其推销产品，事后却不兑现诺言和酬金，使学生上当受骗。

3. 防诈骗之银行卡消费型

其手法一般是通过手机短信提醒手机用户，称该用户银行卡刚刚在某地(如××百货、

××大酒店)刷卡消费多少钱等，如用户有疑问，可致电××××号码咨询，并提供相关的电话号码转接服务。如用户回电，则在不同的阶段以银行服务中心或公安局金融科的名义谎称该银行卡可能被复制盗用，要求用户到银行 ATM 机上进行所谓的更改数据信息的操作，或是根据电话指示进行操作，实际上是进行转账业务，将受害者卡内的款项转到犯罪分子指定的账户。

4. 防诈骗之网络诈骗型

(1) 微信集赞行骗大行其道，主要分两种情形：一是积满了消费要求的“赞”，去兑换礼品或领取免费消费卡时，发现拿到的奖励“缩水”。二是商家发布“点赞”信息时留了“后手”，并不透露商家具体位置，而是留下电话，要求参与者将电话和姓名发过来，一旦所征集的信息量足够多，这种“皮包”网站会自动消失，因为它的目的是套取更多的人的真实信息。

(2) “在网上帮淘宝网店刷信誉，坐在家中就能轻松赚钱……”许多人都希望在闲暇时间赚钱，一些骗子抓住人们这一心理大肆行骗。不少人因轻信掉入陷阱。通常的诈骗手法是在前几次的操作中，对方会正常退款支付佣金，取得信任后再利用所谓的系统故障支付不成功让受害人继续刷单进行诈骗。

(3) 诈骗分子利用钓鱼网站进行诈骗。建立域名或网页内容都与真正的网上银行系统，网上购物交易平台极为相似的网站，往往只有一个字母之差，不仔细辨别很难发现，以骗取受害者输入银行卡和密码，以便于再将被骗者的资金转移到自己的银行卡内。

(4) 拒绝安全支付。骗子以种种理由拒绝使用网站的第三方安全支付方式工具，比如谎称“自己的账号最近出现故障，不能用安全支付收款”或“不能使用支付宝，因为要收取手续费，可以再给你算便宜一些”等。

5. 防诈骗之编事故冒名诈骗型

这类信息内容以绑架、交通事故、住院、日常生活费等不断翻新防不胜防的信息内容骗取钱财，你亲属的手机可能被盗，通信信息泄露，或者犯罪分子掌握了你的家庭成员信息，进行反复的骚扰或是进行某种手段致使你的亲属手机关机，利用你亲属手机关机这段时间以医生或警察的身份向你或你的家人打电话谎称你的亲属生病或是因车祸住院抢救，来骗取一笔不少的费用，甚至谎称遭到绑架，骗你汇钱到指定的账户上实施诈骗。

6. 防诈骗之借手机型

犯罪嫌疑人驾车辆在校园周边流窜，遇到路过的学生，以问路、手机没电为名借你的手机，后乘其不备，骗得手机后驾车逃离，由于大学生生活相对单纯，对他人的戒备心不强，遇到别人有困难时，喜欢给予别人帮助，故成为犯罪分子作案的重点对象。

7. 防诈骗之“掉地捡”诈骗

犯罪分子通常是 2～3 人，他们事先掉下钱物设好陷阱，等有人去捡其钱物时，便上前提出见者有份，要求平分钱物，然后再伺机诈骗受害人的钱财。

8. 防诈骗之廉价伪劣物品型

诈骗分子通常宣称是某公司招收校园代理，有丰厚的利益，以与市场较大的差价(并有赠品)与学生达成销售协议，学生先交纳几千元，回去后发现产品是廉价伪劣物品，才发现上当受骗，可作案人早已离开。

9. 防诈骗之传销型

以高回报为诱饵，借助传销、变相传销等非法营销手段，从事实质性的诈骗活动，犯罪分子一般以公司的名义，以业务员的身份通过打电话、发传单、送娱乐报刊的途径，吸引学生来参加他们组织的营销模式活动，诱使不明真相的人上当受骗。

10. 防诈骗之冒充熟人借钱型

诈骗分子声称自己是某某老师、领导或是朋友、多年未见的“老同学”打电话或以其他方式联系你，由于自己急需送礼未带钱或卡向你借钱，让你到指定的地方等他，却又不见其人，让你把钱交给某某人或支付宝、微信转账给他，信之则上当。

11. 防诈骗之冒充警察办案行骗

冒充警察办案，恐吓受害人涉嫌诈骗，犯罪分子冒充外地公检人员打电话给受害人，谎称在案发地发现受害人的身份证或开户的银行卡，涉嫌为犯罪分子洗钱，需要将其身份证开户的所有的银行卡冻结，进而要求受害人将存款转入骗子指定的账号上，以达到诈骗的目的。

12. 防诈骗之信息链接型

此类诈骗往往采用发送信息到用户手机，声称以下链接事关家人或自己的相关信息，如以下是您的孩子或朋友参加某某活动的照片或视频，想要观看，只需点击链接，该链接一般都是木马程序，可以盗取用户绑定在支付宝或者微信上的银行卡，同时还具有拦截短信的功能，你的手机收不到银行卡消费的短信提醒。

(二)校园诈骗作案的主要手段

(1) 假冒身份，流窜作案。诈骗分子往往利用假名片、假身份证与人进行交往，有的还利用捡到的身份证等在银行设立账号骗款。骗子为了既能骗得财物又不暴露马脚，通常采用游击方式流窜作案，财物到手后立即逃离。还有人以骗到的钱财、名片、身份证、信誉等为资本，再去诈骗他人、重复作案。

(2) 真实身份，虚假合同。利用假合同或无效合同诈骗的案件，近几年有所增加。一些骗子利用高校学生经验少、法律意识差、急于赚钱补贴生活的心理，常以公司的名义、真实的身份让学生为其推销产品，事后却不兑现诺言和酬金而使学生上当受骗。

(3) 借贷为名，骗钱为实。有的骗子利用人们贪图便宜的心理，以高利集资为诱饵，使部分教师和学生上当受骗。

(4) 以次充好，恶意行骗。一些骗子利用教师、学生“识货”经验少又苛求物美价廉

的特点，上门推销各种产品而使师生上当受骗，或者利用网上购物的方式达到“不见面也行骗”的诈骗效果。

(5) 招聘为名，设置骗局。为了减轻家庭负担，勤工俭学已成为不少大学生谋生求学的重要手段。诈骗分子往往利用这一机会，用招聘的名义对一些急于求职的学生设置骗局，骗取介绍费、押金、报名费等。

(6) 骗取信任，寻机作案。诈骗分子常利用一切机会与大学生拉关系、套近乎，或表现得相见恨晚而故作热情，或表现得十分感慨以朋友相称，骗取信任后再寻机作案。

(7) 编造谎言，骗取钱财。在车站、校园内，经常发现一些青年人假冒从外地来本地实习的学生，装出一副可怜相，借口与同行的老师和同学失散，而学校又急电让其乘飞机返校，借此骗取大学生的钱财，且屡屡得逞。有的还以学生发生意外或生病急需用钱治病为由，骗取学生家长的钱财，也往往容易得逞。

(三)诈骗案件的预防措施

(1) 要有反诈骗意识。要积极参加学校组织的法制和安全防范教育活动，多了解、多掌握一些防范知识，对于自己有百利而无一害。在日常生活中，要做到不贪图便宜、不谋取私利；在提倡助人为乐、奉献爱心的同时，要提高警惕性，不能轻信花言巧语；对于任何人，尤其是陌生人，不可随意轻信和盲目随从，遇人遇事，应有清醒的认识，不要因为对方说了什么好话，许诺了什么好处就轻信、盲从。不要把自己的家庭地址等情况随便告诉陌生人，以免上当受骗。上当受骗后更要及时报案、大胆揭发，使犯罪分子受到应有的法律制裁。

(2) 不要感情用事。诈骗分子的最终目的是骗取钱财，并且是在尽可能短的时间内骗走。因此，对于表面“讲感情、哥们儿义气”的诈骗分子(特别是遭受不幸的“落难者”、新认识的“朋友”“老乡”)，最好能对比一下在常理下应做出的反应，如认为对方的钱财要求不合实际或超乎常理时，应及时向老师或保卫部门反映，以避免不应有的损失。交友要谨慎，避免以感情代替理智。交友最基本的原则有两条：一是择其善者而从之，二是对于熟人或朋友介绍的人，要学会“听其言，查其色，辨其行”而不能“一是朋友，都是朋友”。对于“初相识的朋友”，不要轻易“掏心窝子”，更不能言听计从、受其摆布利用，以避免给犯罪分子创造作案条件。

(3) 对过于主动夸自己“本事”或“能耐”的人，或者过于热情地希望“帮助”你解决困难的人，要特别注意。那些自称“名流”“能人”的诈骗分子为了能更快地取得你的信任，以达到其不可告人的目的，大多都会主动地在你面前炫耀自己的“本事”，说自己是如何了得，取得了什么成就，而且他正在运用他的“本事、能耐”为你解决困难或满足你的请求。当你遇到这种人时，你应当格外注意，因为你面前的那个“能人”很可能是一个十足的诈骗分子，而且他正试图取得你的信任，此时你的反应在很大程度上决定了你此后是否上当受骗。

(4) 切忌贪小便宜。对飞来的“横财”和“好处”，特别是不是很熟悉的人所许诺的利益，要深思和调查。要知道，天上是不会掉馅饼的，尽可能克服贪小便宜心理和对突然

到来的“好处”有过多的追求心理。

(5) 同学之间要相互沟通，相互帮助。同学之间加强沟通，相互帮助，不仅能增进同学们的友谊，营造良好的同学关系，与此同时，由于相互间沟通、帮助的增多，更能从同学之间得到“参谋”意见，避免出现“当局者迷”的情况。

(6) 服从校园管理，自觉遵守校纪校规。服从校园管理，减少一些图谋不轨的外来人员进入宿舍；自觉遵守校纪校规，也有利于减少接触到骗子的机会，降低受骗的可能性。

总之，诈骗分子行骗的过程可分为两个阶段：一是博取信任，二是骗取对方财物。对于行骗者和受害者来说，第一阶段都是最重要的，也是行骗者行为表现得最为突出的阶段。虽然行骗手段多种多样，但只要我们树立较强的反诈骗意识，克服内心一些不良心理，对于问题保持应有的清醒，做到“三思而后行、三查而后行”，在绝大多数情况下是可以避免上当受骗的。

三、防传销

【案例】

西安一学校里的大一女生，在数月前有一个朋友对她说，他舅舅在南方开了一家公司，并称那里有很多高素质人才，很适合大学生发展，现特意邀朋友去锻炼锻炼。此后，这位朋友还多次打电话并在 QQ 上留言，描绘了美好的发展前景，鼓励她放弃学业“发展事业”。这名女大学生禁不住诱惑，匆匆南下广西合浦，加盟到朋友的公司。

所谓的公司，实际上是一家打着直销旗号的传销黑窝点。她说：“从此我过着非人的生活，每天的饭菜是白米饭、没油水的白菜冬瓜汤，晚上睡觉则在地上铺一张席子。而我见到的所谓‘高素质人才’仅仅是用谎言和虚伪包装起来的。他们的工作是用欺骗的方式把价值几百元甚至一文不值的假冒伪劣化妆品以 3350 元或者 3800 元的价格卖给下线。”她还透露，在她待过的广西的那个传销窝点，有来自西安的大学生 100 多人，大部分是民办高校和正规大学的自考生。

【案例点评】

每年假期都有一部分大学毕业生因为找工作而被传销组织以“高薪、好工作”等美丽的幌子所欺骗。而在校的大学生也会被同学朋友以“旅游、老乡会、同学聚会(甚至网友见面)”等借口欺骗。非法传销组织是利用人与人之间的亲情、友情、爱情和人与人之间的信任来进行欺骗活动，把人与人之间的感情当作工具。而亲人与亲人、朋友与朋友之间，或许就是这份信任，让你们没有防备，被亲人朋友以“善意的谎言”(旅游、包食堂、开饭店、开服装店……)等借口邀约。被洗脑之后的人会认为，把亲人骗来，是为了他好，内心无负罪感。

(一)认清传销的特征

传销的欺骗性很强，而且作案方式越来越隐蔽，手段越来越狡猾。识别传销时可参考如下“特征”。

(1) 经营者通过发展人员、组织网络，从事无店铺经营活动，参加者之间上线从下线的营销业绩中提取报酬。

(2) 参加者通过交纳入门费或认购商品等变相交纳入门费的方式，取得加入、介绍或发展他人加入的资格，并以此获取回报。

(3) 先参加者从发展的下线成员所交纳的费用中获得收益，且收益数额由其加入的先后顺序所决定。

(4) 组织者的收益主要来自参加者交纳的入门费，或以认购商品等方式变相交纳的费用，而并非真正以推销商品为经营的方式来获取利润。

(5) 组织者利用后参加者所交纳的部分费用支付先参加者的报酬，维持运作。

组织者承诺在一定时间内返还参加者高于其所交费用数倍的回报。

(二)认清传销的谎言

传销组织编造的很多谎言，和社会上的很多现象结合起来看，似乎很有道理。但是，谎言就是谎言，其实破绽是不计其数的。只要我们稍微认真思考，稍微多了解其他方面的情况，稍微征求另外一些人的看法，稍微听听反面的意见，上当受骗是完全可以避免的。对那些编造的谎言，归纳一下，列举出最流行的一些谎言提供出来，希望大家以后听到这样的话，千万不要相信，也不需要再去证实了。

(1) “直销、传销、连锁销售等是××领导引进的。”胡说。从来没有什么人会去引进企业的经营方式。这样说是为了与领导的名声捆绑在一起。

(2) “直销、传销等是国家暗箱扶持的。”更是大胆的胡说。把地方管理部门的腐败或者不负责描述成国家支持，那是骗鬼的。甚至还有什么国家要利用人际网络团队的说法，他们这种编造简直就是信口开河。

(3) “中国加入世贸要开放多层次直销。”故弄玄虚的胡说。中国已经在 2001 年入世，也已经根据入世的谈判制定了《直销管理条例》和《禁止传销条例》，已经对直销进行了开放，根本不存在传销组织说的开放多层次直销。这样说是为他们抓住行骗机会找借口。

(4) “安利公司为直销和中国政府打官司，签订了 50 年的协议。”根本没有的事情。这是拿外资企业说事，煽动民族情绪。

(5) “三商法是先进的经营方式。”纯属编造。除了传销组织的人，谁也不知道三商法是个什么东西。一个不存在的东西让他们说神了。

(6) “新市场营销计划。”他们说的新市场营销计划其实就是所谓的五级三阶制。那根本不是什么新市场营销计划，而是存在了几十年也不被国际直销界认可的所谓制度。在中国就是违法的。

(7) “××公司是国家扶持抗衡外资企业的。”地地道道的编造。这是传销组织惯用的伎俩，把一个正规的公司捆绑在一起，再编造政府的谎言，加上民族情绪，很好骗人。

(8) “所谓直销发展的四个阶段。”可笑的编造。原来人们都没搞清楚这个编造有什

么骗人的作用，后来才知道，传销组织把现在定义为第二阶段，是用来鼓励新人加入的。

(9)“传销教材是浓缩了几个月的课程成为 3 个小时的。”最有文化味的编造。其实看看那些所谓的课程，不过就是编造的集大成。他们自己把这些玩意儿往大学课程上贴，只可惜很多大学生竟然也相信。

(10)“直销在国外发展得很好，是商业的主流。”无知的编造。其实直销只是一个非常小的营销方式，在国外也是一样，在市场中的份额极小，甚至不值得一提。所以，它永远不可能是什么商业主流。

(11)“传销组织并不限制人的自由，还能学到很多东西。”最迷惑人的编造。其实，传销组织要的是钱，不是你的人身自由。如果不限制人身自由就能迷惑人，当然他们就乐于做。所以，为了骗取人们的信任，传销组织可以演出各种各样的戏。

(12)“国家打击传销是因为怕所有人都来做、不干别的工作了，是要维护生态平衡。”最离奇的编造。其实这样的编造只是为社会对传销的打击找骗人的理由。

(13)“只要你拉两个人就可以了，是最轻松的，不像××企业是金字塔形状的。”白日做梦的编造。谁相信这一点，谁就相信在家里可以等到天上掉下钱包。也因为没有人相信，所以传销组织才会说要用善意的谎言把别人的钱先骗到手再说。居然骗也可以堂而皇之地成为一种技巧，这是什么样的组织不就昭然若揭了吗？

(14)“我们公司是和××公司合作的。”最狡猾的编造。这种话在传销组织中很流行，通常他们说的公司还是有名的公司。其实，他们借用这种说法欺骗人，他们知道大多数人没有可能去证实。

(15)“我们不是传销，而是连锁销售。”这是最赶形势的编造。连锁经营的确是商业发展的主流。但是，连锁经营和直销、传销没有任何关系。现在很多地方的传销组织开始称自己为连锁经营了，为的是隐藏欺骗性。他们只要是要求你拉人来一起参加什么赚钱事业的，告诉你拉几个人你就可以发大财的，这种行为必是传销无疑，无论它叫什么，因为他们还可以叫自己是网络经营、人际网络、资本投资等。

其实，传销组织的洗脑策略归结起来就是一句话，简单问题复杂化，把你搞懵。其实关于传销的问题，有法律法规在那里，问题其实很简单。所以，希望接触这些谎言和编造的人，一定要反其道而行之，就是复杂问题简单化，他越是说得复杂，你应该越简单，只要了解正规渠道的信息，就能很容易识破他们的编造。传销穿上“马甲”，难掩骗人本质。

当前，一些传销活动为了掩盖欺诈本质，增强隐蔽性，往往打着各种旗号，借用各种名义，穿上各种“马甲”，来美化自己，误导群众，骗取钱财。传销的“马甲”多种多样，归纳起来主要有以下几类。

一是披着“合法公司”的马甲。一些传销组织披着合法公司、企业的外衣，以销售商品为掩护，以高额返利、高额回报为诱饵，通过发展加盟商、业务员等形式从事传销活动。

二是披着“直销”“特许经营”“连锁加盟”的马甲。传销组织往往宣称自己从事的是直销、特许经营或连锁加盟，在经营活动中通过发展人员、复式计酬来推销商品或者传

“人头”，骗取群众钱财。

三是披着“消费返利”的马甲。一些传销组织以“消费返利”为幌子从事传销活动，消费者购买一定数额的商品后，可以成为优惠顾客或取得经销商资格等，并可以推荐他人消费产品，从被推荐的消费者消费金额中获得利益。他们还大肆宣扬“消费者也能成为资本家”和“消费资本化理论”，误导群众。

四是披着“电子商务”“网络营销”“网络互助”的马甲。一些传销组织以“电子商务”“网络营销”“网络直销”“网络加盟、代理”“网上学习”“网游、网赚”“金钱游戏、馈赠互助”等名义，通过互联网发展人员，从事传销，骗取群众入会费、加盟费。

五是披着“资本运作”“投资理财”的马甲。一些传销组织以“资本运作”“虚拟经济模式”“私募基金”“慈善基金”“网络基金”“股权投资”等名义，并创建“资本运作理论”及“五级三阶制”“双轨制”等传销制度体系，引诱群众投资，组织层级网络，发展下线人员，骗取群众钱财。

六是披着“国家试点、开发、宏观调控”的马甲。一些传销组织打着“国家搞试点”“西部大开发”“地方政府暗地支持”“中国第四个经济特区”“国家特批民间融资试点”“国家宏观调控”等旗号，增强欺骗性，诱骗不明真相的群众参与传销。

不管传销组织穿上何种“马甲”，都难掩其骗人本质。无论其“马甲”怎么换，要辨别传销的真面目，只需要看三个特征。

第一，是否需要认购商品或交纳费用取得加入资格。

第二，是否需要发展他人成为自己的下线，形成层级网络。

第三，是否以直接或间接发展人员的数量或销售业绩为依据计算报酬(奖金)。

只要符合这三个特征，就肯定是传销，需要注意防范。

(三)如何防传销

(1) 不要相信天上掉馅饼。传销组织最常用的话是“让你在消费的同时赚钱”，这是鬼话，消费就是消费，赚钱就是赚钱。把消费当作职业，永远也别想赚钱。

(2) 不见兔子不撒鹰。所有传销组织都是为了一个“钱”字，你凭什么给他钱，一定想清楚：是他有你需要的产品？还是他有你需要的服务？都没有，只是为了他能给你一个事业。如果是这样，那么，就该你问他要报酬。

(3) 商业界有一规矩，那就是一切关系的建立都要签订合同。合同是保证双方平等互利的必要工具。特别是公司与个人发生劳资关系，《中华人民共和国劳动合同法》规定，是一定要签订合同的，正规公司都会主动与你签订合同的。如果对方丝毫不谈合同，甚至拒绝签订合同，那他一定不地道。

(4) 不要感情用事。传销组织一般是熟人找熟人。有句话叫，朋友不言商。这话有一定的道理，不要因朋友感情害了自己。有的人，只要朋友邀请，就什么都不问，不明不白地跟着干，结果是陷入迷局，不能自拔。

(5) 审查资质。参加一家公司也好，接受一家公司的推销也好，首先，应了解该公司的资质和信誉。当我们自己独立接受一家公司时，你就必须靠自己来了解它的资质。一般

可以结合以下方式来证实。

① 从网上查询。

② 从其营业地的工商部门查询。

③ 要求对方出示营业执照和组织机构代码证书。

④ 要求对方出示开户许可证书。

⑤ 要求对方出示税务登记证书和代理授权书。

(四)陷入传销组织怎么办

(1) 要冷静面对，不要急躁害怕，控制自己的情绪，利用技巧与传销人员周旋。降低传销人员对你的防备心，找理由逃离传销组织。如果遇到 24 小时有人“跟踪陪伴”软监视你，你可以借机向路人求助，或者见到当地的交警、巡警、派出所、市场监督管理局、检察院，立即寻求帮助或者在钱币或者纸条上写上求助原因后扔向窗外。

(2) 重点提示：在中国广东东莞一带，有些带有黑社会性质的传销组织，这些传销组织手段极其恶劣。一旦没有被“洗脑”成功，他们会威胁逼迫，强制让你通知家人给你汇款，一般都是几千元。你只有交了钱，他们才能放你。他们会把你独立地关在一间房子里，有 2～3 人 24 小时监视你，控制你的手机不让你与外界联系。

万一遇到这样的传销组织，首先不要恐慌。利用技巧迷惑传销人员，让他们放松对你的警惕。然后透过窗外记下详细的路牌路号，骗取信任拿回手机向家人求助。或者用钱币、纸条写出原因，扔到楼下，寻求路人帮助。其次，趁传销人员麻痹之际，迅速逃离。向街上警察寻求帮助或者直接拨打 110，见到行政机关单位躲藏进去寻求帮助。

(3) 深陷传销，不要急躁、胆怯。传销只是想骗钱，不会做出伤害你的事情。

(4) 不要急于逃脱。在最近的新闻报道里，很多大学生、民工被骗入传销组织里，因为惧怕，从楼上跳下，造成终身残疾，甚至死亡。

【知识拓展】

青年陷入传销后用钱裹求助纸条顺利逃脱

广西柳城县青年姚某，因轻信朋友被骗入传销组织，在失去了两个多月人身自由后，终于通过传递纸条的方式求人报警，于 2013 年 2 月 26 日晚被丰城警方成功解救。

2012 年 11 月底，家住广西柳城县，现年 24 岁的姚某应邀来到丰城，陷入了传销组织。坚决不愿加入传销组织的姚某几次试图逃走，结果都被传销人员发现并抓回来。传销人员还逼迫姚某从银行卡中取出 2800 元上交，算是加入传销组织的费用。姚某冷静下来后，假装对传销感兴趣了，每次听课也积极了，其实只是在暗中寻找机会报警，他偷偷地将自己被控制的房间的方位图等信息记在一张纸条上。

2013 年 2 月 26 日下午，逃脱的机会终于来了。姚某请求到楼下小超市购买日常用品，传销组织头目安排两名成员跟随他去。到超市后，姚某趁二人不注意时，用一张 10 元钱包裹着写好字的纸条塞到收银员手中。收银员看见纸条后立即报警，丰城警方按照纸

条上所画的方位图成功地解救了姚某，并一举捣毁了这个传销组织。2 月 27 日上午，姚某父亲赶到丰城将儿子接回家。

点题成金

1. 请思考，如果你出门在外遭遇类似上述事件，应该如何脱离危险？
2. 如果你试图用类似的方式报警被发现并失败，还会选择什么方式逃脱？

参考文献

[1] 戢焕启. 班级团体辅导影响大学新生学校适应的实验研究[D]. 南昌：江西科技师范大学，2015.

[2] 闫建亮. 大学新生适应性教育规范化研究[D]. 北京：华北电力大学，2015.

[3] 杨平. 民办院校新生入学教育研究[D]. 西安：西北农林科技大学，2014.

[4] 韩天顺. 大学新生入学适应教育研究[D]. 北京：北京化工大学，2014.

[5] 赵超前. 大学新生入学教育存在的问题及对策研究[D]. 济南：山东大学，2016.

[6] 童思思. 思想政治教育视域下大学新生入学教育研究[D]. 西安：西安建筑科技大学，2016.

[7] 王翔. 高校新生入学教育研究[D]. 海口：海南师范大学，2013.

[8] 王强. 高校新生入学教育的几个问题研究[D]. 重庆：西南大学，2011.

[9] 魏立峰. 大学生入学教育[M]. 上海：上海交通大学出版社，2016.

[10] 习近平总书记系列重要讲话读本[M]. 北京：学习出版社，中共中央宣传部，2014.

[11] [美]伯克. 伯克毕生发展心理学[M]. 北京：中国人民大学出版社，2013.

[12] 姬建锋. 大学生心理健康教育[M]. 咸阳：陕西科学技术出版社，2013.

[13] 杰克森. 什么是教育[M]. 合肥：安徽人民出版社，2012.

[14] 巴内特(Barnett). 高等教育理念[M]. 北京：北京大学出版社，2012.

[15] 中共北京市委教育工作委员会. 辅导员手记[M]. 北京：北京交通大学出版社，2012.

[16] 高治军. 辅导员工作 100 个怎么办[M]. 桂林：广西师范大学出版社，2011.

[17] 刘赞英. 高等教育学新论[M]. 石家庄：河北教育出版社，2010.

[18] 教育部思想政治工作司. 思想政治教育原理与方法[M]. 北京：高等教育出版社，2010.

[19] 张静. 新时期高校校园文化建设的新探索[M]. 天津：南开大学出版社，2010.

[20] 陈正学. 大学新生入学教育研究[M]. 广州：华南理工大学出版社，2010.

[21] 刘川生. 大学生日常思想政治教育实效性研究[M]. 北京：北京师范大学出版社，2009.

[22] 蔡劲松等. 大学文化理论构建与系统设计[M]. 北京：文化艺术出版社，2009.

[23] 司晓宏. 教育管理学论纲[M]. 北京：高等教育出版社，2009.

[24] 别敦荣. 高等学校教学论[M]. 北京：高等教育出版社，2008.

[25] 李剑萍. 大学教学论[M]. 济南：山东大学出版社，2008.

[26] 孙庆珠. 高校校园文化概论[M]. 济南：山东大学出版社，2008.